HEALTH SHIFT
FOR BEST PERFORMANCES

最強の健康法

ベスト・パフォーマンス 編

世界レベルの名医の「本音」を
全部まとめてみた

ムーギー・キム
Moogwi Kim

はじめに
朝から晩まで最高の自分を引き出す、頭によすぎる健康習慣
――一流の名医・健康専門家が勢揃いして、すべての健康習慣を二重チェック

「ムーギーさん、歩くことだけでも、健康への効果が絶大です。体重管理だけでなく、がん、糖尿病、脳卒中の予防になりますし、うつ病対策にもなる。また集中力とやる気を高める脳内ホルモンも、脳のパフォーマンスを高める物質も、歩くだけで分泌されるのです」

これは、『最強の健康法』の『ベスト・パフォーマンス編』と、『病気にならない最先端科学編』を制作するにあたって、50人を超える一流の医師・健康専門家にお会いする中で、とある著名医師が私に教えてくれたことである。

何でも、**医者たちが実践している健康法は本当にシンプルでお金のかからないもの**

ばかりなのに、世の中には志のない医師も多く、間違った健康情報と不要な薬が市場に氾濫しているというのだ。

確かに書店とAmazonには、同じような健康本が所狭しと山積みにされている。それらはタイトルや表紙が全部、似通っており、「すべての病が全部治る」「この食事で最強になる」「医者がすすめる健康法」やらなんやら、とにかくお互いが完コピ状態になっているのだ。

中には**「コレさえやればすべて解決できる、何せ医者が言ってるんだから」という、大衆受けを狙った眉唾な健康本も少なくない。**

しかし、さまざまな専門家に聞けば、メディアなどで有名な医師の多くが、その著書の内容のデタラメさから、医師のコミュニティの中では軽んじられ、信用されていないことも多いという。それでは、いったい全体、私たちが本当に正しい健康法を知るには何を信じればいいのか？

本書は、「ベスト・パフォーマンスを目指す、最強の健康の教科書」である。

単に健康を目指すだけでなく、そもそも健康な人が脳の生産性を最大限に高めるためにできる、科学的根拠に基づく簡単な習慣を1冊にまとめている。

実は私は、健康書の類《たぐい》を読んだことがなかった。それはそもそも、「たくさんあって、1冊どれを読んだらいいかわからない」ことと、「偽《ニセ》情報が多くて信じられない」こと、また「別に健康には自信があるから、追加でパフォーマンスが上がらないなら興味がない」こと、さらには「食事と睡眠の本ばかりで、全部一気にカバーできる本がない」こと、そして「医師に難しいことを言われても読む気がしないし、健康本にある人体の絵はグロテスクで、見る気がしない」からだ。

そんな中、私が本書を制作することにしたのは、本書の編集を担当してくれたSBクリエイティブの小倉碧《みどり》氏から、今をさかのぼること2年前「グローバルビジネスパーソンが実践している健康法」のテーマで執筆を打診されたときだ。

私はその申し出を、当時飲んでいたアイスコーヒーをひっくり返しながら謝絶したのであった。そして代わりに、ここで述べた**「既存の健康書の問題点を一気に解決し、「健康に何の心配も関心もない人も含めて、ベスト・コンディションで最強の自**

分を引き出す簡単な実践法」を、1冊にまとめたいと提案したのである。

なお私が「執筆」と書かず「制作」と書いているのは、本書の内容はすべて一流の医師・健康専門家が一人称で、直接私たちに解説してくれているからだ。

私の役割は、「映画の監督」のようなものである。「本当に信頼できる医師・健康専門家のオールスターチームを結成し、その信頼性を三重に担保し、かつ私のような集中力と健康知識ゼロの人でも楽しく簡単に読めるよう、2年の歳月をかけて「最強の健康の教科書」をコンセプトにした、本書の制作に取り組んできたのだ。

健康専門家のオールスター×名医のトリプルチェック×簡単なわかりやすさ

本書には老いも若きも、女性も男性も子供も全員が毎日実践する、食事、歩き方、座り方、呼吸法、モチベーションの高め方、集中力の高め方、怒りの抑え方、疲労回復法、神経の休め方、入浴法、睡眠法が、すべて1冊にまとめてある。

しかもこれら毎日の身近な習慣に関し、各分野の第一人者のオールスターが直接、

豊富な図解で簡単に解説してくれているのだ。

本書の内容の信頼性には、絶大な自信がある。弘法も筆を誤り、猿も木から落ちるため、一流の専門家のオールスターチームによる直接解説に関し、東京大学医学部附属病院放射線科准教授の中川恵一先生にセカンドオピニオンを頂いた。おまけに、念には念を入れてさらに、順天堂大学大学院で教鞭をとる、堀江重郎《しげお》先生にサードオピニオンというかたちで、三重の信頼性チェックを行っている。

本書のタイトルにある「本音」という言葉には、一流の医師・専門家による率直な解説を、さらに2人の名医が「本当に正しい」と認定したという意味が込められているのだ。

本書の内容はわかりやすく、簡単だ。私自身が「役に立つかしらないが、難しい本はまっぴらゴメン」と思っている人間である。そんな中、本書は極めて平易な言葉で端的に書かれている。**少しでもややこしくなれば、絶妙な位置に配置された「かわいらしいが、正確なイラスト」が、手取り足取り誰にでもわかるように、私たちの理解を助けてくれる**だろう。

本書の特長

本書を執筆するにあたって、私たちは以下の5点を意識して作り上げてきた。

1 最強の信頼性
――健康・医療のオールスターチームによる、トリプルチェック

本書の一つ目にして最大の特徴は、これまでも述べてきた通り、その信頼性の絶対的な高さである。

これまで私は、2年の歳月をかけて非常に数多くの名医と健康専門家を訪ね歩いてきた。本書『最強の健康法』の『ベスト・パフォーマンス編』と、『病気にならない最先端科学編』を合わせて、約50人のあらゆる分野のオールスターが、一般の誰にでも理解できるように直接解説してくれている。

その解説を、前述のようにセカンドオピニオンの重要性を日頃から提唱する東京大

学医学部の中川恵一准教授に正確さをチェックして頂き、おまけに念には念を入れて、中川恵一氏の東大医学部時代の友人でもあり、順天堂大学大学院で教鞭をとる、堀江重郎教授にサードオピニオンを頂いて、何重にも正確性の確認をしている。以下に、本書、『最強の健康法　ベスト・パフォーマンス編』と『最強の健康法　病気にならない最先端科学編』に参画してくださった、各分野の医師、専門家の方々を紹介しよう。

中川恵一（セカンドオピニオン）　東京大学医学部附属病院放射線科准教授。厚生労働省がん対策推進企業アクション議長。東京大学医学部卒業。元厚生労働省がん対策推進協議会委員。文部科学省「がん教育」の在り方に関する検討会委員を務める。主著に『最強最高のがん知識』（海竜社）など。

堀江重郎（サードオピニオン）　順天堂大学大学院医学研究科教授。日本抗加齢医学会、日本Men's Health医学会理事長。東京大学医学部卒業。専門領域は泌尿器科、ロボット手術、男性医学。米国医師免許を取得し、がん治療から男性医療まで幅広く研鑽を積む。主著に『ホルモン力が人生を変える』（小学館）など。

氏名	現職	担当分野	出身大学・大学院
小林弘幸	順天堂大学医学部総合診療科研究室・病院管理学研究室教授	消化	順天堂大学医学部
佐野こころ	株式会社食のおくすり代表	食事	慶應義塾大学大学院医学研究科
Testosterone	ダイエット・筋トレ情報サイト「DIET GENIUS」、アスリートメディア「STRONG GENIUS」代表	マクロ管理法・筋トレ	（非公表）
板倉弘重	品川イーストワンメディカルクリニック理事長	糖尿病・高血圧	東京大学大学院医学研究科
石川三知	Office LAC-U 代表	食べ方	跡見学園短期大学生活芸術科
相馬理人	株式会社 Doctorbook 代表取締役ＣＥＯ	歯磨き	東京歯科大学
長尾和宏	長尾クリニック院長	歩行・終末期医療	東京医科大学
阿部眞弓	東京女子医科大学病院禁煙外来医師	禁煙	東北大学医学部

氏名	現職	担当分野	出身大学・大学院
猪俣武範《たけのり》	順天堂大学医学部附属順天堂医院眼科助教	目	順天堂大学大学院医学研究科
石川善樹	医学博士・予防医学研究者	生産性	ハーバード大学公衆衛生大学院
茂木健一郎	脳科学者	モチベーション	東京大学大学院理学系研究科
メンタリストＤａｉＧｏ	メンタリスト	集中力	慶應義塾大学理工学部
荻野淳也	一般社団法人マインドフルリーダーシップインスティテュート代表理事	マインドフルネス	慶應義塾大学経済学部
安藤俊介	一般社団法人日本アンガーマネジメント協会代表理事	アンガーマネジメント	東海大学教養学部国際学科
和田秀樹	和田秀樹こころと体のクリニック院長	うつ病（心理療法）	東京大学医学部
溝口徹	新宿溝口クリニック院長	うつ病（食事療法）	福島県立医科大学
大室正志	産業医	職場うつ・健康診断	産業医科大学医学部

氏名	現職	担当分野	出身大学・大学院
梶本修身《おさみ》	東京疲労・睡眠クリニック院長	疲労・入浴法	大阪大学大学院医学研究科
藤本靖	ボディワーカー	疲労回復	東京大学大学院身体教育学研究科
常深《つねみ》祐一郎	東京女子医科大学皮膚科准教授	入浴法・水虫	東京大学大学院
櫻井武	筑波大学医学医療系および国際統合睡眠医科学研究機構教授	睡眠	筑波大学大学院医学研究科
三島和夫	国立精神・神経医療研究センター部長	不眠	秋田大学医学部
大櫛陽一	大櫛医学情報研究所所長	健康診断	大阪大学大学院工学研究科
天野篤	順天堂大学医学部附属順天堂医院院長	心臓病	日本大学医学部
渡邊清高	帝京大学医学部准教授	がん	東京大学大学院医学系研究科
中川恵一	東京大学医学部附属病院放射線科准教授	がん（放射線治療）	東京大学医学部

氏名	現職	担当分野	出身大学・大学院
堀江重郎	順天堂大学大学院医学研究科教授	男性ホルモン	東京大学医学部
畑中正一《まさかず》	京都大学名誉教授	ウイルス	京都大学大学院医学研究科
岡慎一	国立研究開発法人国立国際医療研究センターエイズ治療・研究開発センター長	性病	徳島大学医学部
塩谷信幸	北里大学名誉教授	アンチエイジング	東京大学医学部
柳生邦良《やぎゅうくによし》	紀尾井町クリニック院長	薄毛（植毛）	東京大学医学部
佐藤明男	東京メモリアルクリニック・平山院長	薄毛（投薬）	北里大学医学部
苛原稔	徳島大学教授	不妊治療	徳島大学大学院医学研究科
京野廣一	京野アートクリニック理事長	体外受精	福島県立医科大学
北條元治	株式会社セルバンク代表取締役	iPS細胞	弘前大学医学部
林泰史《やすふみ》	一般社団法人 巨樹の会 原宿リハビリテーション病院名誉院長	骨粗しょう症	京都府立医科大学医学部
伊藤宣《ひろむ》	京都大学大学院医学研究科整形外科准教授	関節	京都大学大学院医学研究科

氏名	現職	担当分野	出身大学・大学院
瀧靖之	東北大学スマート・エイジング学際重点研究センター副センター長	認知症	東北大学大学院医学系研究科
樋野《ひの》興夫《おきお》	一般社団法人「がん哲学外来」理事長	がん哲学外来	愛媛大学医学部
武藤真祐《しんすけ》	医療法人社団鉄祐会 理事長／株式会社インテグリティ・ヘルスケア 代表取締役会長	在宅医療	東京大学大学院医学系研究科

これに加え、『病気にならない最先端科学編』の第1部の終わりに紹介する10人の医師および、「他の先生の解説への批評はセンシティブなので、私の名は匿名で」という条件で、知見を提供してくださった数多くの医師・専門家の叡智が、本書には凝縮されているのだ。

名を連ねられたお一人おひとりがそれぞれの分野の第一人者であり、多くの方がベストセラーの著者でもある。その中からも優先順位の高い内容を凝縮し、その医学的根拠の信頼性にダブルチェック、トリプルチェックを行い、その圧倒的な信頼性を担保した。

本書は日本はおろか、世界で最も信頼できる健康の教科書を目指してしたためられた1冊なのだ。

2 「ベスト・パフォーマンス」を引き出す「健康の教科書」の決定版 ——1日の流れに沿った健康法を全部1冊に

本書は、1日に必要な健康法が全部この1冊で手に入る、「最強の健康の教科書」を目指して制作されている。

健康書というと、どうしても食事法だけとか、歩き方とか、睡眠法など、特定の一分野に限定されているものが大半である。

これに対し**本書は、朝から晩まですべての生活シーンにおいて、仕事や勉強のパフォーマンスを高めるための科学的実践法**がわかるように編纂されている。

それこそ、朝ご飯の食べ方から歩き方座り方、怒りのコントロールや集中力の高め方、疲労回復法やお風呂の入り方、睡眠法まで、誰にでもあてはまる1日の過ごし方のすべてのシーンに関して、その最も効果の高い実践法を科学的に論じているのである。

本書をお読み頂ければ、パフォーマンスを高め、健康を増進するための「本物の医療・健康知識」の全体像を俯瞰して、朝起きて夜寝るまでのさまざまな習慣を健康的に変えて頂けることだろう。

3 わかりやすさ、楽しさ、覚えやすさへのこだわり

また本書は、わかりやすさ、楽しさ、覚えやすさにも徹底的にこだわった。世界的なトップドクターや医学部教授および健康専門家の話を、**医学知識ゼロの私が2年をかけてすべて直接インタビューを行い、誰でも100%理解できるレベルまで、徹底的に質問し、かみ砕いて解説して頂いている。**

したがって「え、代謝ってどういう意味でしたっけ?」や、「えっと、自律神経って何でしたっけ?」など、私のような医学知識に乏しい人が立ち止まるであろう単語は、すべて「健康キーワード」というかたちで各トピックの終わりにまとめて解説してあるので、医学的な知識が皆無の方でも、簡単にすらすらとご理解頂けることだろう。

本書は健康にまったく心配と関心がない方でも、知的好奇心を大いに満たせる1冊になっている。本書は分厚いが、退屈な辞典ではない。全ページに知的に楽しく、刺激的な叡智が凝縮されており、**「自分のことなのに、今まで知らなかった身体の仕組み」**を面白く理解できるように作られているのだ。

そもそも内容が面白くなければ、薄かろうが分厚かろうが、読むだけでストレスになり、健康に悪いのである。「最強の健康の教科書」は、「面白さ」にもこだわる必要があるのだ。

また医学的な専門性の高い内容や複雑な解説が加わる箇所には、視覚的にも理解を助けるべく、わかりやすい図解が添えられている。

本書の重要なコンセプトは、すべてきれいでかわいらしいイラストで表現してあり、また医療系にありがちなグロテスクな光景を避けるべく、すべての内臓を、かわいらしいゆるキャラとして表現しているのだ。

それでありながら、これらのイラストは各専門医とセカンドオピニオン、サードオピニオンを担当してくださった先生方の厳しいチェックを経ているので、その正確性も担保済みである。シンプルさのために、正確さを犠牲にすることは一切ない。

また「わかりやすさ」「覚えやすさ」のダメ押しとして、覚えておくべき重要なポイントが「極意」というかたちでリスト化されているため、私たちが「結局何をすればいいのか？」が、一目瞭然となっている。

さらには、**各コラムの最後には内容の要約として「ハイライト」がつけ加えられており、また重要なキーワードを簡単に覚えられるよう工夫がなされている。**これらは、あえて青文字で書いているので、市販の濃い青色の下敷きをかぶせれば、復習効果がさらに高まるだろう。

本書は、わかりやすさ、読みやすさ、覚えやすさに、徹底的にこだわった1冊なのだ。

4 名医がこっそり教えてくれた、「巷で信じられている健康にまつわる迷信」とは？

本書は、数多くの「コラム」というかたちで、**「本物の名医」の視点から見た、あ**

やしげな健康法や、「信用できない医者」を見抜くためのポイントも数多く掲載している。

これは、本書を執筆する上で出会った多くの著名健康専門家および書籍を多数出しているメディアでも有名な医師たちが、何が何でも自分のビジネスに誘導したことに対して大きな衝撃と問題意識を覚え、是非とも加えようと考えたコラムだ。

実際のところ、メディアでは有名だが、医療業界ではいわゆる「トンデモ医者」呼ばわりされている「専門家」も少なくない。

本書を通じて、「このサプリですべて解決する」「このグルテンフリーの小麦を食べるだけで、健康が大幅に改善する」などと自分が経営する会社の「健康食品」購入に誘導したり、「卵の黄身は体に悪い」「真の我に目覚めてうつ病が100％寛解する」などと謳ういかにもあやしげな健康商法の「皆がやるべき健康法」にだまされる人が、一人でも減ることを願ってやまない。

5 行動が変化する、「ヘルス・シフト」の実現
――お金がかからず簡単で、実際に変わる毎日の習慣

本書の最大の特徴は、「単に学ぶのみならず、行動に移すこと」にこだわっている点である。

これまで数多くの健康書を読んできたものの結局、行動変化が継続せず、習慣が変らなかった方々に、是非とも読んで頂きたい1冊だ。

本書は、**朝起きて朝ご飯を食べはじめてから、夜にお風呂に入って寝るまで、どんな人でも体験するであろう1日の行動習慣の最も健康増進効果の高い実践法を**、1日のタイムスケジュールに沿ってすべて、「アクションプラン」（行動計画）に明確につなげながら制作されている。

おまけに本書で推奨する行動は、奇をてらったものやストイックすぎるもの、「誰が習慣化できるの？」というハードコアなものは一切なく、すべてが簡単だ。

本書は、単に「医療や健康の知識を得た」という知識獲得や教養を目指した本ではない。徹底的に毎日の習慣を変えることにこだわり、しかも**それらのアクションプラ**

ンは、比較的お金がかからず簡単で、誰でもすぐに実行できるものばかりだ。これまでどんな健康本を読んでも1ミリも動かなかった毎日の習慣を、必ず健康的にシフトして頂けることであろう。

本書の目的と対象者

子供から大人、高齢者まで、すべての人々の「健康リテラシー」を高めるために

本書は、**日本中の名医と健康専門家のオールスターチームを結成し、信頼性を三重に確認した健康の叡智を、1冊にまとめた「健康の教科書決定版」**である。

本書は私たちのような一般のビジネスパーソンのみならず、内容的には、学校教育の保健の教科書として学生さんにも、また「家庭の医学」の決定版として、子供の健康を守りたい親御さんにも、またビジネスを引退された方にも、長い人生を健康で生産的に過ごされたいすべての方を対象に制作されている。

それこそまだ10代、20代で健康や医療に関心がなくとも、勉強や仕事のパフォーマ

ンスを健康の面から高めたい方に、30代、40代でこれまで健康に関心を払ってこなかったが、健康な間に健康リテラシーを高めたい人に、そしてこれからの100年人生時代、60になっても70になっても80になっても、健康に暮らしたいすべての方を対象とした1冊なのである。

医療知識、健康知識は、医師や健康専門家の専売特許ではなく、すべての人が学び、生活習慣を変える契機とすべきものだ。

人生100年時代を迎えるにあたり、健康への投資価値はこれまでにないほど高まっている。おまけに技術革新の速度がいくら激しくとも、何百万年かけて発達してきた人間の構造は、遺伝子操作してホモサピエンスが違う生物に生まれ変わらない限り、これからも変わることなく重要な知識であり続ける。

本書はそんな、**健康維持と生産性向上のために必要な健康リテラシーを高めるべく、日本を代表する医療・健康分野のオールスターの健康叡智を集め、制作**されている。

本書の読後、何度も読み返し、習慣化して頂ければ幸いだ。そして健康を大切にしてほしい、あなたにとって大切な方々に手渡して頂き、多くの方の毎日の習慣を健康的にシフトさせる「健康の教科書」にして頂ければ、著者として望外の喜びである。

ムーギー・キム

自分のカラダを簡単に理解できる、オトナのための保健の教科書

日本人はカラダのことを知りません。とはいえ皆さんも、保健の授業をほとんど受けていないはずですから、無理もありません。学校の先生で、一番タバコを吸うのは保健体育の先生という報告があります。私が某県の保健体育の教育を対象に実施した調査でも、男性教員では喫煙率が4割にも達しています。

しかし、この**「健康リテラシーの欠如」がどれほどの不幸を日本人にもたらしたことかと思うと暗澹たる思いにかられます。**私の近縁者も48歳で大腸がんのため命を落としましたが、本書を読ませておけば、早すぎる死は避けられたかもしれません。

本書はオトナのための保健の教科書です。著者のムーギー・キム氏が、ビジネスパーソンの視点から各分野における一流の医師・専門家から学んだ科学的に正しい実践法を、わかりやすく書き下ろしているだけでなく、東大医学部の同級生である堀江重郎教授と私で、内容をダブルチェックしています。類書に見られない配慮が施されていると言えましょう。

実は、私自身も参考になった点が多くありましたが、正しい生活習慣をもつことはがんの予防にもなります。本書が日本人の健康寿命の延長に寄与することは間違いないと考えます。

中川恵一（東京大学医学部附属病院放射線科准教授）

ベスト・コンディションを手に入れる、最先端科学に基づく新常識

本書を手にとられたあなたは、プロフェッショナルとして価値ある人生を送っておられると思います。プロフェッショナルが、継続的にその能力を発揮していくには、パフォーマンスを維持し、そしてそれをさらに成長させるコンディション作りが欠かせません。

運動しよう、野菜を食べよう、というのは「常識」です。しかし、発作的に週1回ジムに行ったり、炭水化物を減らすことが、よいコンディションにつながるかどうかは疑問です。

パフォーマンスを高めるために必要なのは健康リテラシーです。しかしまたリテラシーは一見簡単に学べそうで、奥が深いのも事実です。

本書は、プロフェッショナル論の鬼才ムーギー・キム氏が、医療界を見わたして、広い視野と科学的な正しさを備えた専門家のもとに赴き、最強のコンディション作りのための知識についての学びを体系化したものです。同級生であり友人である中川恵一先生と私で全体のチェックを担当させて頂き、いち早く触れた本書の内容に、まさに刮目《かつもく》の思いでした。

本書はあなたのアクションによってはじめて生きてきます。生涯をプロフェッショナルとして生きていくために、あなたの最強のパフォーマンスを本書で達成してください。

堀江重郎（順天堂大学大学院医学研究科教授）

マインドフルネス／荻野淳也（一般社団法人マインドフルリーダーシップインスティテュート代表理事）

「今、ここ」に集中してパフォーマンスを高めよう

――副交感神経を整え、EQの高い組織作りを

疲労／梶本修身（東京疲労・睡眠クリニック院長）

疲労は自律神経の疲れのケアが鍵

——「疲労」は、よい「食事」「環境」「休息」で予防しよう

疲労回復／藤本靖（ボディワーカー）
「体」をゆるめて、「心」を癒やす
――「神経の疲れ」をとるボディワーク

消化／小林弘幸

順天堂大学医学部総合診療科研究室・病院管理学研究室教授。順天堂大学医学部卒業。自律神経系バランスの重要性を唱え、数多くのトップアスリートや文化人のパフォーマンス向上指導に関わる。著書に『なぜ、「これ」は健康にいいのか？』（サンマーク出版）など。

腸を活性化し、「質のよい血液」を体中の細胞に届ける

――消化は「朝食」「大腸への刺激」「自律神経」で促進しよう

「ムーギーさん、『健康』って何だと思いますか？　私にとって『健康』とは極めてシンプルなことです。私たちの体を構成している37兆個もの細胞、その一つひとつに質のいい血液を送ること――これに尽きます」

「健康」の定義とは何だろうか？　この基本的な問いに対して、冒頭のように明

■「健康」とは良質な血液を全身へ送ること

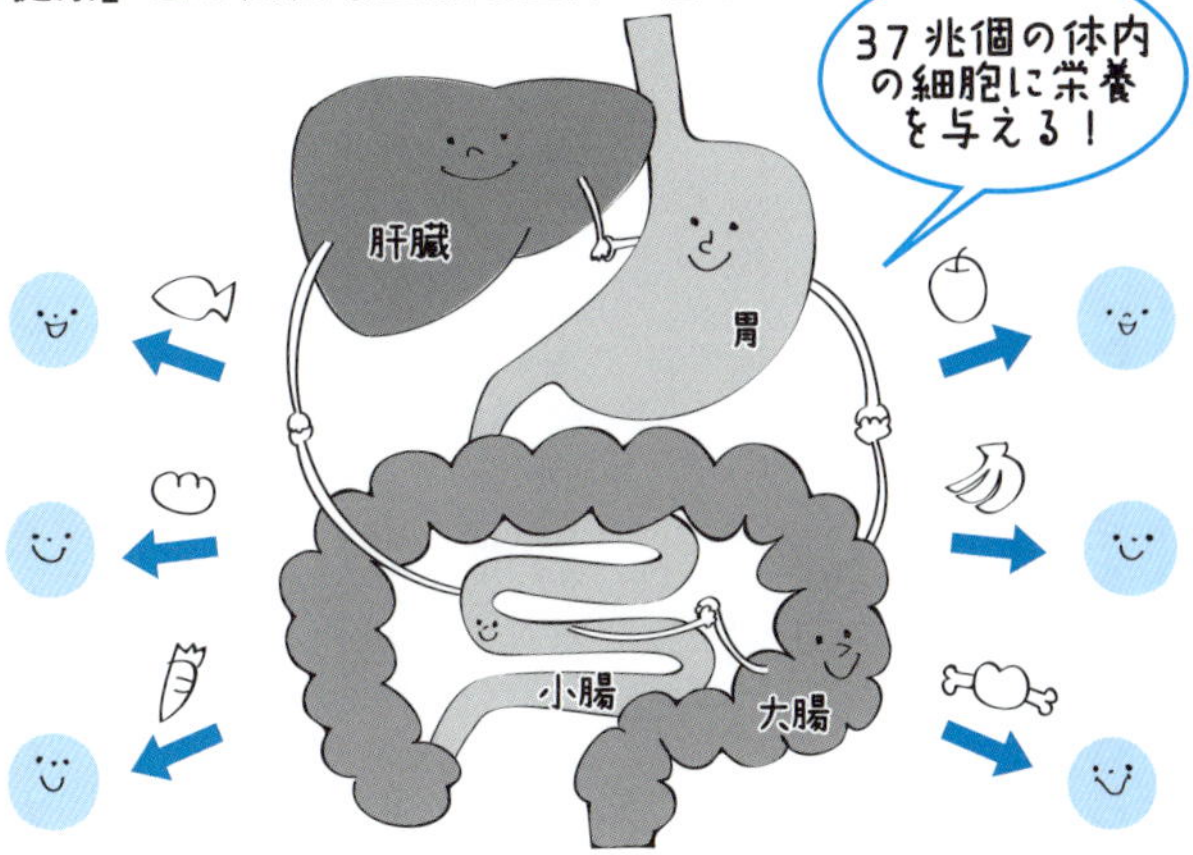

快な答えをくださったのは、順天堂大学医学部教授の小林弘幸氏だ。

小林氏が述べる、**質のよい血液とは「栄養素を十分に含んだ血液」**のことである。栄養素は主に小腸で吸収されて肝臓へ、そして肝臓から心臓へと血液に乗って送られ、各臓器の細胞へと届けられる。この**消化吸収のサイクルがしっかりと、健康を保ちながら回っていることが、小林氏が定義する「健康」**なのである。

私たちは、食べ物を咀嚼し、飲み込んだら、食道を通って胃へ、さらに小腸、大腸を経て体外に排出している。

この**「消化」にまつわる一連のプロセスについて、**小林氏は**「消化吸収に関わる臓器たちが連携プレーをし合いながら、私たちの体を構成する37兆個もの細胞に栄養を与えるために働くことが『消化』**なのです」と語る。

その際に、ただ「食べる」のではなく、**「食べ物からとり出された栄養素を確実に体に行きわたらせること」**が重要で、中でも「消化」の要となるのが「腸」だという。したがって腸を疲れさせたり、怠けさせたりすることなく、常に快適に腸が働ける環境を整備することが重要なのだ。

では腸に常に最適条件で働いてもらうためには、どうしたらいいのだろうか。

小林氏は次の3点を挙げる。

「まず一つ目は朝食をできる限り食べること。二つ目は腸の環境をよくすること。そして三つ目は自律神経を整えることです。朝食を食べることで腸が目覚め、1日の消化サイクルがスムーズに回りはじめます。後の二つは冒頭でお話しした、個人の健康状態を左右する『質のよい血液（栄養素を含んだ血液）』をしっかり全身に行きわたらせるという意味で、やはり消化機能の向上のために重要です」

私たちは外から栄養をとり入れなければ生きていけない。これから消化の仕組みをしっかりと理解した上で、最強の消化促進のための極意を見ていこう。

専門家が簡単解説！「消化」の仕組み

❖消化とは、体中の細胞に栄養を配って回ること

食べ物を口に入れ、咀嚼し、飲み込んだら、食道を通って胃へ、さらに小腸、大腸を経て排泄に至る。これくらいは何となくイメージできるが、実際にどの臓器がどのように働き、消化吸収が行われているのかは、よく知らないという方が大半ではなかろうか。

■消化＝各臓器のコラボレーション

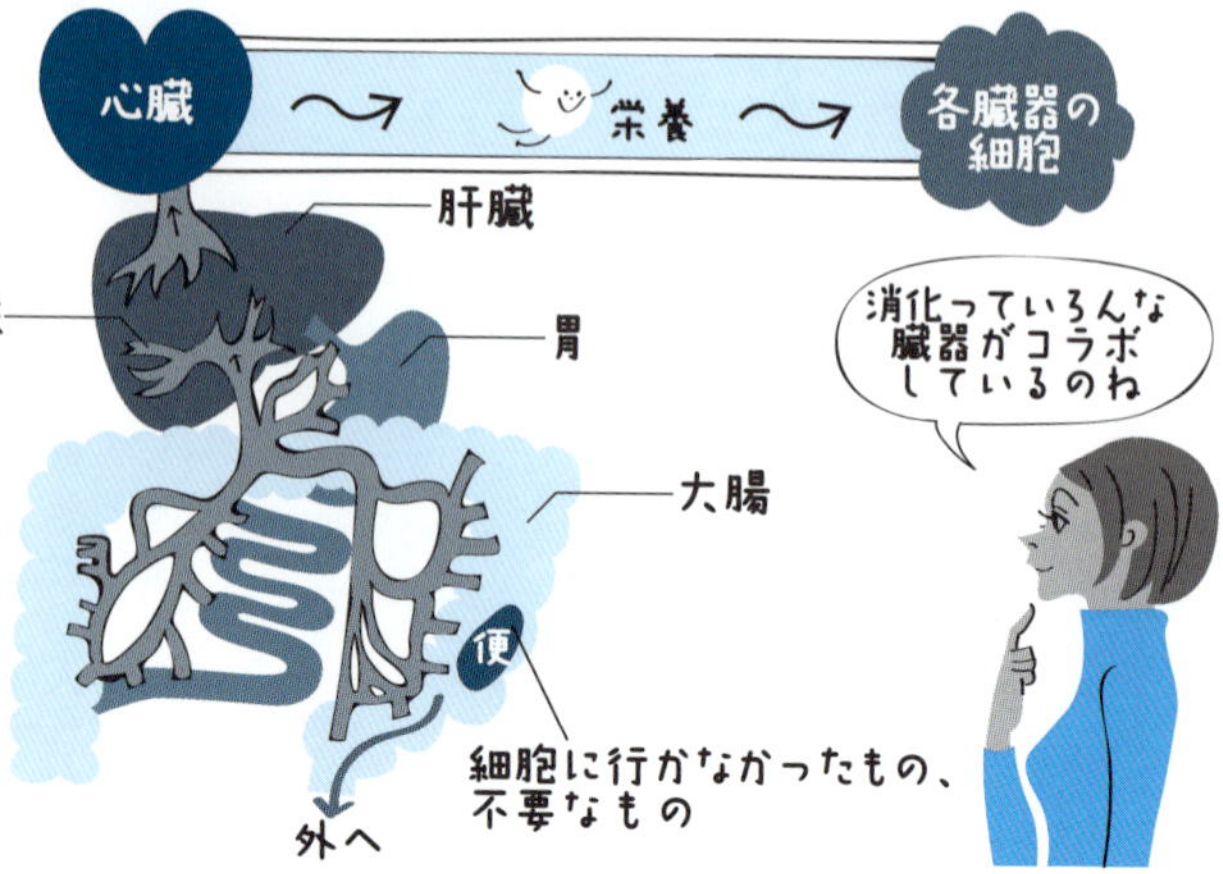

そもそも**消化とは、私たちの体を構成する無数の細胞に栄養を与えるために、消化吸収に関わる臓器たちが連携プレーをしながら働くこと**だ。

「食べ物は、口、食道から胃、小腸、大腸へと至る間に、少しずつ、それぞれの臓器で分泌される消化液によって栄養素へと分解、変形されます。そして腸に張り巡らされている血管から、「門脈」という血管を通じて肝臓へと運ばれ、さらに肝臓から心臓へと運ばれていくのです」

心臓は、血液を全身へと送り出すポンプ役である。血液に乗って心臓へと運ばれた食べ物の栄養素は、心臓から血液に乗って全身の各臓器の細胞へと運ばれる。

以上が大まかな消化吸収の過程だ。ちなみに、このプロセス中に消化できなかったり、不要とされたりした「ゴミ」は便や尿となり、体外へと排泄される。

それでは、この消化吸収のコンディションを整えるために、私たちができることは一体どのようなことなのだろうか。小林氏はまず第一に、朝食の重要性を指摘する。

消化促進　極意1　「朝食」は極力とろう

――体を目覚めさせ、消化機能をスムーズに働かせる

❖「食物の小腸滞在期間」は5～6時間

なぜ、1日3食、朝昼晩と、だいたい同じ時間に食べるのだろうか。この素朴な疑問に対して小林氏は、「実は、体のほうからすると、理にかなっているのです」と語る。一体どういうことなのだろうか。

「規則正しく3食を食べる理由は『消化』という観点から見てみると非常に納得がいきます。食べ物は、まず食道から胃へ、そして小腸に入りますよね。**小腸の長さは約6~7メートルで、食べ物が小腸のはじめから末端に至るまでに5~6時間。次に食べ物が行く先は大腸ですが、その長さは2メートルなのに、ここで食べ物は12時間もの間『滞在』するのです**」

つまり、食べ物が小腸と大腸を経るまでに、合計17~18時間もかかるというわけである。この食べ物の「小腸」内での滞在時間が、「いつ食事をとるか」に大きく関係してくるという。

ちなみに、腸の表面積を合計するとたたみ10畳を超えるといわれており、そこに18時間にわたって食べ物を「置いておく」ことを考えると、体に悪いスナック菓子など、食べる気も吹き飛ぶだろう。

「通常、朝食というと7時くらい、昼食というと12時くらいですよね。もちろん多少のズレはあると思いますが、これをスタンダードとすると、**時間の間隔は5~6時**

■3食の時間間隔は、食物の小腸滞在時間と関係する

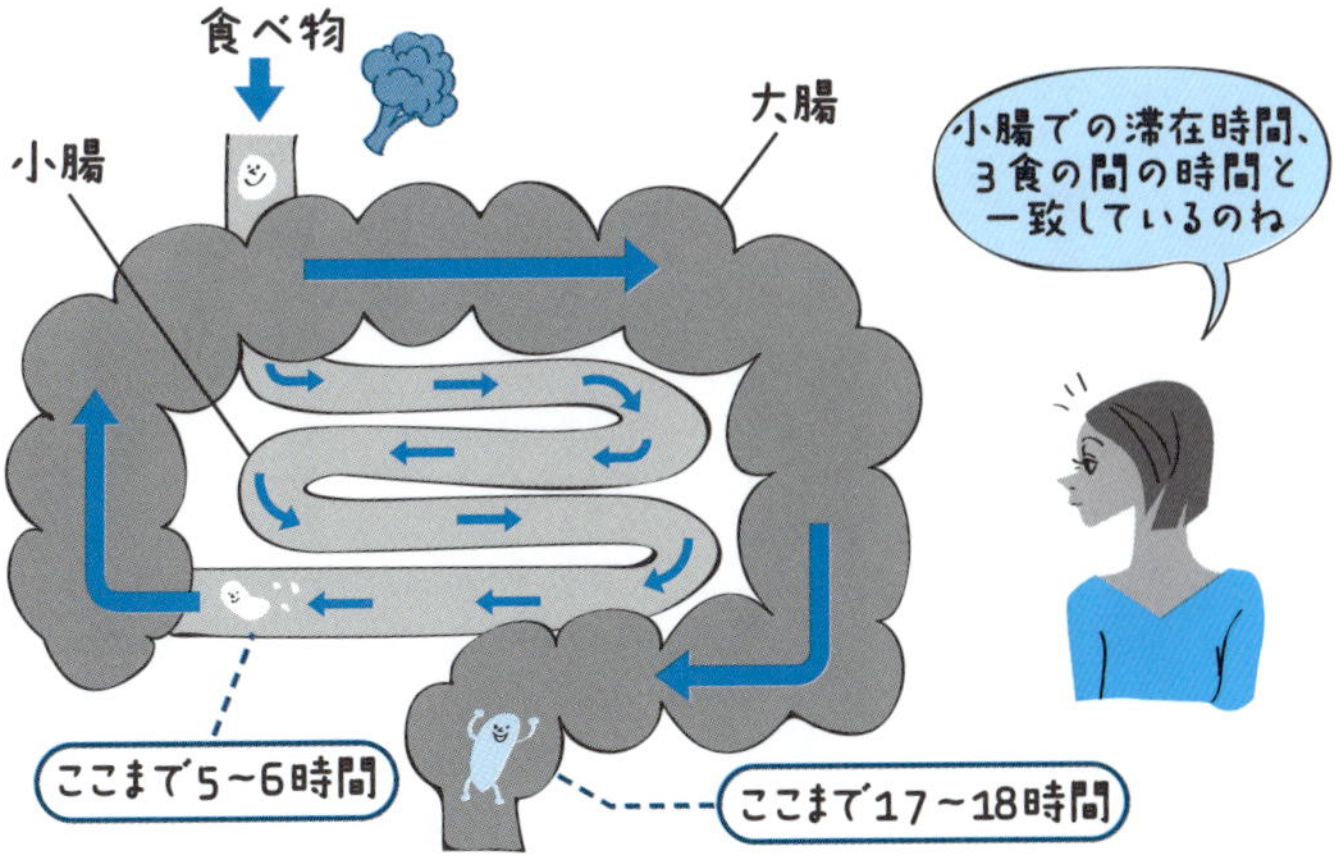

間。食べ物が小腸のはじめから末端に至るまでの時間と合致します」

「つまり、**朝食で食べた物が小腸を通りすぎて、小腸が次の食べ物を受け入れる準備が整ったころに昼食をとることになります。**朝、食べないと、まずこのサイクルが崩れてしまうので、やはり朝食はとったほうがいいですね」

食べ物が5〜6時間かけて小腸を通り抜け、そこへまた新たな食べ物が入ってくる。そう次から次へと食べ物が来ては、小腸は休む間がなく、負担がかかりすぎるようにも思えてしまうが、そういうことでもないらしい。

「たとえばマラソンの途中で長時間休憩をとったら、もう走りたくなくなってしまいますよね。これと同じで、**小腸も働かない時間が長くありすぎると、働きが悪くなってしまう**のです。だから、朝食と昼食の間が5〜6時間というのは理にかなっているのです」

とはいえ食事の間隔が短すぎると、今度は、**胃腸にストレスがかかりすぎ、腸内環境が悪化し、結果、肥満につながる**という。

もちろん個人差があるだろうが、総じて**「朝食はだいたい7時、昼食はだいたい12時」というのが生理学的に正しい**のである。

❖朝食は「時計遺伝子」をオンにする

加えて、**朝食には「朝、体を目覚めさせる」という意味合いもある**という。小林氏が「朝食を食べるべき」とする最大の理由がこれである。

「ムーギーさん、『時計遺伝子』って聞いたことはありませんか？　私たちの体の無数の細胞には、それぞれに『時計』が備わっています。それが時計遺伝子です。そして時計遺伝子のスイッチが入らないと、目は開いているだけで、体は目覚めたことにはなりません。では何が時計遺伝子のスイッチを入れるかというと、朝食なのです」

時計遺伝子は、夜、眠っている間はオフになり、それを再びオンにするのが朝食の役割なのだ。「朝食を食べないと、体内は夜、眠りについたときの状態から変化しにくい」と小林氏は指摘する。

「『朝食は金』という言葉が古くからありますが、昔の人はすごいですね。経験的に朝食の重要性をわかっていたのでしょう。朝食を食べるべきかどうかについては、いろいろな意見がありますが、**体を日中の活動モードにし、常に消化促進するという意味では、朝食は食べるべき**です。これに個人差はほとんどないでしょう」

そう聞くと、「朝食を食べなくても元気」「朝食を食べなくても朝から頭が働く」などと言っている人の姿が思い浮かんでしまうが、小林氏は「それは思い違い。**朝食を食べずに朝から元気な人は、朝食を食べればもっと元気になる**はずです」と話す。

多忙で食事の時間が不規則になりがちな人は多いだろう。ただし、**「消化吸収の第一人者」を目指すには、朝食を軸とした1日の食事サイクルにもっと注意を払ったほうがいい**のだ。

消化促進

極意2 大腸は「内側」と「外側」から刺激しよう
――食物繊維と腸マッサージで腸内環境を改善

❖腸内環境が「血液の質」を決める

朝食のとり方や時間帯の次に見ていくのは、血液の「質」を向上する方法である。

「血液の質を決めるのは腸内環境です。腸内環境がきれいなら、いろいろな栄養素が血液に乗って各臓器へと配分されますが、腸内環境が汚いと、毒素が血液に乗って配分されることになります。ある程度は肝臓が処理してくれますが、それにも限界があ

■とり入れた善玉菌は一定期間で出て行く

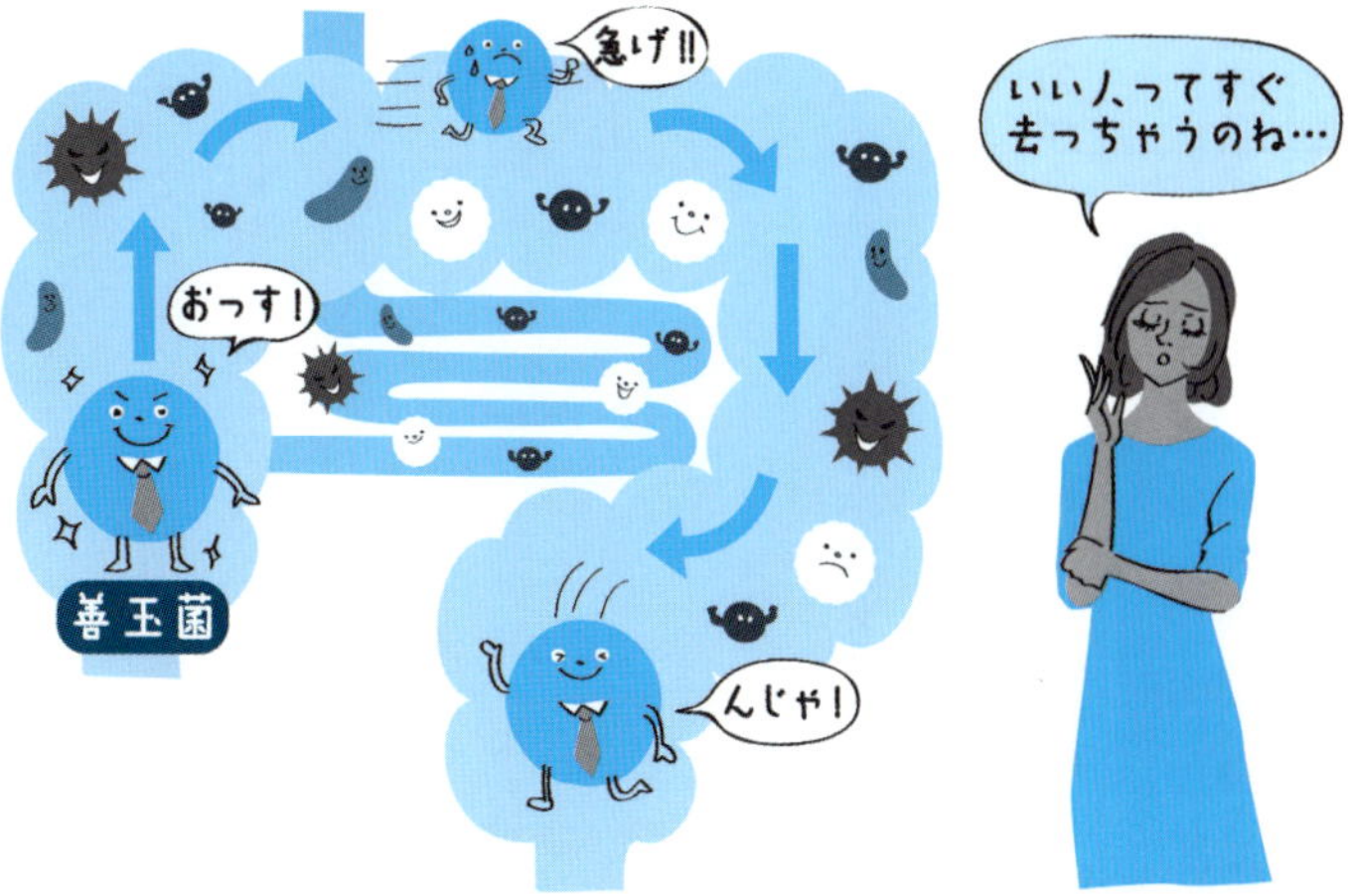

ります」

となると当然、気になるのは「どうしたら腸内環境をきれいにできるのか」であろう。そもそも腸内環境の良し悪しは、何によるのだろうか。

❖善玉菌は入ってもすぐに出ていってしまう？

「**腸内環境が『いい』というのは善玉菌が優位であること、『悪い』というのは悪玉菌が優位であることを指します。**では、善玉菌を優位にするには何をしたらいいでしょう。ヨーグルトなど発酵食品で、善玉菌をとり入れることが思い浮かびませんか？　でも、たとえヨーグルトに**乳酸菌やビフィズス菌などの善玉菌が入っていても、腸には定着しません**」

「赤ちゃんは胎内では無菌状態であり、生まれるときにお母さんなどに触れることで、腸内細菌の構成が決まります。つまり腸内細菌は生まれつきのもの。外からとり入れた善玉菌は、言ってみれば『派遣社員』のようなもので、入ってきても、一定期間がすぎると、出ていってしまう。すでに持ち合わせている腸内細菌を『刺激』する作用はありますが、外からとり入れた善玉菌で腸内環境が『永続的に変わる』わけではないのです」

❖食物繊維が腸内環境を改善 ——1日20グラムはとろう

こう話す小林氏によると、**「発酵食品よりずっと効果的に腸内環境をよくしてくれるものがある」——それは食物繊維**だという。

「**食物繊維をとると、腸内細菌の働きによって『短鎖脂肪酸』という物質が作られ、この物質が大腸のぜん動運動をうながします。**すると排便がスムーズになり、腸内環

■食物繊維の摂取不足でがんリスク高

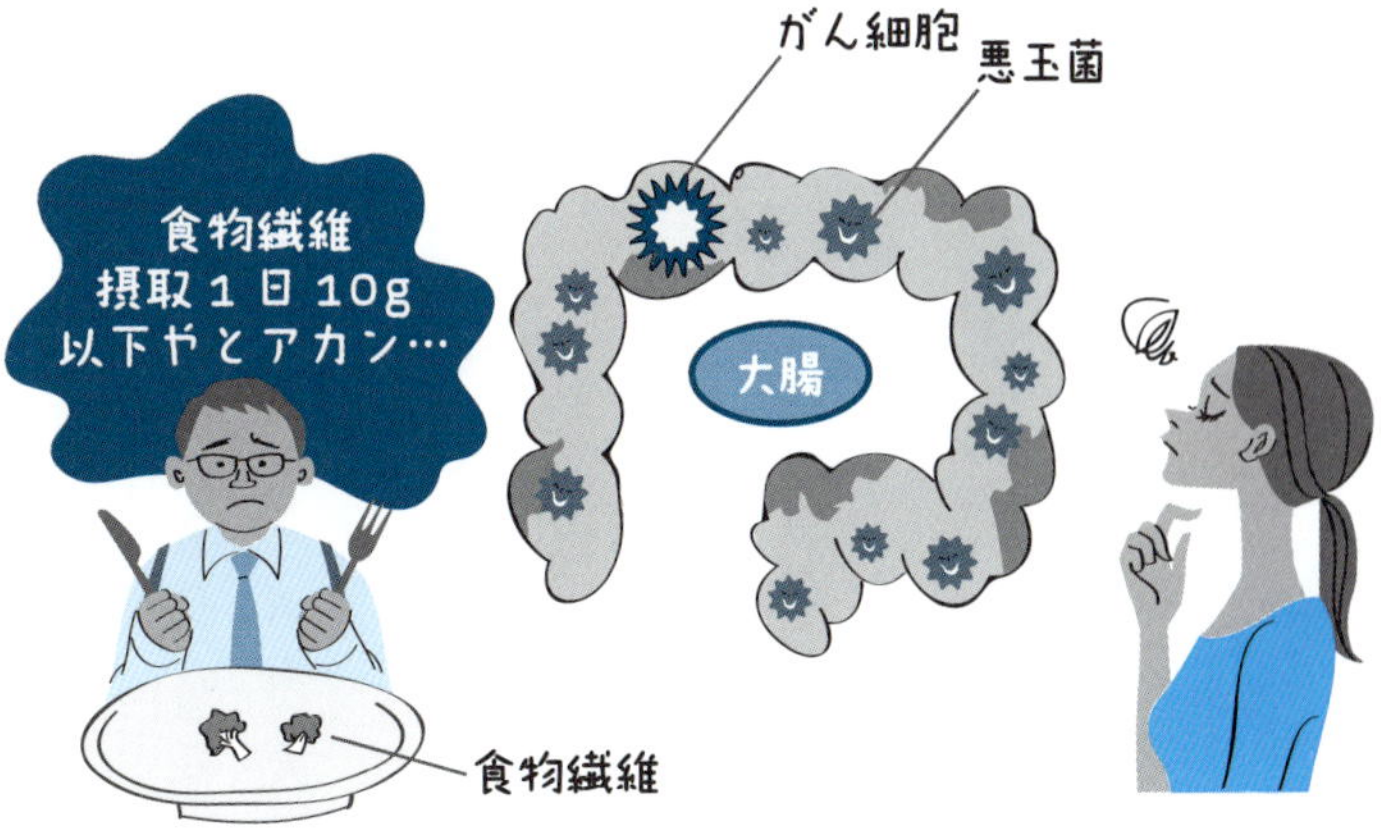

境は善玉菌優位の良好な状態に保たれます」

「近年、大腸がんになる日本人が激増しているのですが、これは食物繊維の摂取量と大きな相関があります。第二次世界大戦後、日本人は平均して約20グラムの食物繊維をとっていたのですが、それが今では10グラムを切っています。**食物繊維の摂取量の低下が腸内環境の悪化を招き、大腸がんの罹患者を増やしていると考えられる**のです」

◆腸マッサージが便秘対策に有効

また、便がたまると腸内環境は悪化するため、便秘は大敵だ。排便が滞ってしまった腸を、外から刺激するためには腸マッサージが効果的だという。

「大腸は外から手で触れることのできる、唯一といっていい臓器です。また、おへその周りをマッサージすると、小腸や大腸が刺激され、排便をうながしやすくなります」

小林氏曰く**「大腸を外側と内側の両方から刺激することが重要」**だという。外側からはマッサージで、内側からは食物繊維で刺激することで腸内環境をよくし、毒素ではなく栄養素に満ちあふれた「質のよい血液」を作れるようにしていこう。

消化促進

極意3 1日1回、3分間の深呼吸で自律神経を整えよう

――「副交感神経」を優位にして血流を向上させる

❖ストレス社会では、血流が悪くなりがち

冒頭の言葉の通り、健康に大切なのは、「全身の細胞の一つひとつに質のよい血液

を送ること」だ。それでは最後に血液を全身に行きわたらせる方法、すなわち「血流をよくする」ための方法について見ていこう。

まず、血流を担っているのは自律神経である。運動神経などとは違って自分の意思でコントロールできず、自律して機能することから「自律神経」と名づけられた。

「自律神経には、体や頭がアクティブに働くときに優位になる『交感神経』と、身体や心がリラックスしているときや睡眠中に優位になる『副交感神経』があります。その主な役割は、心臓の動き、体温の調整などをはじめとした、生命活動の維持です。

自動車にたとえるなら、興奮や活動をうながす交感神経はアクセル、リラックスや安定をうながす副交感神経はブレーキといえます。車と同様、人間もアクセルとブレーキがよく働いているのが理想の状態です。しかし、その機能はストレスや加齢によって低下することがあります。

交感神経と副交感神経の双方が正しく機能している状態が、いわゆる『自律神経が

整った状態』です。双方の自律神経にとって、緊張しすぎ、リラックスしすぎ、どちらもよくありません」

メンタルを例に挙げると、交感神経が優位すぎると緊張しすぎてパニック症状などが現れやすくなるという。では血流と自律神経には、どんな関係があるのだろうか。

「**血管は、交感神経が優位になると収縮し、副交感神経が優位になると広がりますが、血流は、両方のバランスがとれているときによくなります。**ただ——おそらく誰もが思いあたると思いますが——現代人は、本当にさまざまなストレスにさらされていますよね。

言いかえれば、交感神経優位で血管がギュッと狭くなっている状態が続き、血流が滞りがちなのです」

「本来は、日中は交感神経優位で活発に動き、夜になると副交感神経が優位になってゆっくり休む、というのが体の自然なリズムです。でも多くの現代人が、夜になっても交感神経優位の状態が続いている。不眠や寝不足を訴える人が増え、『睡眠負債』

という言葉が生まれたのも、こうした背景によるものです」

◆誰にでもできて、効果絶大な「深呼吸」――交感神経が優位な呼吸は、浅く速い

自律神経はバランスが重要。とはいえ、ストレス環境下で、圧倒的に交感神経が優位になりがちな現代人は、努めて副交感神経機能の力を上げるための方法を習得する必要があるだろう。そこで小林氏がすすめるのが「深呼吸」である。

「風呂にゆっくり浸かる、ゆったりした音楽を聴く、アロマを焚く……リラックスできれば何でもいいのですが、中でも**重要で、なおかつすぐに、誰にでもできるのは深呼吸**です。無意識のうちにも呼吸をしているので軽視されがちですが、呼吸によって自律神経のバランスを整えることができるのです」

健康法というと、サプリメントを買ったり、道具をそろえたり、講習料を払ったりと、なぜか金が必要な方法に行きがちだ。しかし深呼吸はいうまでもなく、お金は一切かからないし、道具も必要ない。それでいて自律神経を整える効果が高いのだか

ら、もはや深呼吸をしないわけにはいかないだろう。

「『呼吸法』と名のつくものはたくさんありますが、私は、**1日に1回、自分の呼吸に意識を向ける時間を作るだけでもいい**と考えています」

「交感神経優位の状態で無意識にする呼吸は、浅く速くなりがち。そこで**少しの間、自分の呼吸を意識し、深くゆっくり、吸ったり吐いたりを繰り返してみる**のです。皆さん、忙しいとは思いますが、まずは**1日1回、3分間からはじめてみてください。**

ちなみに私は1日に朝昼晩の3回、3分間ずつ行っています」

❖自律神経を整えれば「腸内環境」も改善できる

自律神経の機能が低下することは、実は腸内環境の悪化にもつながる。というのも内臓の働きを司っているのは自律神経であり、腸のぜん動運動も自律神経によって起こるものだからだ。

よく「高齢になると便秘がちになる」というが、小林氏が見せてくれた厚生労働省の統計データでも、**男女共に60歳を超えると便秘の確率が一気に跳ね上がる。これは、加齢によって便を押し出す筋力が低下することに加えて、自律神経機能の低下も大きく関係しているから**だ。

血流をよくし、質のよい血液を全身の細胞に送るため。さらには腸のぜん動運動を正常化し、腸内環境を良好に保つため。二重の意味合いで、自律神経を整えることが重要なのだ。

1日1回、3分間、意識的に深呼吸をしてみよう。どんなに忙しい人でも、これくらいはいくら何でもできるのではないか。

このように「消化」は、無意識のうちに行われているものではあるが、我々の生命と健康を維持するために、欠かすことのできない活動である。是非とも、朝食は極力食べ、食物繊維・発酵食品を多く摂取することで腸内環境を向上させ、自律神経を整える深呼吸で、質のいい血液を全身の37兆個もの細胞へと送り届けようではないか。

健康キーワード

【時計遺伝子】私たちの睡眠や覚醒（寝つきや目覚め）のタイミングを決定する遺伝子。朝食をとることでスイッチが入る。

【自律神経】循環器、消化器、呼吸器などの活動を調整するために、24時間働き続けている神経。腸内環境を正常化する食事や、呼吸へ意識を向けることで改善できる。

【短鎖脂肪酸】消化に際し、腸内細菌の働きによって、食物繊維から作られる物質。これにより腸のぜん動運動がうながされ、便秘の予防、解消につながる。

ハイライト

- **朝・昼・夜の食事の時間間隔は、小腸が消化にかける時間とだいたい合致する。**
- **腸内環境は、血液の質に大きく影響する。腸内細菌の構成は生まれつき決まっているため、永続的に「変える」ことはできないが、食物繊維・発酵食品の摂取などで「いい刺激」を与えることは可能。**
- **腸内環境が『いい』とは、善玉菌が優位であることを意味し、逆に『悪い』というのは、悪玉菌が優位である状態を意味する。**
- **自律神経には、体や頭が活発に働いているときに優位になる「交感神経」と、身体や心を休めているときに優位になる「副交感神経」がある。**

●興奮や活動をうながす「交感神経」と、リラックスや安定をうながす「副交感神経」は、アクセルとブレーキのようなもの。双方が同程度機能している状態が「自律神経が整っている」状態である。

●血流の改善で質のよい血液を全身の細胞に送るためにも、また腸内環境を良好に保つためにも、自律神経を整えることが重要である。

最強の「消化促進」アクションプラン

①朝食を食べ、体内の「時計遺伝子」をオンにしよう

②食物繊維・発酵食品をとり、腸内環境を改善しよう

③腸を外側・内側双方から刺激し、鍛えよう

④1日1回、3分間の「深呼吸」で自律神経を整えよう

食事／佐野こころ

株式会社食のおくすり代表。慶應義塾大学看護医療学部卒業後、同大学大学院医学研究科にて博士号（医学）取得。大学時代より、予防医学に関する研究を開始。専門知識と看護師・保健師の資格を生かして「健康にいい食事」を提案している。

「最強の健康」は「最強の腸」が作る

——腸内環境は「発酵食品」「食物繊維」「自炊習慣」で整えよう

「腸は免疫の6割を担っているともいわれ、健康のキーワードは腸、それも腸に生息する腸内細菌なのです」

こう話すのは、医学博士で看護師・保健師の佐野こころ氏だ。佐野氏は、大学を卒業後、大学院で予防医学の研究を行いながら20〜30代の女性に大人気の料理

■脳腸相関ー脳と腸の健康は連動している

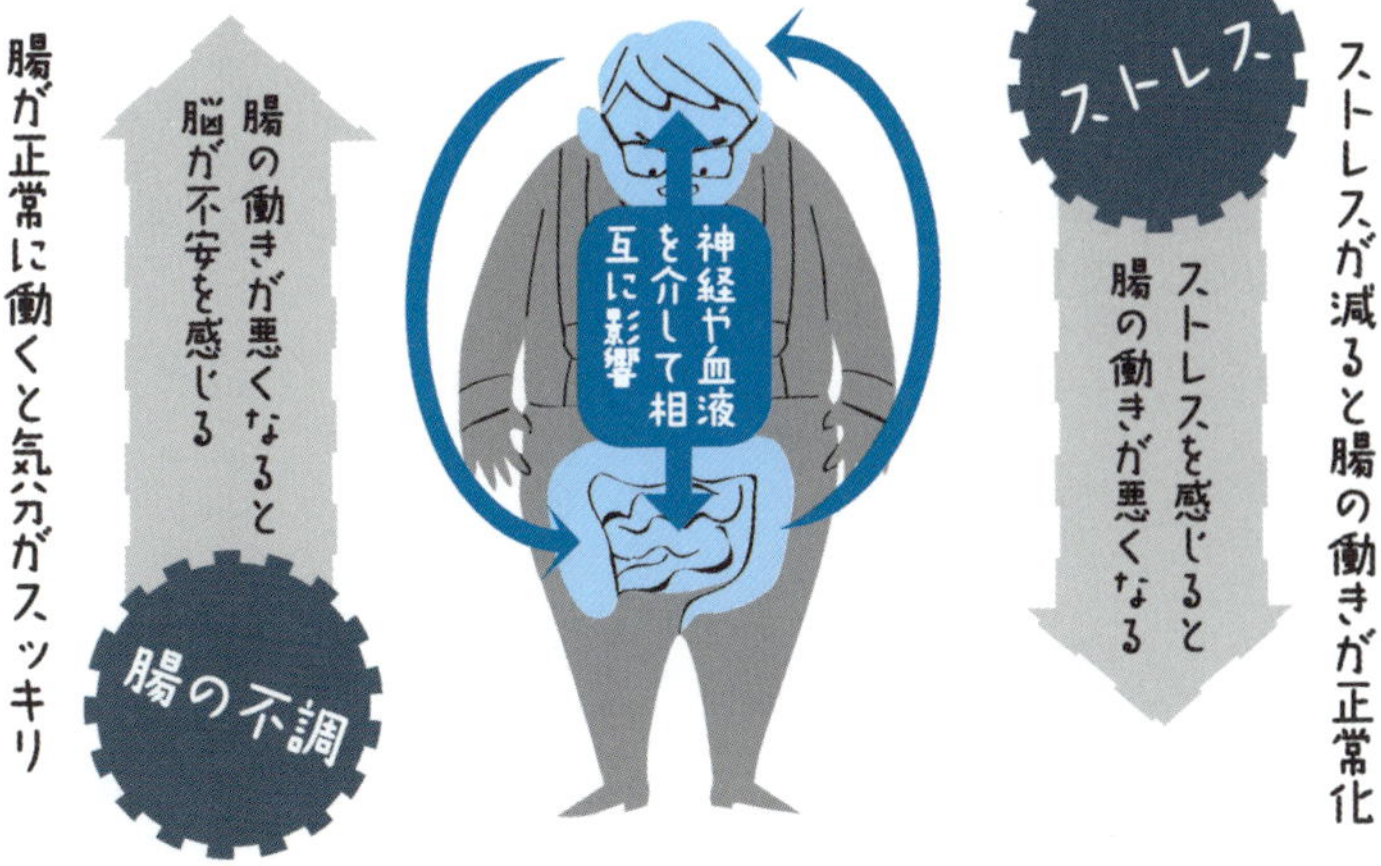

ストレス
ストレスが減ると腸の働きが正常化
ストレスを感じると腸の働きが悪くなる
神経や血液を介して相互に影響
腸の働きが悪くなると脳が不安を感じる
腸が正常に働くと気分がスッキリ
腸の不調

教室・ABCクッキングスタジオに入社。専門知識を生かしながら「健康にいい食事」を提案してきた。

「**人間の腸には百兆個もの腸内細菌が生息しています。腸には無数の神経細胞の集合体である神経節と、多くの血管が張り巡らされており、腸内細菌が腸内で作り出す物質が、神経や血液中を介して脳の機能にも影響をおよぼします。**そのことから『脳腸相関』という言葉もあるほどです」

佐野氏の話からも、**腸は単に便を作るための臓器ではない**ということがわかる。「脳腸相関」については、まだ

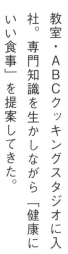

わかっていない部分も多いというが、たとえば**「幸せホルモン」と言われることもある「セロトニン」は、何と9割が消化管に存在している**ことがわかっているという。

セロトニンは、うつ病と深い関係があり、腸内環境がよくなれば、うつ病の改善にもつながる可能性があるといわれている。「心的ストレスを与えられて育ち、精神状態の悪いマウスの腸内細菌を健常マウスに移植すると、精神状態の悪いマウスと似たようなトラウマ的行動をとるようになった、という研究報告もあります」と佐野氏は話す。

「**『脳腸相関』については、さらなる研究成果が待たれるところですが、関連性があるのはセロトニンだけではないでしょう。心身の健康のためには腸内環境を整えることが重要**です。腸内環境がよくなれば、生産性もおのずと上がると考えられます」

では腸内環境を整えるために何ができるのだろうか？　佐野氏は、「**発酵食品**

をとること、食物繊維をとること、このためには自炊がおすすめです」と指摘する。「自炊」という点が、いかにも料理教室のプロらしい提案だが、これにもきちんと理由がある。それではこれから、最強の腸を作る「食べ方」の極意を一つずつ見ていこう。

食事

極意1 「発酵食品」で腸内環境を改善

――「日和見菌」を味方につけることが健康の鍵

❖「きのこの味噌汁」は腸内環境改善に極めて有効――「最強の食事」は元禄時代の和食？

「最強の腸」を作る方法、その一は発酵食品をとることだ。中でも**「これがおすすめ、というのはきのこがたっぷり入った味噌汁」**だと佐野氏は話す。

「ちゃんとした製造法で作られた味噌を選べば、化学調味料のリスクもなく、新たに塩分を足す必要もありません。出汁《だし》と味噌本来のうまみが味噌汁の決め手です。特に、次に触れる食物繊維との兼ね合いでいうと、食物繊維に富むきのこの味噌汁がいいですね」

きのこは、免疫力を上げる物質、βグルカンも豊富であり、生活習慣病の一種である「がん予防」という意味でも有効だという。

なお、きのこ以外ではアメリカの抗がんプロジェクトで最も予防できる植物だと報告された「にんにく」も、その有効性が認められている。

これらを含む和食は健康にいい、とはよく言われるが、一体いつからそのように認知されるようになったか、といえば、時は70年代にさかのぼる。

1977年、アメリカで発表された栄養学の研究資料『マクガバンレポート』には「最も理想的な食事は元禄時代以前の日本人の食事である」と記されている。

「元禄時代の和食」が最高の健康食とは興味深い。ちなみに元禄時代の和食の特徴とは、精白しない穀類、つまり**玄米を主食として、季節の野菜や果物、海藻や小魚を中心にした食事**を指す。

和食の他にも、『がんにならない食事』として世界から注目されているのが**『地中海食』**である。**野菜や豆類、魚介類を多めにとり入れ、血液中の悪玉コレステロールを減らす効果のある『オメガ3』と呼ばれる油が含まれる、オリーブオイルがたっぷりと使われている。**

それならば、オリーブオイルを使った和食『地中海ジャパニーズ』は、世界一の健康食といえるかもしれない。

実際、私は豆腐と納豆をまぜてオリーブオイルをかけ、「グローバル・ドンブリ」と名づけて食べているが、なかなかどうして、悪くない組み合わせなのだ。

❖「自分の腸に合うヨーグルト」を探そう

発酵食品というと、ヨーグルトを思い浮かべる人も多いと思うが、実際のところはどうなのだろう。

「ヨーグルトもいいのですが、ポイントは、含まれている細菌が自分に合っているかどうか。そもそも胎児期の腸内細菌は、実はゼロで、生まれてくるときにお母さんなどの細菌を受け継ぐかたちで、徐々に腸内環境が作られていきます。つまり**腸内にどんな細菌がいるかは人によって千差万別。外からとり入れる菌との適性も人それぞれ**なのです」

「ヨーグルトの適性は1日2日でわかるものではありません。よくいわれるのは、**1日に2回、1~2週間ほど食べ続けて何らかの改善が見られたら、そのヨーグルトは合っている**と見なしていいということです」

たとえば特定の銘柄のヨーグルトを食べ続けて、便通がよくなるなどのプラスの変化が起こったのなら、そのヨーグルトは腸に合っているということだ。もちろん、その逆パターンもありうる。ヨーグルトを食生活にとり入れるのなら、食べ続けたところでどんな変化が起こったかにも注意してみよう。

食事

極意 2

食物繊維で、善玉菌を優位に

——水溶性と不溶性の両方をとることが重要

❖「ゴボウ」と「海藻」を両方食べよう

これは前項の「消化」の項目で小林氏も述べていたことだが、**腸内細菌には善玉菌と悪玉菌がいる。ただし一番多いのは「日和見菌」という、「どっちつかずの菌」**だという。割合的に、善玉菌のほうが多ければ日和見菌も善玉的に作用し、悪玉菌のほうが多ければ悪玉的に作用するというのだ。何だか、選挙のときの浮動票みたいではないか。

「よく**『腸内環境を整えましょう』『善玉菌を優位にしましょう』**といわれるのは、**言いかえれば、善玉菌が喜ぶものを食べて、日和見菌を善玉的にしましょう、という意味**なのです」

■「日和見菌」を味方につけて腸内環境改善

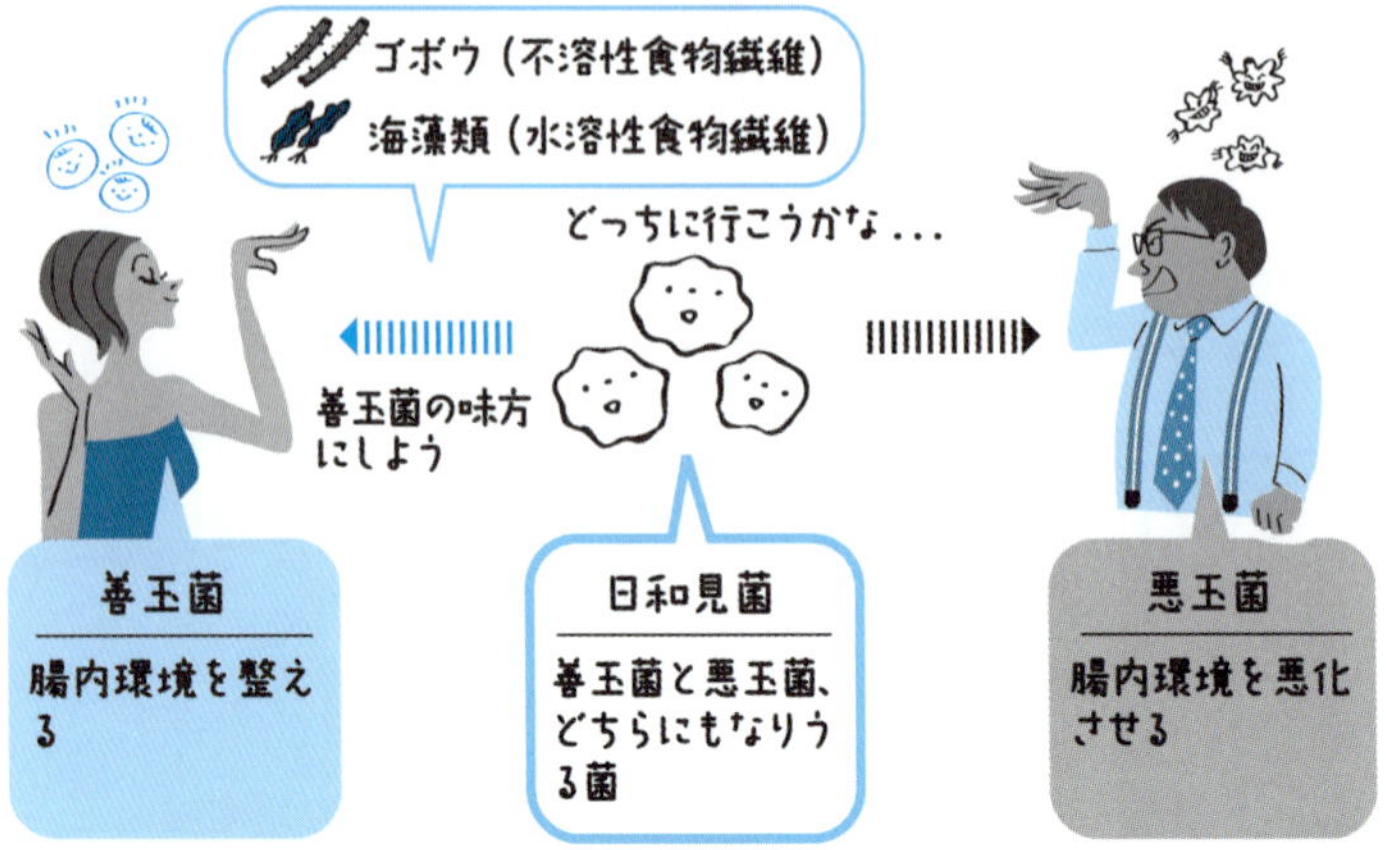

そこで発酵食品と並んで重要なのが食物繊維というわけである。ただし、食物繊維が豊富なイメージが強い「ゴボウ」ばかり食べればいいわけではない。

「なぜなら**食物繊維には水溶性食物繊維と不溶性食物繊維があり、両方をとることが重要**だからです。食物繊維食品には両方の種類の食物繊維が含まれていますが、バランスが異なります。たとえばゴボウに多く含まれるのは不溶性食物繊維です。一方、海藻類には水溶性食物繊維が多く含まれています」

こうした知識は次の「自炊」にも役立

つだろう。もちろん外食する際にも「野菜=体にいい」という単純なイメージだけでなく、「水溶性食物繊維と不溶性食物繊維」を意識すれば「よりよい食べ方」になるのだ。

食事 極意3 自炊習慣をつけ、調味料を減らそう
――ビタミン、ミネラル、抗酸化食品と世界5大健康食品

❖化学調味料が腸内環境を悪化させる ――コンビニのカット野菜にも要注意

「自炊する人は、自炊しない人よりも野菜や果物の摂取量が多いことがわかっています。加えて、外食の食事は、どうしても味つけが濃くなりがち。砂糖や塩の摂取量も、自炊のほうがコントロールしやすいのです」

先に挙げた発酵食品と食物繊維をたっぷりとるにも自炊が一番。そして高血圧や糖

尿病につながる塩分、糖分のとりすぎも自炊のほうが防げる。

「また、外食や、スーパー、コンビニのお総菜は、どうしても食べ物を日持ちさせるため、色味や味の劣化を防ぐために化学調味料や保存料、香料などの食品添加物と無縁ではいられません。実は、これらの**化学物質は腸内環境を悪化させる一大要因**なのです」

「野菜をたくさんとるためといっても、**『カット野菜』はよくありません。生野菜だから添加物とは関係ないと思うかもしれませんが、シャキシャキ感を残すため、色味を保つために、やはり添加物が使われています。**

また、そもそも大量に**野菜をカットして長時間、水にさらしている時点で、栄養素、特に水溶性ビタミンは流れ出てしまっている**、と見るべきです。野菜は丸ごと買ってきて、調理時にカットしましょう」

腸がいかに大事かということを考えると、食品添加物などとりたくないものである。極力、自分で作りたいが、料理の初心者が自炊をはじめるには、どんなコツがあるだろうか。

❖「三大栄養素＋野菜」を基本に組み立てる

「まず**三大栄養素である脂質、タンパク質、糖質をとること。そして野菜です。野菜は食物繊維の他ビタミン、ミネラルの補給にも重要**です。総合すると、肉や魚に豆類、野菜やきのこ類をたっぷり。汁物は味噌汁にする。そう覚えておいてください。ちなみにおかずには、高タンパク、低脂質で太りにくい白身魚などの魚介類がおすすめです」

「なお、**ビタミンについては水溶性と脂溶性の違いも知っておくといい**でしょう。たとえば、トマトやにんじん、かぼちゃなどに多く含まれるβカロテン（体内でビタミンAに変換）やビタミンEは脂溶性。つまり油と一緒にとったほうが体内での吸収がよくなります。一方、ブロッコリーや葉野菜に多く含まれている葉酸やビタミンCは水溶性。これらはゆでるとビタミンが流れ出てしまうので、蒸して食べることをおすすめします」

■水溶性ビタミンと 脂溶性ビタミン

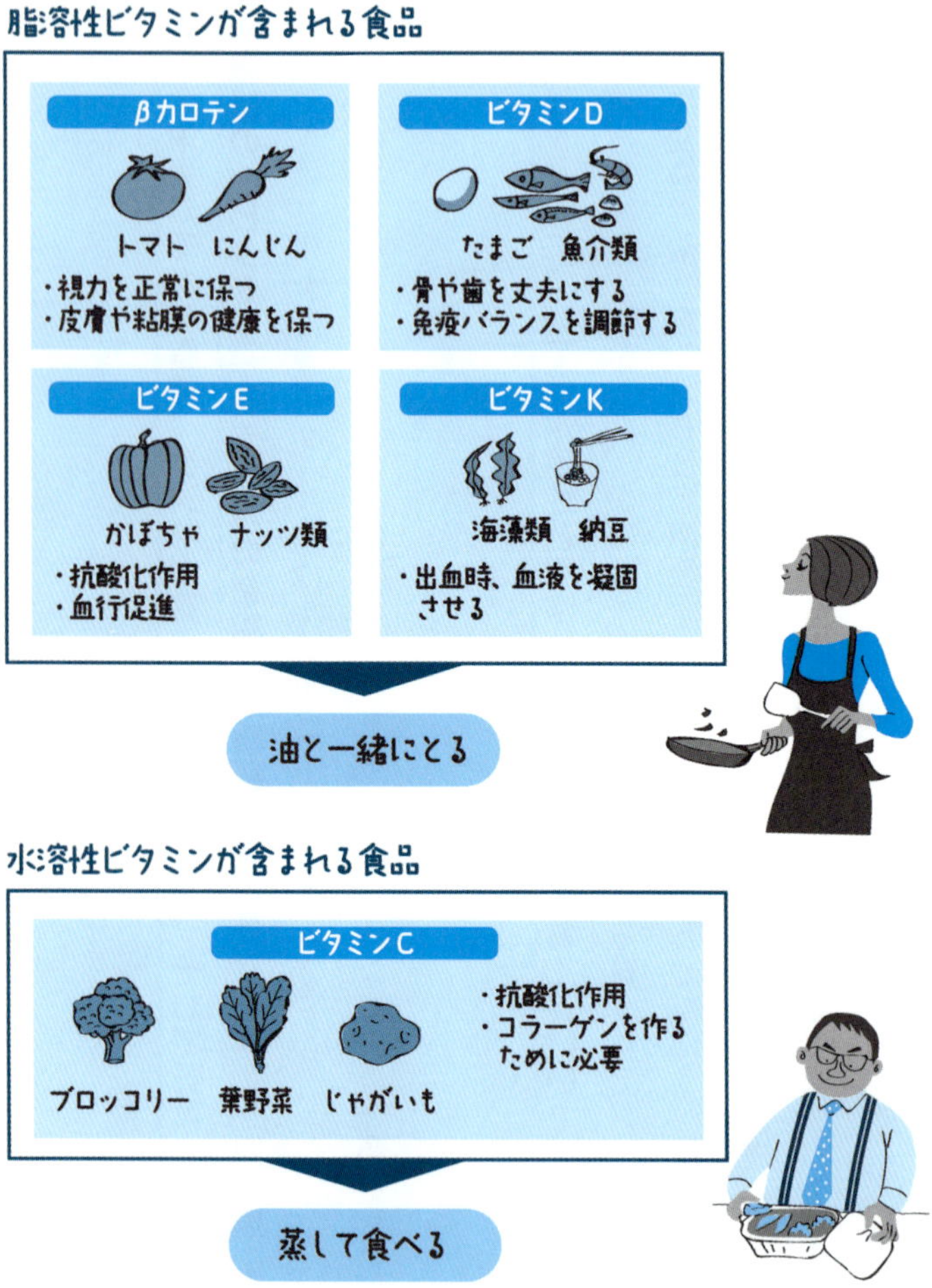

佐野氏曰く、蒸し器をもっていなくても、深めの鍋に水をはり、鍋に落っこちないくらいのサイズのザルに野菜を載せて鍋に入れ、蓋をして火にかければ、簡単に蒸し野菜ができるという。

ちなみに、ビタミン、ミネラルが体にいいというのはイメージできるが、ではどうして大事なのか、実はよくわかっていない人は多いのではないか。

簡単にいうと、**「三大栄養素は体のエネルギーや細胞の材料になったりする。その変換をサポートするのがビタミン、ミネラル」**なのだ。ビタミン、ミネラルをしっかりとらないと、せっかくとった三大栄養素が体内でうまく活用されないということである。しかしながら、ビタミン、ミネラルだけとっていても意味がないことをご存じだろうか。

「ビタミン、ミネラルが不足していてはいけませんが、逆に、ビタミン、ミネラルのサプリメントを食事代わりにするかのように山ほどとっても、意味がありません。三大栄養素、食物繊維、発酵食品、ビタミン、ミネラル、これらをちゃんととるには、やはり自炊が最も手っとり早いのです」

■ポリフェノールが豊富な食べ物

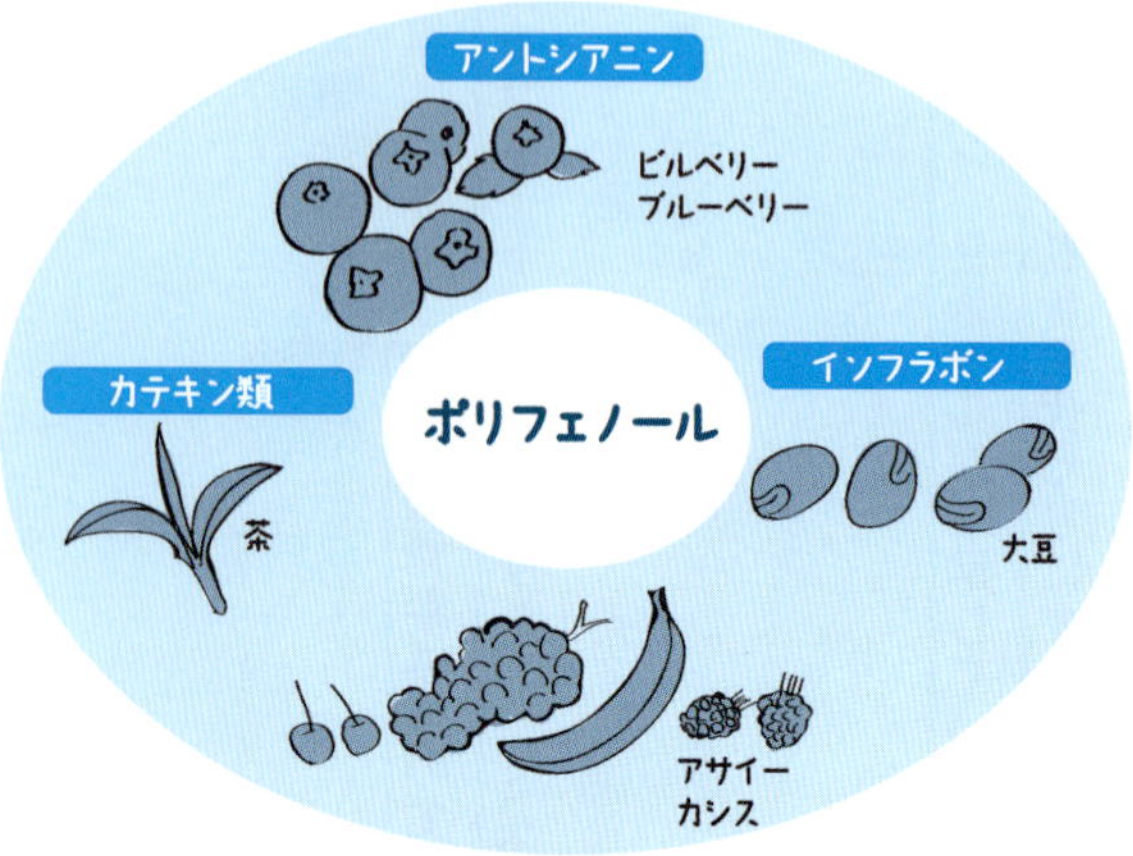

❖野菜・食物の「ファイトケミカル」でアンチエイジング——抗酸化作用のある食物をしっかりとろう

では、具体的にいえば、特に健康増進に役立つ食べ物とは何だろうか。

佐野氏は「腸内細菌の正常化と同じくらい、私たちの健康の土台作りに必要なのが抗酸化です。**『ポリフェノール』**と**『カロテノイド』**はどちらも高い抗酸化作用のある成分で、あらゆる病気を予防し、体を若々しく保つ作用があります」と語る。

前者は植物に存在し、後者は動植物に存在するという違いはあるが、抗酸化作

■カロテノイドが豊富な食べ物

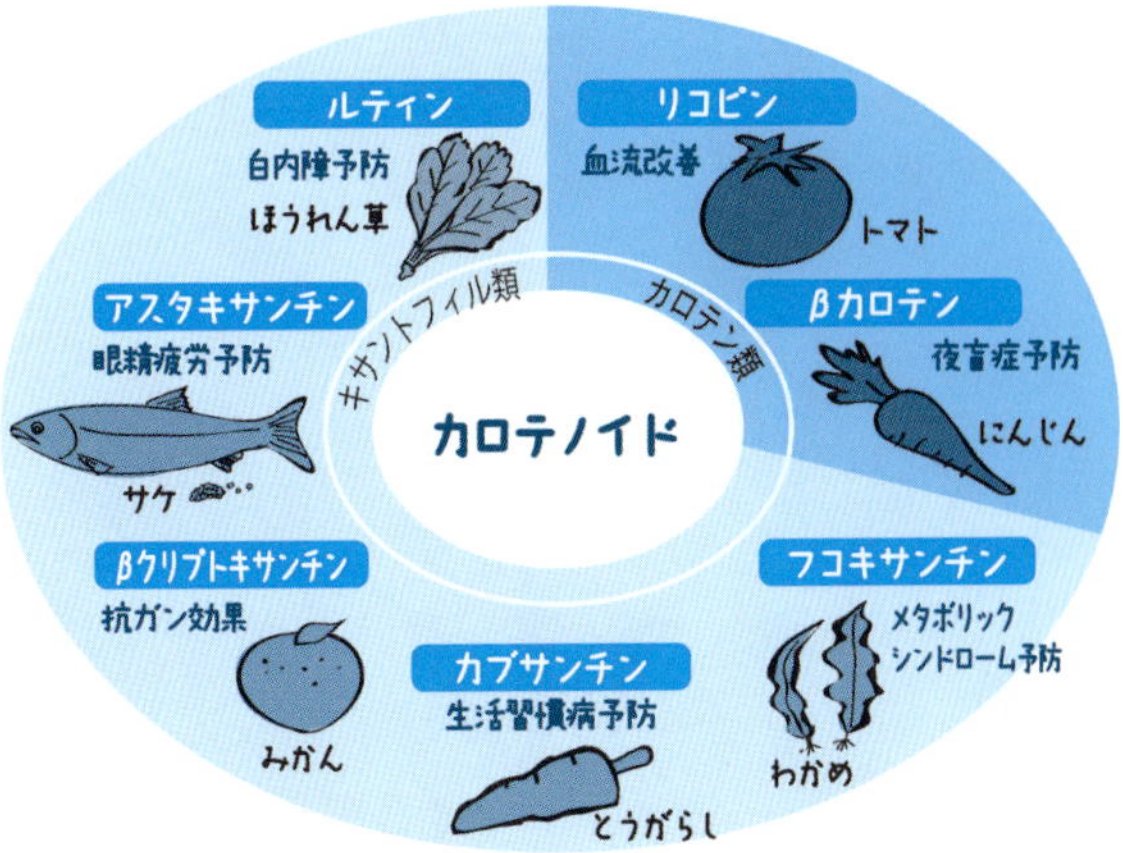

用をもつという意味では共通している。

「アサイー、カシス、ブルーベリーなどの紫色の果物にはポリフェノールが豊富に含まれています。なお、意外かもしれませんが、**大豆に含まれるイソフラボンもポリフェノールの一種**です。お茶のカテキンもそうですね。

そして、トマトのリコピン、サケやカニに含まれるアスタキサンチン、にんじんのβカロテン、ほうれん草のルテインなどは、**カロテノイド**です。

❖ポリフェノールとカロテノイド

ポリフェノールとカロテノイドは、

■植物が身を守るためのファイトケミカル

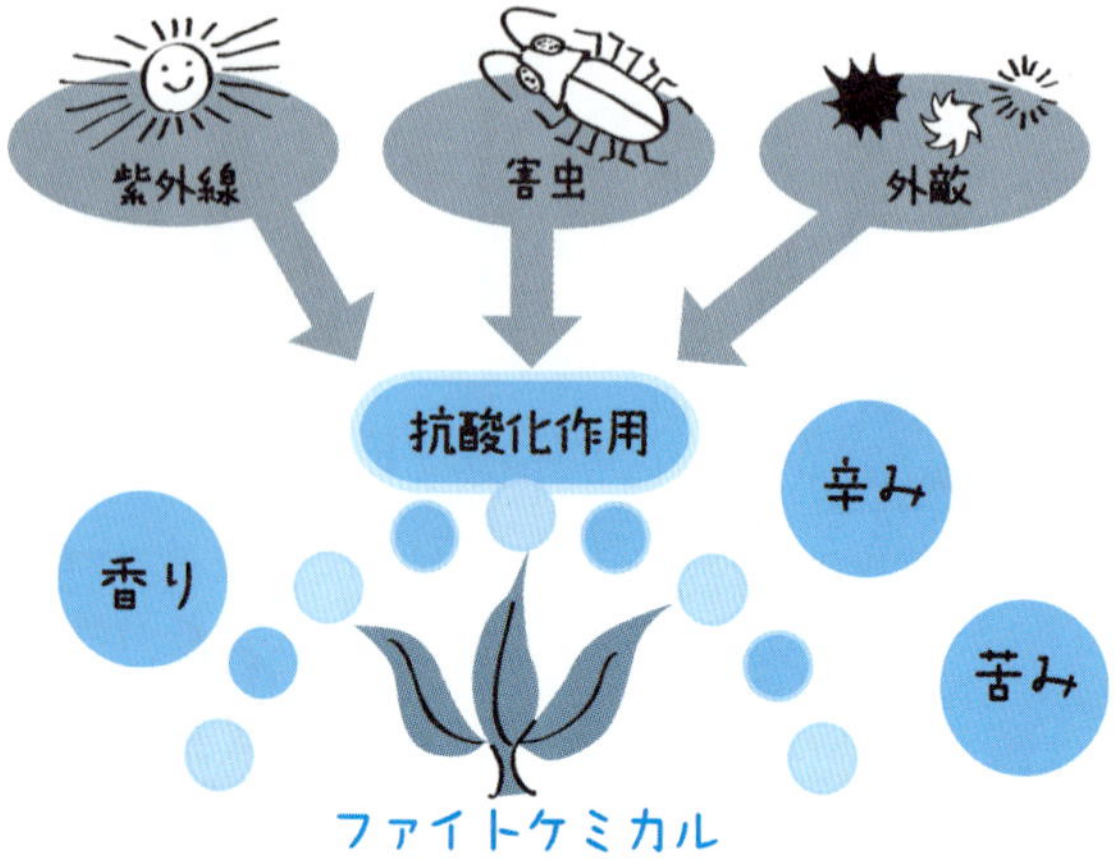

「ファイトケミカル」と呼ばれ、近年注目を集めている。

「自分で好ましい環境のところへ移動できる動物と違い、植物は過酷で変化の多い環境で生きていかなければならないため、動物とは異なる自己防衛能力を授かりました。

強い紫外線、害虫、その他の外敵にさらされても移動できない植物は、酸化を防ぐ抗酸化力、抗菌力を自らもっています。このように、**身を守るために植物が自ら作り出した色素や香り、辛み、苦みなどに含まれる機能性成分がファイトケミカル**なのです。

人はファイトケミカルを作り出すことはできませんが、それらを含んだ野菜や果物を食べることで、植物の力＝ファイトケミカルをとり入れ、抗酸化力や免疫力をアップさせ、生活習慣病やアンチエイジングに活用できるのです」

抗酸化・免疫力を上げる食品については理解できたが、なかなかすべてを覚えるのは難しい。簡単にファイトケミカルを摂取する方法はないだろうか。

「私が皆さんにおすすめしているのが、**『食卓を色とりどりにしましょう』ということです。こうすることで、あらゆる種類の『ポリフェノール』や『カロテノイド』を自然ととることができます**」

自炊というと、とたんに面倒なイメージをもつかもしれない。しかし、基本的に色とりどりの野菜の摂取を心がけて自炊をすれば、ファイトケミカル（ポリフェノール、カロテノイド）をとって抗酸化作用を強めることができるのである。

◆体にいい「世界5大健康食品」
——自炊でおなじみの食材の健康増進効果を知ろう

なお、自炊で調理する食材によっても、含まれている栄養素は千差万別だ。具体的にどの食べ物に何が含まれていて、どのように体にいいのかはわかりにくいものである。

そんな中で知っておきたいのが「世界5大健康食品」だ。

それは、腸内環境を整える**「ヨーグルト」**、血液中の悪玉コレステロールを減らす効果のある「オメガ3」を摂取できる**「オリーブオイル」**、強力な乳酸菌が含まれる発酵食品**「キムチ」**、鉄分が豊富な**「レンズ豆」**、そしてキムチと同様、乳酸菌が豊富な**「納豆」**である。それぞれの食品の健康増進成分およびその効用は左の図の通りである。

「どの食品を食べれば何の効果が得られるのか」を知ることで、本当に体にいいものを選ぶ際の納得感が強まるのではなかろうか。

■体にいい「世界５大健康食品」

食品名	有効成分	効用
ヨーグルト 	乳酸菌	腸内環境を整える
オリーブオイル 	オレイン酸	血液中の悪玉コレステロールを減少させる
キムチ 	乳酸菌	腸内環境を整える
レンズ豆 	鉄分	造血作用・貧血予防など
納豆 	乳酸菌	腸内環境を整える

❖「適量」のお酒には健康増進効果がある
――「酒は百薬の長」

私たちの食生活には「飲み物」も欠かせない。中でも、私自身が気になっているのが「お酒」についてである。ビジネスパーソンにとっては、仕事相手だけでなく私生活においても、たしなむ機会が多いだろう。

「酒は百薬の長」とは、中国古代の史書『漢書』に出てくる有名な言葉だ。その心は「酒はたくさんある薬のなかで最も優れたものである」ということだが、その効用は具体的にはどのようなものだろうか。

スペインのナバロ大学の研究チームの報告によれば**「少量または適度な飲酒の場合、特にワインは、体重増加を促進するよりもむしろ、反対の効果が期待できる」**と発表している。

また、糖質・カロリー双方とも低いことで知られるウイスキーに含まれるポリフェノールの一種、「エラグ酸」は、網膜症など糖尿病の合併症を引き起こす酵素の働きを阻害する作用があるという研究結果が出ている。

ポリフェノールが多く含まれる飲み物、と聞くと、お茶や赤ワインを連想する方も多いかもしれないが、ウイスキーに含まれるそれのほうがずっと強力なのである。

中でも、熟成期間が長いウイスキー、つまり高級なウイスキーほどエラグ酸の含有量が多いという。

「お酒全般には、**お酒に含まれるエタノールの作用によって、動脈硬化を予防するために大切なHDL（high density lipoprotein）コレステロールが増加する作用が期待できます。**このことで、適度な飲酒は心筋梗塞などの循環器系の病を予防することにつながるといわれています。

厚生労働省は『節度ある適度な飲酒』をこころがけるように、国民に呼びかけていますが、主要なお酒の適量は次ページの図の通りです」

ただし、**これらの効用はあくまで、次のページの図で示す「適量」を守ったときの話**である。

■お酒の「適量」とは？

純アルコール約20gの目安					
種類	ビール 	日本酒 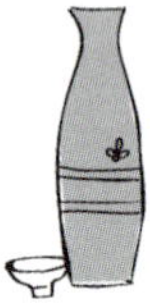	ウイスキー・ブランデー 	焼酎 アルコール度数25度 	ワイン 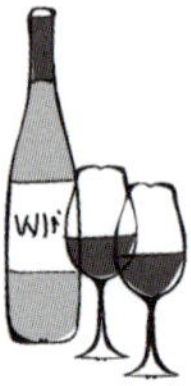
量	中ビン1本 500ml	1合弱 180ml弱	60ml （ダブル）	0.6合 110ml弱	グラス2杯弱 200ml
有効成分	ビタミンB1	コウジ酸	エラグ酸	グラスミノーゲン ウロキナーゼ	ポリフェノール
効用	疲労回復	抗酸化	抗酸化	血流改善	抗酸化

飲みすぎで、脂肪肝になり、深刻な病気につながるケースも少なくない。また、体重および肝臓の大きさによって、アルコールの消化能力も各自で変わってくる。特にアルコールの消化時に生じるアセトアルデヒドの分解能力は、遺伝的な影響も大きい。飲酒ですぐに顔が赤くなる人にお酒の無理強いは厳禁である。

週に2回が目安とされる休肝日を作って肝臓を守るのはもちろんのこと、少量の飲酒は薬、それを超えれば毒になることを決して忘れず、お酒とうまく付き合っていこう。

column

大半の「健康食品」には意味がない？
――「個人の感想です」に要注意

テレビをつければ続々とコマーシャルに登場するあやしげな健康食品。画面の片隅に小さく「個人の感想です」などと表示されているのを見るとますますあやしく感じられるが、実際、「ほとんどが信用できません」と佐野氏も指摘する。

「**たとえば軟骨成分が入っているというサプリがありますが、軟骨は、そう簡単に再生しません。**サプリで食品としてとっても、再生することはありません」

「肌にいい」とうたわれるコラーゲンサプリなどにも、同様だという。

「**市販されているコラーゲンを摂取しても効果はありません。コラーゲンの抽出過程や分子構造によって、美容効果は千差万別。**コラーゲンなら何でもいいわけではないのです」

「よく薬局などで見かける、その他のサプリメントも同様に、**本来なら成分の抽出方法や配合量が問題であるはずなのに、一般の消費者はほとんど気にしていません**」と佐野氏が指摘するように、一般の健康リテラシーが低いことも、詐欺まがいのサプリメントが横行する所以《ゆえん》ともいえるだろう。

このような状況を聞くと、行政はなぜ、インチキサプリを野放しにしているのか、と疑問に感じる。これは「悪いもの」を駆逐しようとすると、たいていはイタチごっこに陥るので、「それよりは、『いいもの』にお墨付きを与えたほうが建設的」という考えに基づくという。

そこで導入されたのが特定保健用食品、いわゆる「トクホ」である。

「**トクホマークがついているものは、実験で一定の効果が実証されていることを国が認めています**」と佐野氏も話す。

（ただし、医師から見てあやしい、いい加減なトクホが多いという声も、複数の医師から伺ったこともつけ加えておきたい）

❖本当は怖い野菜ジュースや「健康食品」

ところで本項のテーマからすると、野菜ジュースや青汁といった健康食品も気に

column

なる。中には「これ1本で1日分の野菜」などと謳っているものもあるが、実際はどうなのだろうか。

「野菜ジュースも青汁も、サラサラになっている時点で野菜の不溶性食物繊維はほとんどが失われていると考えたほうがいいですね。また、製造方法によっては野菜のビタミンやミネラルも製造過程で栄養素が損失しています」

野菜の栄養が手軽にとれると信じて疑わなかった「野菜ジュース」。実際は、本物の野菜の代わりにはならず、「ただのジュース」だったとは、何とももくやしい限りではないか。

これらは、**飲みやすさのために糖分や香料、着色料などの添加物もたっぷり含まれているものもある**というから、さらに恐ろしい。

飲み物に関連して、市販されている「栄養ドリンク」はどうだろうか。ハードワークの日々で、お世話になられている読者の方も多いことだろう。

「何といっても**気になるのは使用されている保存料や着色料です。細菌やカビの繁殖を防ぎ、一定の品質に保つために必要ではありますが、中には体に悪い影響を与えるものも存在**します。

たとえば、栄養ドリンクでよく使われている保存料『安息香酸ナトリウム』は、着色料である黄色4号と一緒に摂取すると喘息やじんましんが起こりやすくなるため、体質によっては注意が必要です」

佐野氏曰く、栄養ドリンクの「栄養」の元は、ほとんどが糖分や、過剰に添加されたビタミンだという。**栄養ドリンクの過剰摂取は、一瞬元気になったような気がしても、結果的に内臓に負担をかけてしまうのだ。**

サプリ数錠、栄養ドリンク1本で栄養が補えるなどという、うまい話はないのだ。

本項で挙げた極意である、「『発酵食品』『ファイトケミカル』の摂取」「水溶性・不溶性食物繊維の摂取」「食物繊維や発酵食品を多く摂取し、塩分、糖分を控える自炊の習慣づけ」を改めて肝に銘じて、最強の腸を作っていこうではないか。

特別寄稿

食事を数値で把握する「マクロ管理法」

Testosterone

ダイエット・筋トレ情報サイト「DIET GENIUS」、アスリートメディア「STRONG GENIUS」代表。主著に『筋トレビジネスエリートがやっている最強の食べ方』(KADOKAWA)など。

食事といえば、ダイエットとは切っても切り離せないが、この世には本当に効果のあるダイエットから科学的根拠がないものまで、あらゆるダイエットが存在している。

そんな中で、ダイエット・筋トレメディアを運営する実業家、Testosterone 氏が110kgから40kg近いダイエットに成功し、在米中にアメリカで流行したさまざまなダイエットを試した末にたどり着いた方法が、**「マクロ管理法」**だ。

「『マクロ管理法』とは、性別・身長・体重・年齢、そして段階に分けて活動量から算出した1日に摂取すべき総カロリーと、そこから導かれたマクロバランス（タンパク質・炭水化物・脂質の三大栄養素のバランス）に沿って食べるだけという、超シンプルな食事法です。日本ではミクロ栄養素（ビタミンやミネラル）ばかり気にする傾向がありますが、まずはマクロ栄養素を整えないと話になりません」

要は、**自分自身に必要なマクロ栄養素を、指定されただけ食べていけばいい。**これを粛々と実行していくだけで、自然と体は変わっていくという。そのメリットとしてTestosterone氏は、**「リバウンドしにくいこと」「仕事のパフォーマンスが向上すること」「挫折しにくいこと」**を挙げる。

「マクロ管理法」は、極端な食事制限と違い三大栄養素をバランスよく摂取するダイエット法です。そのため、継続しやすくリバウンドも起こりづらいです。

よく「一番いいダイエット法は何ですか？」と質問を受けるのですが、私は「一番いいダイエット法は無理なく一生続けられるものです」とお答えしています。その点、マクロ管理法は一度学んでしまえば無理なく一生続けられる食事法です。ですので、私は自信をもって皆さんにマクロ管理法を推奨します。

巷でよく行われている極端なダイエットとは異なり、体が必要とする栄養をきちんと摂取するので、筋肉の減少や代謝低下、空腹感やエネルギー不足も起きません。

マクロ管理法では、最大でも1日の消費カロリー1500㎉までしかカロリーを落とすことを、よしとしません。体に必要なマクロ栄養素を適切に摂取してやれば、体力や集中力が上がるのはもちろんのこと、仕事の能率やパフォーマンスも上がるので、ビジネスパーソンにもこの方法はおすすめです」

もともと肥満体型だった私自身も痛感するダイエットのあるあるが、ラーメンやスイーツなどダイエットに大敵な食べ物を一度食べてしまうと、そのまま**「今までの苦労が水の泡や！　こうなったらオレは、炭水化物をもっと食べるんや！」**となってしまい、あっという間にリバウンドしてしまう経験だ。しかし、この「マクロ管理法」ではそうした失敗も防げると、Testosterone 氏は主張する。

「**栄養素を客観的な数字で把握するので、そうした失敗とは無縁**です。たとえば「ダイエットの敵」ショートケーキも、『タンパク質：5・49g、脂質：25・3g、炭水化物：29・05g、366㎉』という、『単なる食品の一つ』と認識できるようになります。確かに脂質は多すぎますが、もし、昼に食べたとしても、夜ごはん次第で十分に調整できるのです」

一度自分のマクロバランスを満たせる食事を作ってしまえば、誰でも楽に実践できるという「マクロ管理法」。ベースができたら、後はおかずを変えたり炭水化物の種類を変えたりと細かな調整をするだけで、毎日飽きることなく違う食事を続けられるそうである。

健康的なダイエットに役立つこの「マクロ管理法」も、ご一考されてはいかがだろうか。

特別寄稿

「卵悪者説」は誤解の産物

板倉弘重
品川イーストワンメディカルクリニック理事長／医学博士。東京大学大学院医学研究科博士課程修了。主な研究分野は脂質代謝、動脈硬化。主著に『ズボラでも血糖値がみるみる下がる57の方法』（アスコム）など。

❖卵はコレステロールだけでなく有用な成分も豊富

さて、ダイエット食といえば、高タンパクで低脂質・低炭水化物な食材としてよく知られている卵の「白身」である。対する「黄身」は、コレステロールや脂質を含んでいるため、憎まれ役とされてしまいがちだ。しかし、「黄身」は本当にダメなのだろうか？

そんな「卵」について、万病のもとである「活性酸素」研究の第一人者で、赤ワインやココアなどの抗酸化作用を明らかにしたことでもよく知られる循環器内科の権威・板倉弘重氏は次のように述べる。

「かつては卵を食べるとコレステロール値が上がり、血液がドロドロになる、なんて言われていました。今もそう思っている人がいるかもしれませんが、この説は完全に覆されています。**むしろ卵を食べるとコレステロールや血液の循環がよくなる。**つまり卵を食べるメリットは大きいのです」

卵は確かにコレステロールが多く含まれている。しかし、だからといって卵を悪者扱いするのは、二重の意味で間違っているのだ。

一つは、コレステロールは増えすぎると問題だが、脳や臓器や筋肉の機能を保つために一定量はなくてはいけないということ。そしてもう一つは、卵にはコレステロール以外にも栄養分に富むということだ。

「**卵は確かにコレステロールを多く含みますが、同時に抗酸化物質のカロテノイドやβカロテン、細胞膜の材料となるレシチン、脳内神経伝達物質の材料となるコリンなど、体に有用な成分もたくさん含まれています。**事実、卵を食べていた人のほうが、動脈硬化が抑えられるという研究結果もあるのです」

■抗酸化物質が豊富な「卵」

❖一つの成分に特化したサプリでなく、食材を丸ごと食べよう

自然の食べ物の成分は当然、一つだけではなく、丸ごと食べることの意味を複合的に考える必要がある。それなのに、本当はただ一つの成分だけをとり出せば、健康に寄与する卵を「食べるべきでない」としたように、「食べ物の真価」を、「食べ誤る」ことになる。

一つの成分だけをとり沙汰するといえば、板倉氏は、**「サプリメントをとっている人は多いと思いますが、必ずしもよく作用するとは限りません」**とも指摘する。

ビタミンのサプリ、ミネラルのサプリ、アミノ酸のサプリ、抗酸化物質のサプリ……。巷では多種多様なサプリメントが売られており、それを「健康オタク」と言われるような人たちが惜しげもなくたらふく飲んでいる。

しかし板倉氏によれば、「サプリのように一つの成分を凝縮したものをとりすぎると、かえって悪い結果が出てしまう可能性もあります」という。やはり**食材を丸ごと食べ、さまざまな栄養素が同時に体内に入るようにすることが重要**なのである。

健康キーワード

【腸内細菌】百兆個もの小腸内の菌の分布。ビフィズス菌などの「善玉菌」、ウェルシュ菌などの「悪玉菌」、そのどちらにもなりうる「日和見菌」が存在する。腸内環境正常化のためには、「日和見菌」を「善玉菌」の味方につけることが重要である。

【脳腸相関】腸内細菌が腸内で作り出す物質が、神経や血液中を介して脳の機能にも影響を与え、相互で連関し合っていること。

【ポリフェノール】植物由来の抗酸化物質。ブルーベリー、アサイー、カシスなどの紫色の果物や、お茶、大豆などに含まれる。

【イソフラボン】大豆などに含まれる、ポリフェノールの一種。体内で発生する活性酸素を除去する働きをもつため、アンチエイジングに効果が期待できる。

【カロテノイド】動植物由来の抗酸化物質。トマト、サケ、カニ、にんじん、ほうれん草などに含まれる。

【ファイトケミカル】植物が、外敵から身を守るために作り出した色素や香り、辛み、苦みなどに含まれる機能性成分。ポリフェノール、カロテノイドはこの一種。

【エラグ酸】ポリフェノールの一種で、網膜症など糖尿病の合併症を引き起こす酵素の働きを阻害する作用をもつ。ウイスキーに多く含まれる。

【HDL（high density lipoprotein）コレステロール】動脈硬化を予防するために大切なコレステロールの一種。お酒に含まれるエタノールは、血中のHDLコレステロールを高める作用をもっている。

【セロトニン】心の安定や、幸福感を司るホルモン。大半が腸に存在するといわれていて、食事を介して腸のほうで多く作られる。

【βグルカン】きのこに含まれる、免疫力を上げる物質。抗がん作用が期待できる。

【日和見菌】約100兆個といわれる腸内細菌のうち70%を占める、善玉菌でも悪玉菌でもない細菌。腸内環境をよくするためには、この日和見菌を善玉菌の味方につけることが重要。

ハイライト

- **●腸内細菌は、健康を決める重要な鍵である。**
- **●腸内細菌が腸内で作り出す物質が、神経や血液中を介して脳の機能に対して大きな影響を与えており、脳と腸は相互に連関している。**
- **●1977年、アメリカで発表された栄養学の研究資料である「マクガバンレポート」には、「最も理想的な食事は元禄時代以前の日本人の食事」と記されている。**

●「善玉菌」を増やすことで「日和見菌」も善玉菌化させることができる。

●調味料を減らし、発酵食品や食物繊維、三大栄養素、ビタミン、ミネラル、抗酸化食品、世界５大健康食品をバランスよくとることが重要である。

最強の「食事」アクションプラン

①「三大栄養素（タンパク質・糖質・脂質）＋たっぷりの野菜」を基本に、調味料を削減して自炊をしよう

②食物繊維には「水溶性」と「不溶性」があり、その双方をバランスよくとろう

③水溶性ビタミンを含む野菜は蒸し、脂溶性ビタミンを含む野菜は油と一緒に食べよう

④「発酵食品」をよくとって腸内環境を正常化しよう

⑤紫色の野菜、果物でポリフェノール、にんじん、トマトなどでカロテノイドを摂取し、体内を抗酸化しよう

⑥世界5大健康食品「ヨーグルト」「オリーブオイル」「キムチ」「レンズ豆」「納豆」をとろう

⑦体質によって合うヨーグルトは異なるので、いろいろな種類を試してみよう

⑧「個人の感想です」に要注意。サプリメントだけに頼らないようにしよう

⑨「マクロ管理法」で、バランスのとれたダイエットを試してみよう

⑩特定の成分だけをとろうとせず、食材を丸ごと食べてみよう

食べ方／石川三知

Office LAC-U代表。Body Refining Planner。山梨学院大学スポーツ科学部非常勤講師。病態栄養相談に携わった後、東京工業大学勤務を経て、スポーツ栄養指導を開始。多くのトップアスリートの栄養指導を行う。主著に『勝負食』（講談社）など。

「食べ方」と「食べるもの」がコンディションを左右する

――「ベスト・パフォーマンスの体」は食事で決まる

「誰にでも、能力が最大限発揮される食べ方があります。毎日の食べ物が自分を作るという意識で、日々食べてほしいですね」

こう語る石川三知氏は、フィギュアスケートの髙橋大輔元選手、荒川静香元選手など名だたるトップアスリートの栄養指導にあたり、オリンピックをはじめとした世界大会で栄養サポートに関わってきたスポーツ栄養士だ。

スポーツ栄養士と聞くと、遠い世界のような印象を抱くかもしれない。しかしスポーツ選手の栄養指導のノウハウというのは、見方を変えれば、食を通じて体をベストコンディションに整えるという、私たちにとっても非常に重要な知識といえるだろう。

おそらくオリンピックに出場するスポーツ選手ほど、日々の体のコンディションを気遣う人たちもいない。トレーニング法はもちろんだが、毎日の食事もしかりだ。そんな彼らに日々、行っている栄養指導や食べ方のアドバイスのうち、私たちにも役立つ知恵は何だろうか。

「栄養面のことを細かく言い出したらキリがありませんが、大事なことは三つです。**一つは『動く』『寝る』を邪魔しない食べ方をすること、二つ目は『咀嚼』を意識して食べること、そして三つ目は、主食、主菜、副菜を1：1：2の割合で食べること**です」

「食べ物を見たときに、『これが自分の体になるのか』と考えてみてください。

ファストフードやスナック菓子などのジャンクフードで食事を済ませようなんて、もう思わなくなるはずです。体にいいとされる野菜だって、しなしなの野菜よりは、ピンピンの新鮮なものを選びたくなるでしょう」

「You are what you eat」(あなたは、あなたの食べるものでできている)という言葉もあるように、食事は毎日のことだからこそ、その習慣が重要なのだ。

しかしながら、食べ方や栄養に関しては、あやしげな情報が氾濫しており、なかなか何がいいのか、つかみづらい。謎の流行を手あたり次第に試す前に、共にしっかりとした最強の「食べ方」を是非身につけていこう。

食べ方

極意 1

「食べる」が「動く」「寝る」を邪魔しないように注意しよう

──よく動きよく休む体が、ベスト・パフォーマンスに直結する

❖「食べる」「動く」「寝る」をセットで考える

「食べ方を知りたい人は驚かれるかもしれませんが、**パフォーマンスを上げるには、食べるもの中心で考えないこと**ですね」

何やら栄養学の専門家らしからぬ言葉だが、その真意は、「食べることが、体の別の活動を邪魔するようではいけない」というところにある。別の活動とは、すなわち、「動く」「寝る」だ。

「人間は、食べるか、動くか、寝るか、この三つの活動しかしていません。これらを邪魔しないような食べ方をすることが大事なのです」

たとえば、スタミナをつけようと栄養価の高いものをたくさん食べたら、体が重くなった。このような経験はないだろうか。これなどはまさに「動く」を邪魔する、「間違った食べ方」というわけである。

❖「痩せる」「太る」の二元論の問題でとらえない

「たとえば、スポーツをしている子供のお母さんで、よく見かけるのは、**朝と昼は忙**

しくてたくさん食べられないから、ここぞとばかりに夕食をたくさん作って食べさせる、というケースです。よかれと思っているのはわかるのですが、そうすることで、かえって子供の身体的成長を妨げているケースが多いのです」

「寝る子は育つ」――石川氏は、このように続けた。つまり「寝る」を邪魔するような食べ方をしている子供は、よく育たない危険性すらあるのだ。

もちろん、とっくに育ちきった我々大人にしても、寝る直前に食べるのはよくない。消化器官が寝ている間も働きづめになり、心身が十分に休まらないからだ。

「私たちは食べないと生きられない、これは事実ですから、**食はとても重要です。ただ、あくまでも『動く』『寝る』を邪魔しない限りにおいて、という条件つきです**」

石川氏の考えは、単に「痩せる」とか「太る」といった話に収まらない。**ベスト・パフォーマンスを引き出すのは、どういう食べ方をすべきか、という問題**である。よく動けているか、よく眠れているか。これらの自問を「食べ方」から見直してみたい。

食べ方

極意 2

意識的に30回噛んで食べよう

——咀嚼は唯一意識的にできる消化活動

◆多くの人が「無意識に噛んで」いる——咀嚼筋は随意筋

ベスト・パフォーマンスを実現できる食べ方の極意の二つ目は「よく噛むこと」。よく言われることだが、石川氏は**「咀嚼は意識的にできる活動なのに、多くの人が無意識のうちに噛んでいる、これが問題です」**と指摘する。

筋肉には、随意筋と不随意筋がある。たとえば心臓の筋肉は自分の意思では動かせない不随意筋だが、手足の筋肉は自分の意思で動かせる随意筋である。ものを噛むときの咀嚼筋も、随意筋だ。それなのに、**「多くの人が、あたかも不随意筋であるかのように、ものを噛んでいる」**というのが石川氏の問題意識なのだ。

「咀嚼で唾液が十分に分泌されることによって、その他の消化液（胃液やすい液）や胆汁が分泌されます。咀嚼は消化吸収システムにスイッチを入れる役割をもっているのです。

内臓の機能は、ほとんどが無意識的に行われます。**消化器官を鍛えようにも、胃や腸を意識的にトレーニングすることはできません。そんななか、咀嚼だけが、意図的に消化機能を鍛えることにつながるのです。意識的に30回噛んで食べるように心がけましょう**」

「何を食べるかを気にする人は多いのですが、どんなに体にいいものを食べても、それが体内でしっかり消化吸収され、エネルギーや血肉にならなくては意味がありません。何を食べるかだけでなく、どう食べるかも非常に重要と言っていいでしょう」

私たちは食べ物の栄養素にばかり目をとらわれがちだ。しかし、体にいいものを食べることが奏功するのは、食べ物をきちんと利用できるように消化されてこそである。そのために唯一、意識的にできることが「よく噛む」ことなのである。

食べ方

極意 3 主食、主菜、副菜は1：1：2の割合を目安に

——「野菜を2倍食べる」ことを心がける

❖主食と主菜を減らすより、野菜を増やすことを意識しよう

「玄米は、土に蒔《ま》くと芽が出ます。でも精製した白米は、土に蒔いても何も起こりません。これが何を意味するか、わかりますか？

玄米には育つだけのエネルギーが整っているけれど、白米にはありません。それは玄米を覆っている表皮に含まれるビタミン、ミネラルを丸ごと落としたものが、白米だからです」

白米より玄米のほうがいいという話は、よく耳にする。その理由として、重要な栄養素が失われてしまうことを石川氏は指摘する。

「白米だけでなく小麦粉もそうですが、穀物を精製して食べるのは、ある意味、おいしく食べるための人類の知恵です。ただ、今も言ったように精製した穀物は、本来の栄養素がほとんど失われてしまっています。カロリーだけはあるので、『エンプティカロリー』とも呼ばれます」

「エンプティカロリー」とは、カロリーがない（エンプティ）ということではなく、カロリーはあるのに、栄養素が空っぽ（エンプティ）という意味である。

「ですから、精製した穀類を食べるには、本来含まれていたビタミン、ミネラルを、別のもので補わなくてはなりません。**その最大の補給源が、野菜なのです。海藻やきのこ類、さらにはナッツやゴマなどの種実類も同様**です」

ここで冒頭の**「主食、主菜、副菜を1：1：2の割合で食べる」**につながった。精製した穀類では補えない分まで栄養をしっかりとるために、海藻やきのこ類も含む野菜や種実類をたくさん食べる必要があるのだ。

これは、かの髙橋大輔氏の選手時代に、経験則的に編み出した割合だという。

「フィギュアスケートは、練習中の心拍数が高くなる割合の多い競技です。そのため、脂肪燃焼がしにくいタイプのスポーツです。おまけに氷の上で冷えやすいという競技環境も、太りやすさにつながります。

髙橋さんは、もともと脂肪がつきやすい食事が好きだったこともあり、出会ったころはやや脂肪がついていたのですが、食事の内容の変化に伴い、『しっかり食べているのに、体が絞れてきた』と言っていました」


もちろん、髙橋大輔氏に効果があったからといって、すべての人に有効とは限らないだろう。またその最適な割合も人それぞれなのだろうが、**副菜を中心にとることの重要性については、多くの人にあてはまる**のだ。

❖「葉・根・実」を豊かに組み合わせる

しっかり食べても太らないと聞けば、スポーツ選手でなくても実践したくなるだろう。ただし、前述のように石川氏の栄養指導は、痩せることが第一目的ではない。あくまでベスト・パフォーマンスできる体を作る、そのために無駄なぜい肉がつかないように調整する方法だと考えておこう。

「よほどの大食漢でなければ、**ごはんやパンなどの主食、肉、魚などの主菜の量を、極端に減らす必要はないでしょう。ただとにかく、それらの『倍の量の野菜・種実類』を食べると覚えておいてください**」

そこでは「さまざまな野菜のバランス」も重要になると石川氏は話す。

「野菜というと、ほうれん草やキャベツといった葉野菜のイメージが強いと思いますが、野菜に含まれる栄養素は、それぞれ異なります。根菜類やきのこ類、海藻類も積極的に食べましょう。ここに、ゴマやナッツといった種実類も加えてください。種実類は、まさに芽が生える『実』ですから、栄養たっぷりなのです」

石川氏によると、**ビタミンの種類は20もあり、ミネラルの種類は70にのぼる。できるだけ多くの種類をとれば、体内での栄養の活性効率が上がるということは、データ的にも証明されている。**だからこそ多様な組み合わせで、さまざまな野菜を食べることが重要なのだ。

動くことのできない植物は、その場で元気に生きていけるように栄養素の組み合わせが完成しているのである。

いろいろ申し上げたが、大層に考える必要はない。とにかく主食、主菜の倍の量を目安に野菜（種実類含む）を食べる。そして、多様な組み合わせで根菜類、海藻、種実類をバランスよく食べていこう。

健康キーワード

【エンプティカロリー】固形脂肪や添加された砂糖以外の栄養素が皆無、あるいは極めて少量しか含まれていない食品。「栄養素をほとんど含まない」ということとほぼ同義。

ハイライト

- **必要な栄養素は人によって千差万別である。**
- **内臓、消化器官は、鍛えることができない。人間の消化活動において「咀嚼」だけが意識的に行えることである。**
- **「寝る」を邪魔するような食べ方をしている子供は、発育に悪影響がある可能性がある。**
- **よく噛んで唾液が十分に分泌されると、その他の消化液や胆汁の分泌が促進される。**
- **ビタミンは20種、ミネラルは70種存在し、なるべく多くの種類をとることで体内での栄養の活性効率が上がる。**

最強の「食べ方」アクションプラン

①食事を考えるときには、動く・寝るを邪魔しないように食べよう

②まず「30回噛む」ことを目指そう

③ごはん、パンなどの主食、肉、魚などの主菜の「倍の量の野菜」を意識しよう

④「これが自分の体になる」と意識して食材を選ぼう

⑤精製した穀類の摂取時は、本来含まれていたビタミン、ミネラルを別の食べ物で補おう

⑥多様な組み合わせで野菜を食べ、多くの種類のビタミン、ミネラルを摂取しよう

歯磨き／相馬理人

株式会社Doctorbook代表取締役CEO。歯科医師。東京歯科大学卒業。医療情報メディアとして情報の非対称性を解消すべく、医師・患者・企業に向けて「医療×IT」ソリューションを展開している。著書に『その歯みがきは万病のもと』（SBクリエイティブ）がある。

歯周病は「歯磨き三種の神器」で予防しよう

――歯の「表面、隙間、根元」をすべてピカピカに

「ムーギーさん、歯は、1本失うと後が早いですよ。抜けた歯の近くの歯に過重負担がかかり、なし崩し的にどんどん歯を失うことになります」

歯磨きなんて、面倒だからササッと適当に済ませてしまう人も多いかもしれな

■自前の歯は非常に繊細な器官

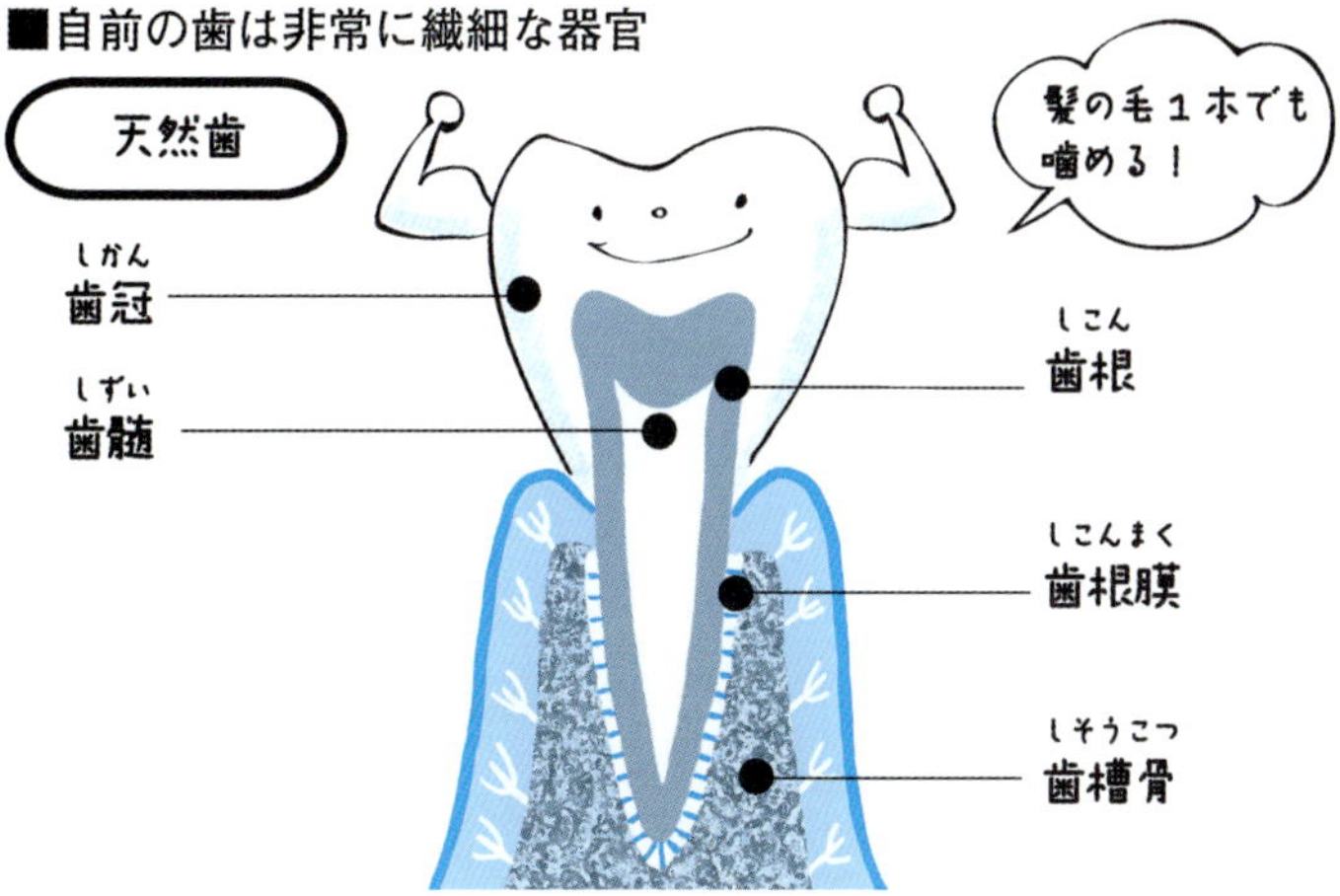

い。しかし、それが将来の歯周病、ひいては歯の喪失に直結するのだと、歯科医師・相馬理人氏は指摘する。

抜けたら抜けたでインプラントや入れ歯にすればいいか……という安易な考えも大間違いだ。「たとえ1本でも、歯を失うことがどれほど不便かわかりますか？」と相馬氏は問う。

「たとえば、髪の毛1本くらいの細いものでも、噛んだら感じますよね。歯って、実はそれほど繊細な器官なのです。長年、使ってきた自分の歯を失って、**インプラントや入れ歯にしたところで、体裁は整うかもしれません**

■インプラントの注意点

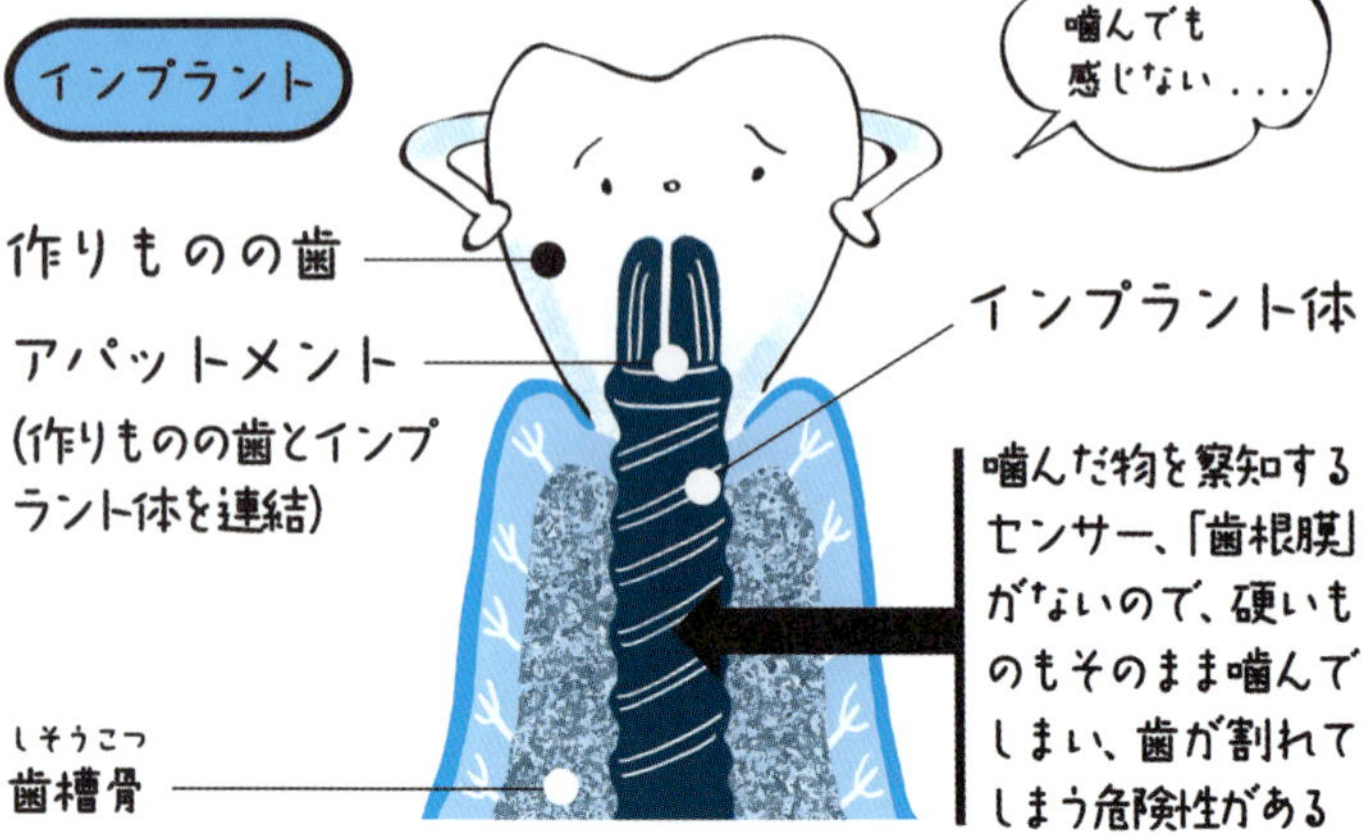

が、今までどおり、違和感なく噛めるわけではありません」『よく噛めない』は味覚の低下につながり、消化不良も起こしやすくなるという。そして歯を失うと『食べる楽しみ』という大いなる喜びが失われてしまうのだ。

自前の歯でなくなってしまうデメリットについて、相馬氏は、「**インプラントだと、感染に弱いという以外にも、歯が割れるという弊害**もあります。自然な歯にある『歯根膜』は、硬いものを噛んだら即座に感知して、それ以上、噛まないようにするセンサーになっています。でもインプラントの歯

■全身の病気は「歯周病」から

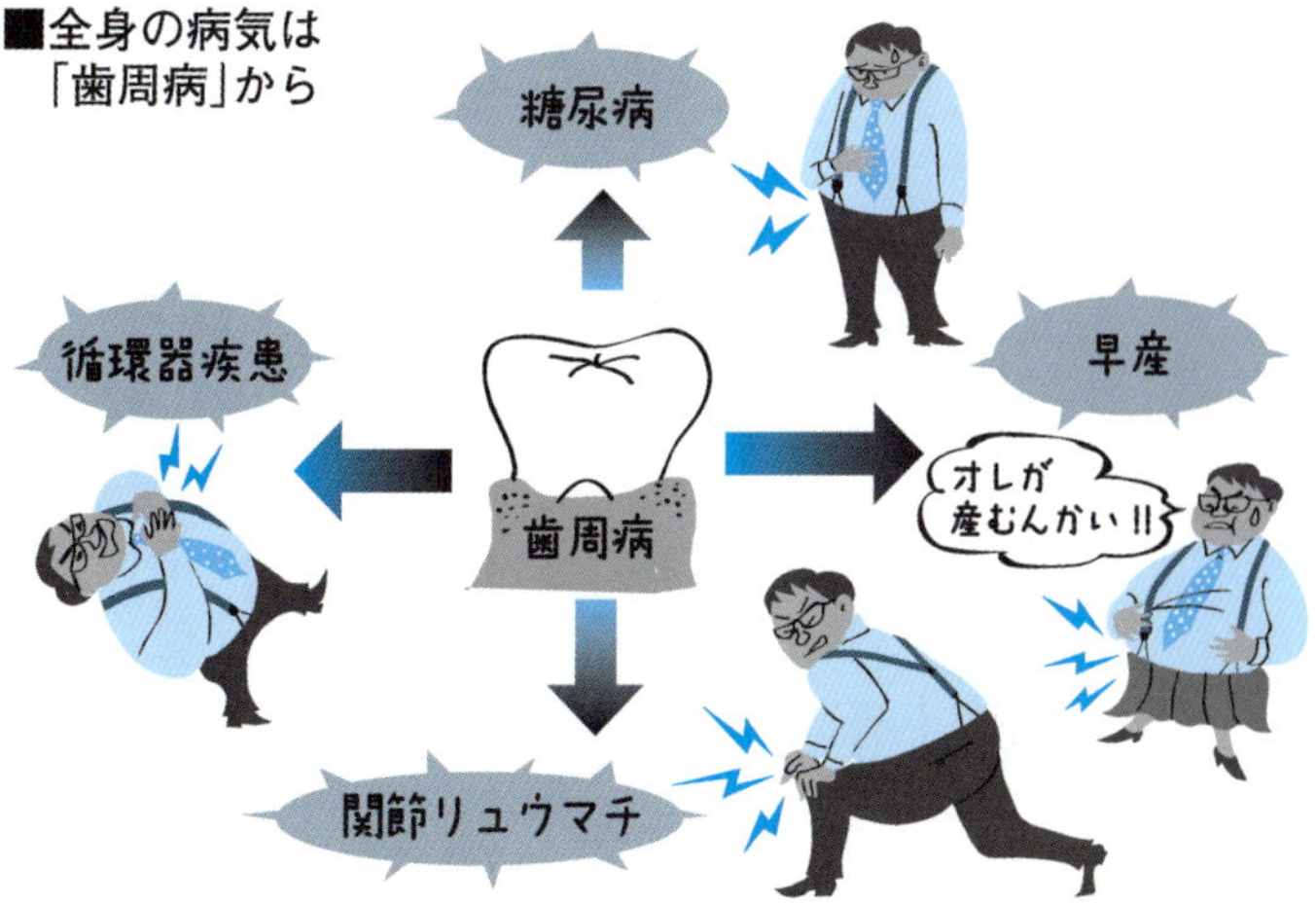

だと、このセンサーがないので、硬いものも、そのまま噛んでしまう。結果、歯が割れるリスクもあるのです」と説明する。

❖歯周病が重大疾患を招く

さらに恐ろしい話がある。歯周病は、口の中の菌が起こす病気である。**口は外界と体内をつなぐ入り口であり、口の中の菌が、歯茎の毛細血管から体内に至れば、内臓に支障が起こっても不思議はないのだ。**

「現に、**歯周病が動脈硬化を引き起こし、ひいては糖尿病や循環器疾患、関節リウマチ、早産を招くという研究結**

果もあります」と相馬氏は話す。

これは、**増殖した歯周病菌が血管の中に入り込み毒素を出すことが原因である。歯周病菌の出す毒素は、コレステロールを血管内に沈着させて血管を狭めたり、血管の細胞を傷つけたりする。**歯周病は、決して歯だけではない、全身の万病のもとというわけだ。

「口の中のケアをすることが、健康寿命をのばすといっても過言ではありません」

こう聞いたら早速、歯でも磨きたくなるだろう。それには、**「歯ブラシ」だけでは十分でなく、「デンタルフロス」と「歯間ブラシ」も使うべき**だという。ではこれから、歯周病の発生メカニズムと共に、「最強の歯磨き法」を見ていこう。

専門家が簡単解説！
「歯周病」の仕組み

❖歯周病は「歯茎」ではなく「骨」の病気

歯周病というと、口の中の菌が悪さをして歯茎が痩せていき、結果的に歯が抜けるというイメージがあるが、実は「骨」の病気だという。

「歯茎が痩せただけでは、歯は抜けません。歯は歯茎が支えているのではなく、歯茎に隠れている骨の土台が支えているからです。その土台を『**歯槽骨**』といいます。歯周病で歯が抜けるのは、この土台が融けてしまうからなのです」

だから、歯周病は「骨の病気」といえるのだ。

菌には、空気があるところで生きられる好気性菌と、空気があると生きられない嫌気性菌がある。**歯周病菌は嫌気性菌だから、空気から逃れるようにして歯と歯茎の間**

■歯周病は「骨」の病気

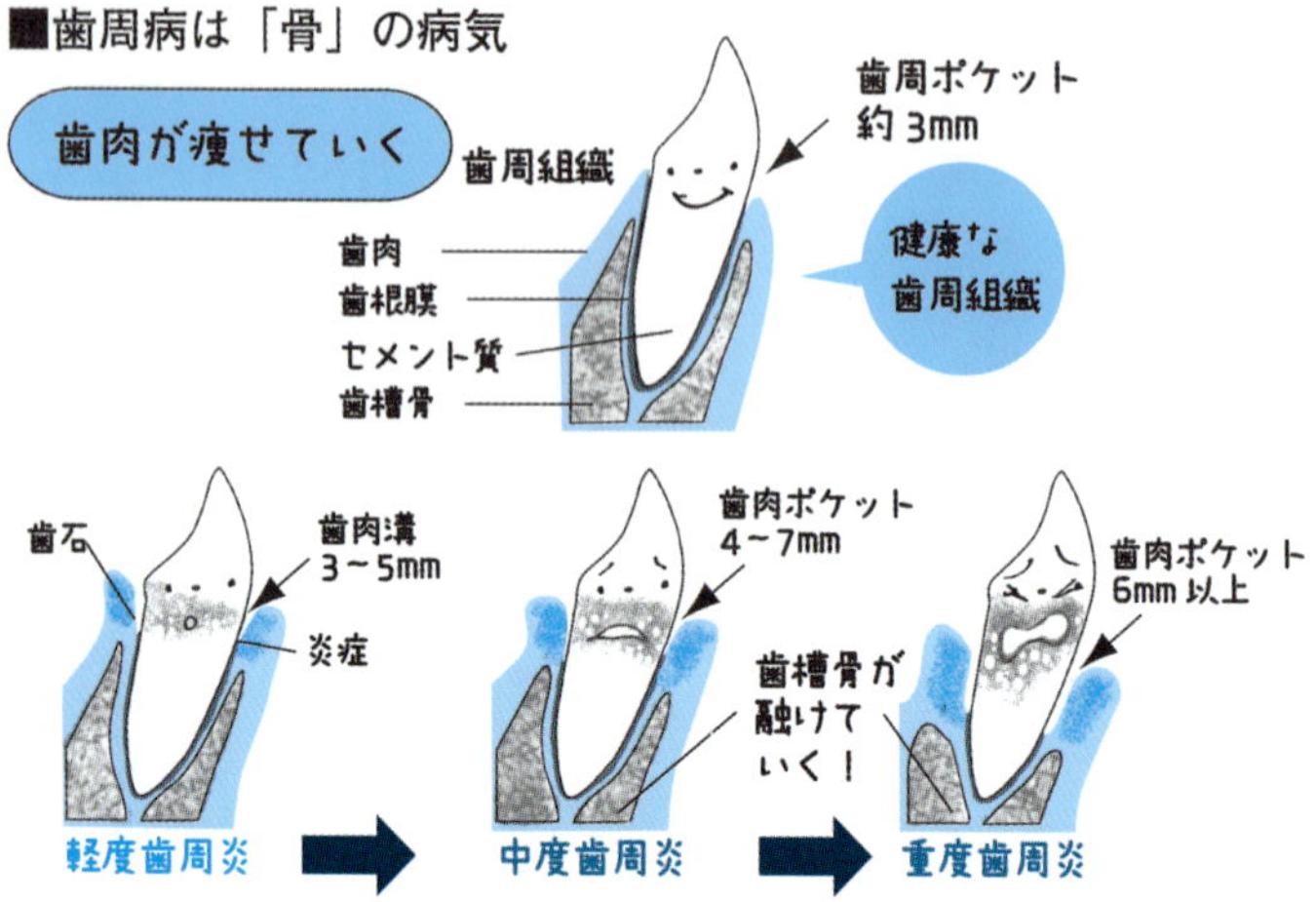

の隙間の歯周ポケットにたまり、繁殖する。さらにそこから、歯槽骨にまで侵入しようとするのだ。

「歯周病菌の栄養源は、食べカスです。歯磨きが行き届かず、歯周病菌が歯周ポケットで繁殖すると、まず歯茎が腫れていきます。歯周ポケットは、**健康な歯茎だと3ミリくらいの深さなのですが、歯周病に侵された歯周ポケットだと6ミリほど**になります。こうなると、歯槽骨が菌から逃れるように自己融解していってしまうのです」

菌が骨を侵すのではなく、骨が自ら溶けてしまうとは驚きではないか。ちなみ

■歯周ポケットの表面積は「手のひら大」

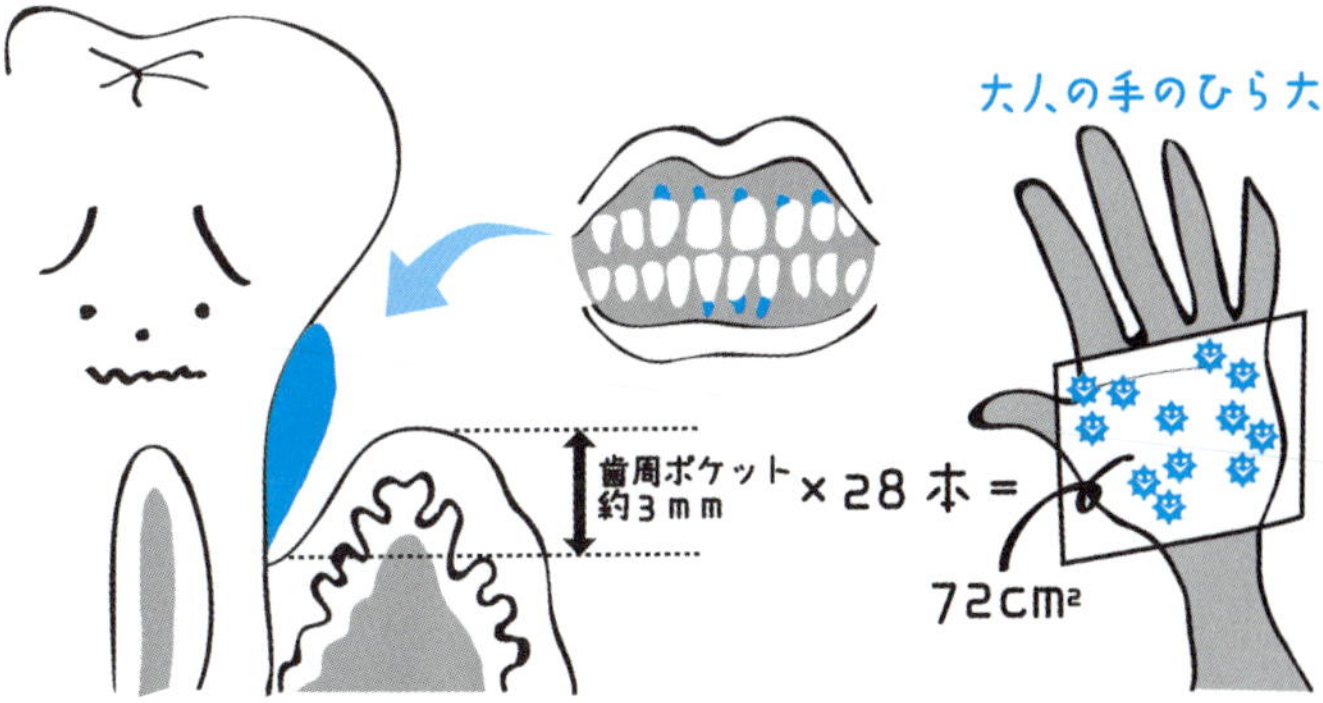

に歯周ポケットの表面積は「だいたい大人の手のひらくらい」だと相馬氏はいう。

自分の手を広げてみてほしい。この面積いっぱいの菌が口の中で繁殖し、さらに広がり、その上毛細血管から体内に侵入すると考えたら、恐ろしくないだろうか。

こうした歯の不調は、ひいては全身のさまざまな病の引き金にもなりかねないという。

この歯周病菌にやられる前に、ここで「歯周病」予防の極意を、共に学んでいこう。

歯周病予防

極意1 歯磨きには「デンタルフロス」「歯間ブラシ」を常用しよう

——歯の「隙間」と「根元」の汚れを毎回、根こそぎ除去する

❖歯ブラシでは、汚れはとりきれない

歯周病の原因は、ひとえに歯周ポケットで繁殖する歯周病菌ということは理解できた。歯周病菌のもとは、食べカスだ。したがって、当然歯周病予防の鍵は「歯磨き」ということになる。しかしこの歯磨きが、ちゃんとできていない人が多いという。

「**まず歯ブラシだけでは、汚れはとりきれない**と考えてください。極細毛で歯の間もきれいになる、などとうたっている製品もありますが、歯ブラシは、やはり、あくまでも歯の表面をきれいにするだけのものです」

しっかり汚れをとるには、歯ブラシに加えて「デンタルフロス」と「歯間ブラシ」

■歯の「隙間」と「根本」の掃除で歯周病予防

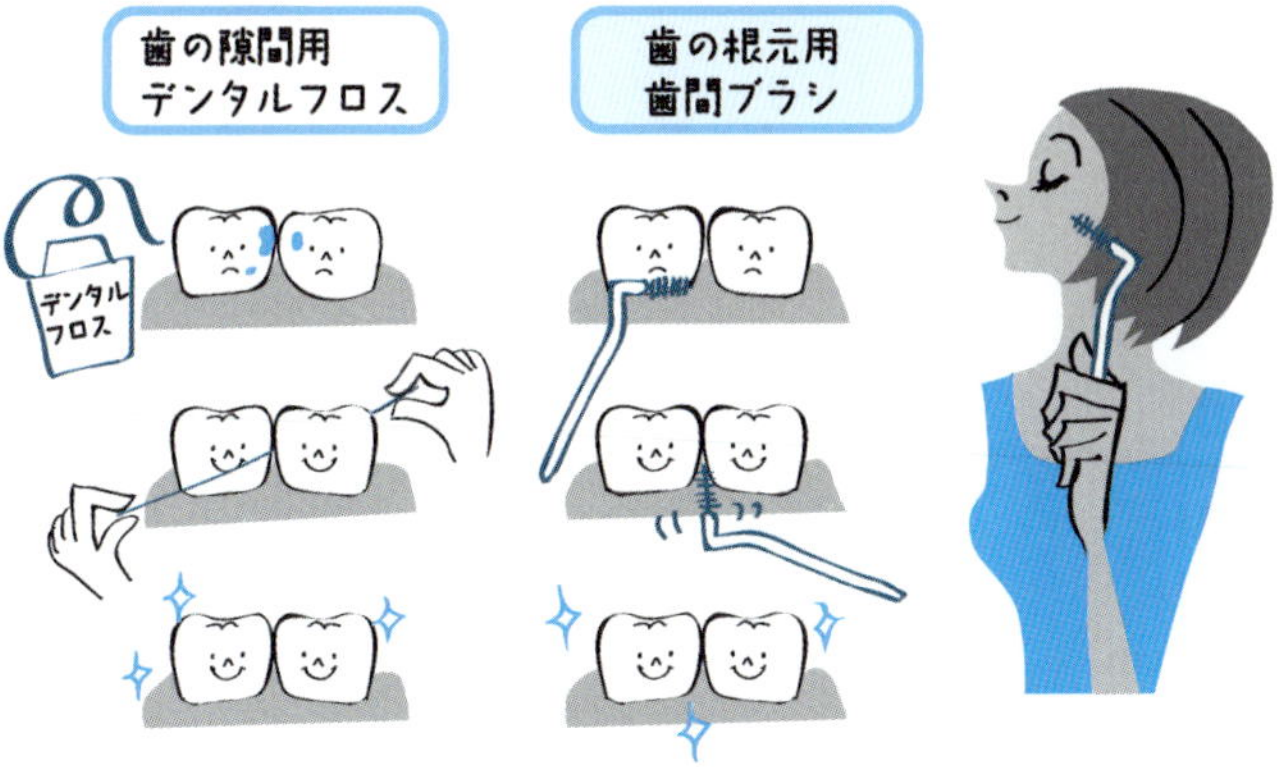

を使うことである。この二つを併用するのは、なぜなのだろう。

「『糸ようじ』とも呼ばれるデンタルフロスは、歯の隙間をきれいにするものです。それももちろん重要なのですが、歯の根元の汚れも見過ごせません。特に歳をとってくると歯茎が痩せて、歯の根元に隙間ができ、そこに食べカスが挟まります。**歯間ブラシを使って、歯の根元の汚れもちゃんととらないと、歯周病予防にならない**のです」

◆歯磨きの「三種の神器」の使い道を覚えよう
——80歳になっても20本歯を残すために

「デンタルフロスと歯間ブラシ」と聞いて、私同様、違いがわからず、両用する意味もピンとこなかった人もいるのではないか。

デンタルフロスは糸状のもので「歯の隙間」用、歯間ブラシは細い棒に細かいブラシがついているもので、「歯の根元」用。だから両方、必要なのだ。もちろん歯ブラシも欠かせない。この三つを、**歯磨きの「三種の神器」**と覚えておこう。

今、厚生労働省と日本歯科医師会の旗振りで**「8020運動」**なるものが呼びかけられているという。そのココロは、「80歳になっても20以上自分の歯を保とう」だ。歯は上下合わせて28本だから、抜ける歯を8本以下に抑えよう、ということである。

今、歯周病予防をはじめなければ、いずれ自分の歯が8本以上抜け落ちてしまう。しかし、朗報なことにデンタルフロスも歯間ブラシも安価であり、簡単に手に入る。

歯の表面も隙間も根元もピカピカにする最強の歯磨きを、早速今日からはじめてみよう。

それでも、かかってしまったら？――治療法最前線
専門医がすすめる「歯周病」の治療のポイント

❖人工骨でインプラントの土台を造成
――治療よりも予防が大切

かつて歯科医の治療といえば、「痛みをとる治療」であり、それはすなわち、「痛くなったら歯を抜いてしまえ」方式だったという。それも今はだいぶ変わってきており、できるだけ自分の歯を残す方針が広まっている。

そのため、**現在の歯科医は、予防医学が主流になっているという。つまり虫歯にならないように、歯周病にならないようにと、歯垢除去をしたり、正しい歯磨き法の指導**を強化しているのである。

それでも歯周病になり、歯が抜けてしまったら、どうなるのだろうか。

■歯周組織再生療法

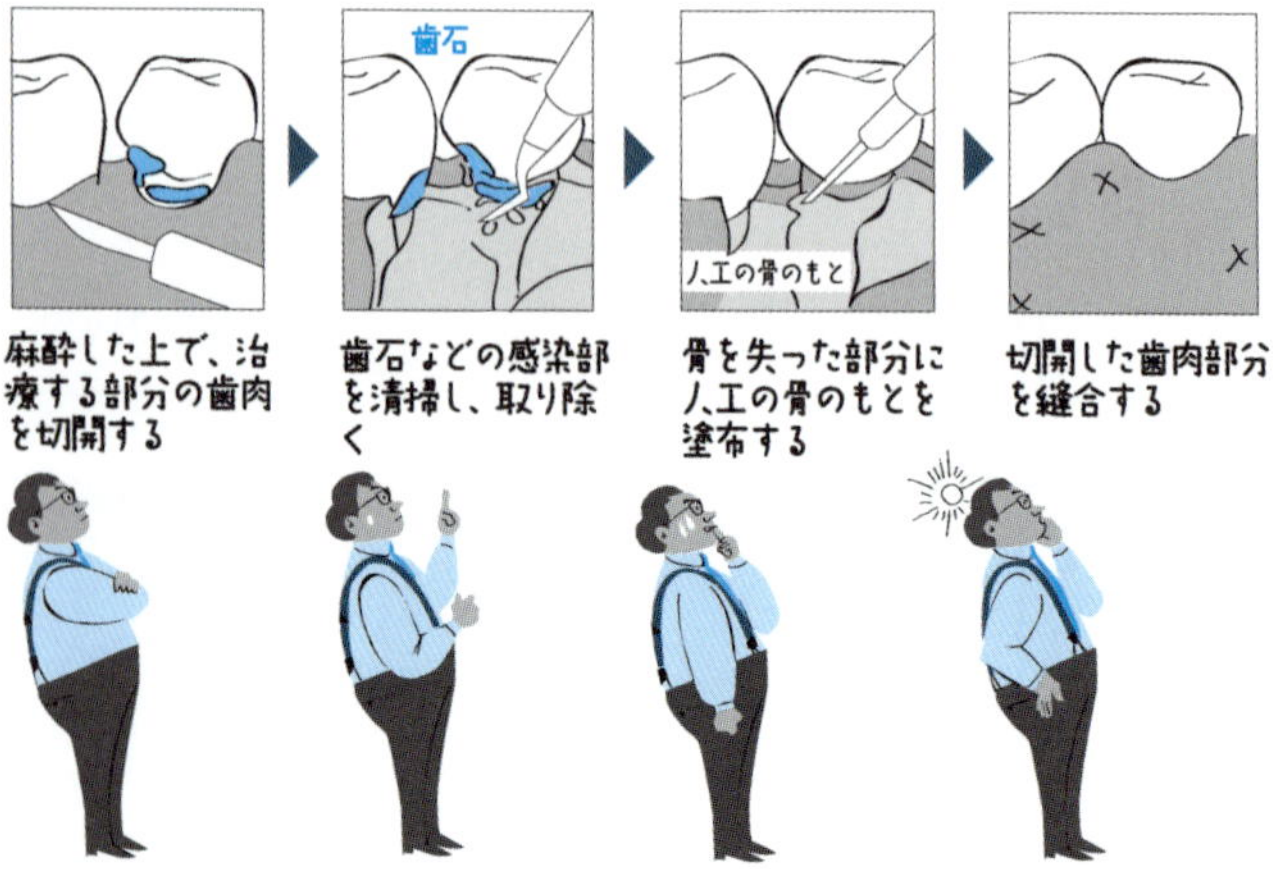
歯石
人工の骨のもと
麻酔した上で、治療する部分の歯肉を切開する
歯石などの感染部を清掃し、取り除く
骨を失った部分に人工の骨のもとを塗布する
切開した歯肉部分を縫合する

「**誤解されているようなのですが、歯が抜けたら誰でもインプラントができるわけではありません。**インプラントは人口の歯を土台の骨に埋め込む治療法であり、土台の骨が融けてなくなっていたら、埋め込めないからです。

そういう意味では、『痛くなったら抜いてしまえ』方式のころのほうが、歯はなくなっても、土台の骨はしっかり残っているケースが多く、インプラントをしやすかったとも言えますね」

◆「歯周組織再生療法」と「上顎洞挙上術」

歯槽骨が融けていては、インプラント

■上顎洞挙上術

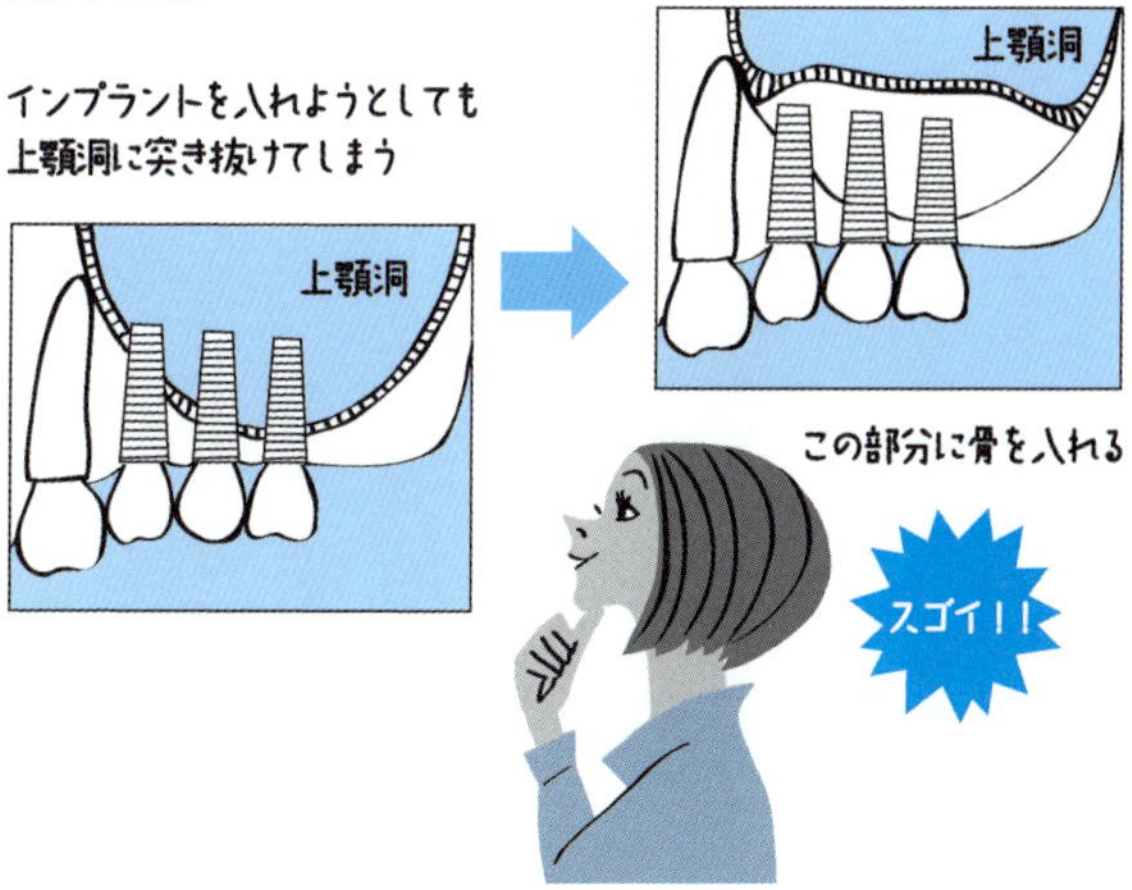
インプラントを入れようとしても
上顎洞に突き抜けてしまう
上顎洞
上顎洞
この部分に骨を入れる
スゴイ!!

ができない。そこで歯周病で歯槽骨が融けて歯が抜けてしまった場合に選択肢に挙がるのが、**「歯周組織再生療法」**だ。これは、人工骨を補填するかたちで、歯の土台を造成する方法である。

なお、上あごには「上顎洞」という空洞があるため、インプラントの土台不足になりやすい。この難点を解消する**「上顎洞挙上術」**という手術もあるという。

ただし、相馬氏によれば「いずれの方法も難しい技術」だという。いざ歯が抜けたときの選択肢ではあるが、やはり予防に勝るものはないのだ。

column

「口全体」を診断できない医師は信用しない

❖「歯」しか見ない歯科医に要注意

歯に起こる支障が命に関わることはない、と甘く見ていた人も、歯周病を予防しないと、どんな大変なことが起こるか、おわかり頂けたのではないか。

となると、おのずと歯科医の選び方にも敏感になる。よい歯科医、悪い歯科医の違いとは、何だろうか。

「一言でいえば、**『歯』だけ見ている歯科医は失格**です。『歯』科医といえども、口の中を見るのは歯科医だけなのですから、口腔内すべてに目を配らなくては、一流の歯科医と名乗る資格はないでしょう」

歯だけを見る歯科医は、「歯茎まで見れば、かろうじて歯周病はわかるかもしれませんが、舌がんは、まず見つけられないでしょう」と相馬氏は指摘する。

「こんなことを言うと、多くの歯科医は、『そこを見たって点数がもらえないでしょう』などと文句を言うかもしれません」

結局は、医師の良心に頼るしかないのだろうか。

「そうですね。でも個々の医師の良心に頼るよりは、制度的に**『口の中全体に責任をもつのが歯科医』**と定義してしまって、舌がん検診などにも点数がつくようになればいいと思います。歯科医の教育においても、たとえば初診で舌の状態を診断できるような知識をつけるようにすればいいでしょう」

自分がかかっている歯医者が、口の中の何を見ているのか、診療を受けただけでは判断がつきかねる。やはり患者のほうからも積極的に「歯周病」「舌がん」といったキーワードを出して、見極めていったほうがいいのかもしれない。

❖飲酒、喫煙でリスクの上がる「舌がん」

なお、**かつては、比較的高齢の男性が多かった舌がんだが、近年は若い女性の罹患者も増えている**という。今では子宮がんより多いということからも、その急増ぶ

column

りがおわかり頂けるだろう。

他のがん同様、**舌がんも生活習慣から発生するものであり、主に飲酒、喫煙が要因として挙がる。**

「特にアルコール度数の高い酒、口の中に含んでから飲み下すような酒は、口内を傷つけるため、舌がんリスクを高める」と相馬氏は指摘する。

加えて、**舌がんに特有の原因としては「歯が舌にあたること」がある。**きちんと並んだ歯であれば、強い刺激にはならない。しかし、たとえば歯並びが悪いと、歯の尖った箇所が舌にあたることがある。あるいは歯が抜けた隙間に舌が入り込むかたちになると、やはり歯の尖った箇所に舌があたってしまうのだ。

このように、舌の一箇所に恒常的に尖った刺激があると、いわば**舌がずっと「引っかかれる」**ことになる。**するとその部分だけ細胞分裂の頻度が高まり、それと共に悪性化する可能性が上がる**というのである。

◆放置すると恐ろしい舌がん

こうして起こる舌がんは、自分で発見することはできるのだろうか。

ごく初期では痛くもかゆくもないというが、舌の外側に出るタイプだと、次第に舌の表面にヒダのような潰瘍が現れる。素人感覚に置き換えれば、「できものがなかなか治らない、と思ったら検診を受けたほうがいい」と相馬氏は話す。

舌がんは早期発見できれば、小さな手術でよくなる。ただし進行するとリンパ節に遠隔転移することがあり、そうなると、あごを切り開くような大手術が必要になる。さらに肺にまで遠隔転移したら、もう延命しか方法がなくなるという。

舌がんを放置すれば、命の危険につながるのである。やはり「歯」だけでなく、口の中全体を見てくれるような歯科医を見つけておきたいものである。

特別寄稿

牛乳は噛んで飲め？
――「よく噛まない癖」は睡眠時無呼吸症候群の原因

長尾和宏
長尾クリニック院長。東京医科大学卒業。複数医師による年中無休の外来診療と24時間体制での在宅医療に従事。主著に『病気の9割は歩くだけで治る！』（山と溪谷社）など。

「ムーギーさん、典型的な睡眠時無呼吸症候群の人は、おなかと顔のかたちを見ればだいたいわかります。メタボ腹で、あごのえらが張っていないいんです」

兵庫県尼崎市にある長尾クリニックの長尾和宏氏の言葉である。

よく耳にする「**睡眠時無呼吸症候群**」。**生活習慣病の原因の一つであり、健康な人と比べて高血圧や糖尿病は1・5～2倍、脳卒中は約4倍なりやすくなる**、という恐ろしい病気だ。しかし「えら」が張っていないとなぜ、睡眠時無呼吸症候群のリスクがあるのだろうか。

長尾氏曰く、「**睡眠時は、舌がのどの奥に落ち込みますが、えらが張ってない人は**

その落ち込みが激しくなりメタボ腹と相まって呼吸が苦しくなります。すると酸素飽和度の低下だけでなく、口腔内の分泌物が気管にたれこみやすくもなってしまいます。

食事のときに噛む回数の減った現代人は、えらが張ってない人が多いです。こうした恐ろしい病気にならないためにも、**飲み込む前に20〜30回を目安によく噛むといいです**」

なお、**よく噛むと、唾液の消毒作用で、外部からウイルスが侵入してきても、殺菌される**という。飲み込んだ後胃酸でも殺菌されるので、ガードが二重になるのだ。

そうした意味では、**おかゆなどといった、噛まなくても食べられる食事の際にも、唾液を出すために「何度も噛んでから飲む込む」ことが大切**だという。

医師の中には「牛乳を噛んで飲め」という人がいる。冗談かと思いきや実は、健康の面では合理的な方法だったのである。

健康キーワード

【歯槽骨】歯の土台となっている骨。この土台が歯周病によって失われると歯が抜ける。

【歯根膜】歯の周りにある組織。硬いものは噛まないようにするなど、咀嚼の際のセンサーとなっている。なお、インプラントにするとなくなってしまうので、噛みすぎに注意。

【嫌気性菌】空気のある場所で生きる好気性菌に対して、空気があると生きることができない菌。歯周病菌は嫌気性菌である。

【歯周ポケット】歯と歯茎の間の隙間にある、食べカスや歯垢が蓄積する部位。通常は3ミリ程度だが、歯周病に侵されると溝が深まっていく。

【8020運動】厚生労働省と日本歯科医師会が主導する「80歳になっても、20以上、自分の歯を保つ」ことを推進する取り組み。

ハイライト

- **歯が抜けると近くの歯に負担がかかるため、さらに他の歯を失うリスクが高まる。**
- **よく噛めないと味覚が低下し、消化不良を起こしやすくなる。**
- **歯周病菌の出す毒素は、コレステロールを血管内に沈着させて血管を狭めたり、血管の細胞を傷つけたりする。また口の中の菌が歯茎の毛細血管から体内に入れば、血**

内臓に支障が起こるため、歯周病は動脈硬化、糖尿病など万病のもととなる。
●歯周病菌の栄養源は食べカスである。歯周ポケット内で菌が繁殖すると、歯茎が痩せ、歯の土台である歯槽骨が菌から逃れるように融けていく。
●歯周ポケットの表面積は、大人の手のひら大である。
●歯を支える骨の土台である「歯槽骨」が融けてしまう「歯周病」は、「歯茎」ではなく「骨」の病気である。
●インプラントなどの人工の歯は、刃に触れたものを察知するセンサー、歯根膜がないので、完全に「自前の歯」と同じようには噛むことはできない。

最強の「歯周病」予防アクションプラン

①歯周病の口内および全身におよぼす影響を十分に理解しよう

②歯ブラシ、デンタルフロス、歯間ブラシの「三種の神器」を使い分けよう

③歯だけではなく、歯周病や舌がんなど、口全体の健康に気をつけよう

禁煙／阿部眞弓

東京女子医科大学病院禁煙外来医師。東北大学医学部卒業。専門は呼吸器内科、健康教育、予防医学。日本初の「禁煙外来」を開設。豊富な経験と医学理論から、日本人にあった実践的な禁煙法を提唱。主著に『「禁煙」科の医者が書いた7日でやめる本』（青春出版社）など。

「知識」「サポートグッズ」「1日1歩の精神」で今度こそ禁煙可能

――「百害あって一利なし」の喫煙習慣を根絶しよう

「ムーギーさん、タバコの煙はPM2・5の一種だってご存じですか？　喫煙者は、外出危険レベルの約140倍もの有害物質を吸い込んで『うまい』なんて言っているんです。恐ろしいと思いませんか？」

冒頭から驚きのデータを示したのは、東京女子医科大学病院禁煙外来医師の阿

■タバコの$PM_{2.5}$は外出を自粛すべき$PM_{2.5}$濃度の140倍

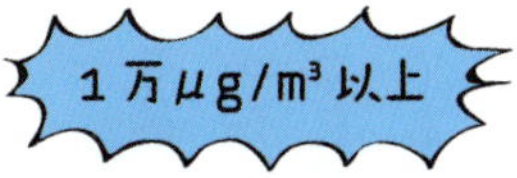

■アメリカ環境保護庁（EPA）による空気の質分類

空気の質レベル	$PM_{2.5}$(μg/m³)
緊急事態 Hazordous	251〜
大いに危険 Very Unhealthy	151〜250
危険 Unhealthy	56〜150
弱者に危険 Unhealthy for Sensitives	36〜55
許容範囲 Moderate	12〜35
良好 Good	0〜12

部眞弓氏である。阿部氏は呼吸器の専門医だが、日本ではじめて禁煙外来を設置した、「禁煙指導のスペシャリスト」でもある。

そもそもタバコの煙がPM2・5の一種であることすら、ご存じでなかった方もいらっしゃるのではないだろうか。

PM2・5とは、「2・5マイクロメートル以下の微粒子」のことだ。粒子が小さいために肺の最深部にまで達してしまう、極めて悪質な有害物質である。

最近は中国の大気汚染の日本への影響が問題視され、ニュース番組のお天気コーナーなどでも「黄砂やPM2・

5の飛来予報」が報じられるようになっている。

冒頭の阿部氏の言葉にある**「外出を控える危険レベル」のPM2・5濃度とは、70マイクログラム／立方メートル。これに対してタバコ1本を吸う際の呼気のPM2・5濃度は1万マイクログラム／立方メートルに達する**という。

海を越えて大陸からやってくるPM2・5の有害レベルを凌駕するものが、タバコの煙だ。おまけにタバコの害は、副流煙というかたちで非喫煙者にもおよぶ。タバコを吸わない人も、受動喫煙によって、この危険な煙の被害者になってしまうのである。**タバコの煙は大気汚染の環境基準値をはるかに超える高濃度の有害物質を含んでいる**ということを心得ておこう。

❖「知識」「ニコチンパッチ」「2〜3日の禁煙」で、今度こそ禁煙できる?

タバコには依存性があることも事実だ。一度、根付いてしまった喫煙習慣を撲滅するにはどうしたらいいのだろうか。

「まず、単なるイメージではなく具体的に『タバコを吸うことで被る損害』を知ることが大切です。その上で禁煙を決意したら、ニコチンパッチやニコチンガムといった禁煙サポートグッズを使いましょう。そういうものも利用しながら、**『タバコを吸わなかった日』を1日でも長く続けること。2～3日断てば峠は越えるので、『3日間、1本も吸わないこと』が大事**です」

まずは、ニコチンパッチの助けを借りながらでも3日間、タバコを断つ。今度こそ禁煙を確実なものにするべく、これから禁煙の極意を見ていこう。

専門家が簡単解説！ 「喫煙リスク」の仕組み

❖なぜ、「タバコは体に悪い」のか？

「喫煙は『百害あって一利なし』の最たるもの」というのは、巷でよく言われている

■タバコの3大有害物質

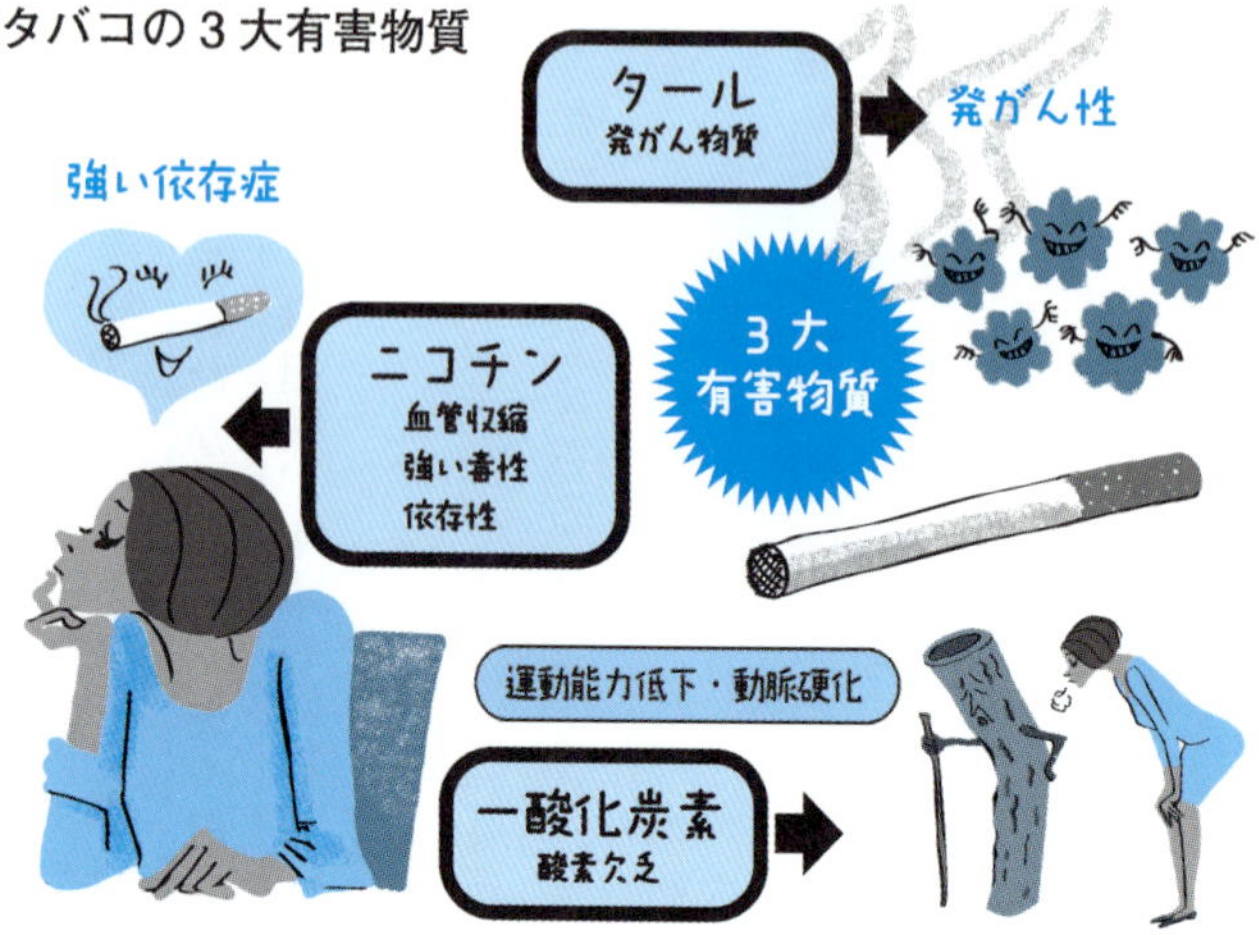

ことだ。しかし、そもそも何がどんな仕組みで害をおよぼすのか、明確に答えられる人は少ないのではないだろうか。その答えは、阿部氏によれば次の通りだ。

「タバコの煙の問題は、超微粒子というサイズ的な話にとどまりません。**カドミウムなどの重金属、放射性物質、ホルムアルデヒドなどの有害ガス……約70種類もの発がん性物質をはじめ、数千種類の化学物質**が含まれています」

その中で『やめられない』原因となっている代表的な物質はニコチン。主にタバコ属（ニコチアナ）の葉に含まれる天然由来の物質です。**ニコチンは揮発性が**

ある無色の油状の液体で、体内に摂取されるとしびれなど神経系の障害を発生させる、非常に強い神経毒性をもっています。

ニコチン自体に発がん性はないものの、化学変化の過程でエネルギー源とされるニトロソアミンに発がん性があります。

また、**煙に含まれる一酸化炭素は、血液中に見られる赤血球の中に存在するタンパク質の一種・ヘモグロビンとの結合性が酸素の200～300倍も高く、組織への酸素供給を低下**させてしまいます。

その結果、慢性の酸素欠乏状態になり、運動能力の低下や動脈硬化につながります。

ちなみに、昨今普及しつつある「加熱式電子タバコ」や「電子タバコ」は、煙が出ないから害が少ないのだろうか。阿部氏に素朴な疑問をぶつけてみたところ、それは大きな誤解だという。

◆加熱式タバコも電子タバコもおすすめしない

「タバコの害は煙だけではありません。電子タバコには、葉タバコを加熱して、発生するニコチンを含む水蒸気を吸う製品（非燃焼・加熱式タバコ）と、化学物質の液体（ニコチンを含むものと、含まないものがある）を加熱して、発生する蒸気を吸う製品（電子タバコ）がありま す。どちらも、体にはよくないもので す。ニコチンや発がん性物質を吸い込むことになります」と阿部氏は指摘する。

普通のタバコと比べて安全なイメージをもっている人もいるが、それは大間違いなのである。

■呼吸器疾患リスクは喫煙が断トツ１位

●日本人のリスク別の死因（男女計）

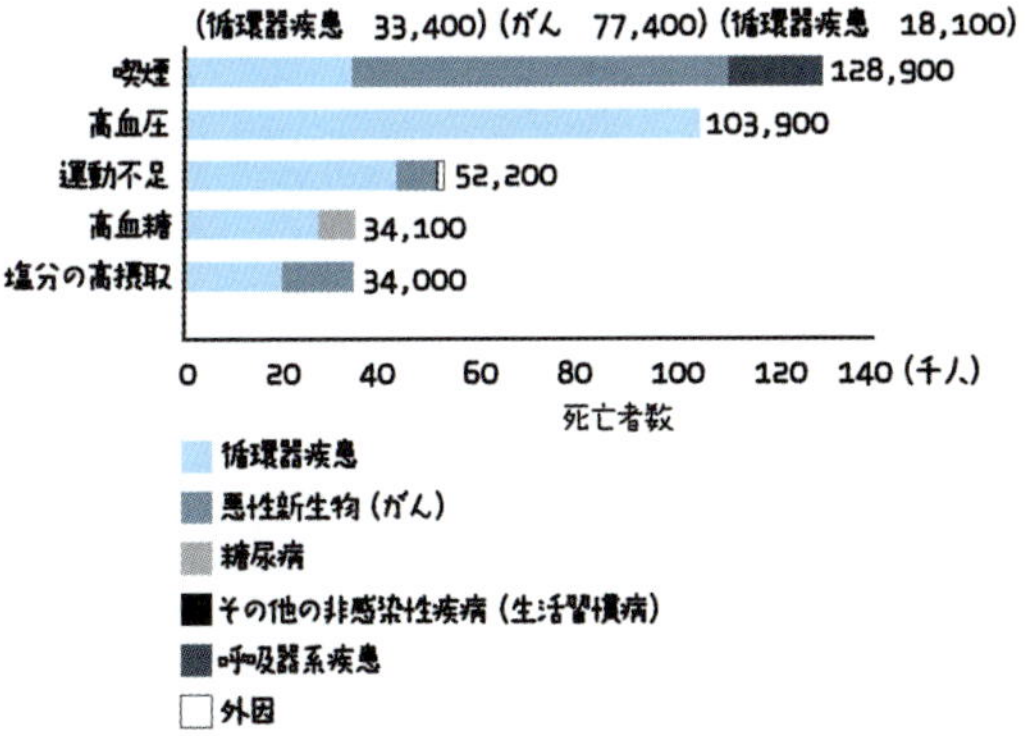

(Ikeda N.et al.:PLoS Med.2012;9(1):e1001160.)

「喫煙によって肺がんや肺気腫といった呼吸器系疾患になるリスクは劇的に高まります。現に、日本人の死因をリスク要因別に見ると**『運動不足』『高血圧』『高血糖』を抑えて『喫煙』が第1位。喫煙によって年間約13万人が早死に**しています」

改めて聞いてみると、タバコを吸っていていいことなど、本当に一つもない。**喫煙は、まさに「百害あって一利なし」の最たる習慣**なのだ。

禁煙

極意1 「喫煙による損害」を正しく知ろう――個別に異なる「カウンセリング」

――ビジネスパーソンには「生産性」、女性には「美容」、受験生には「勉強」

❖タバコは「働き方改革」の大敵――生産性が低下し、怒りっぽくなる喫煙習慣

阿部氏が禁煙外来をはじめた当初、ニコチンパッチなどの禁煙サポートグッズはなかった。その中で、阿部氏は主にカウンセリングにこだわって、禁煙指導を成功させてきたという。

「個人個人の生活状況や健康上の問題に関する**『喫煙による損失の大きさ』を丁寧に説明します。ここを理解すると、ぐっと禁煙への意欲が強まります**」と阿部氏は語る。

「喫煙によって病気のリスクが上がることはもちろんですが、実際に病気になる前にも、

実はさまざまな損害を被っています。たとえば、**仕事の生産性が下がる**というのも一つ。多忙な日々を送るビジネスパーソンにとっては、まさに死活問題といえるでしょう。

タバコの依存性はニコチンによるものですが、その血中濃度は喫煙30分後には半分に、1時間後にはゼロになります。するとイライラしたりソワソワしたりという禁断症状が現れ、**集中力が格段に落ちてしまう**のです。

なお、**『喫煙者は怒りっぽい』とよく言われます。これは、ニコチン切れが招く禁断症状によるところが大きい**ですね。精神的に不安定になるばかりでなく、仕事の生産性にも支障をきたすと聞けば、すべてのビジネスパーソンにとって深く関係する話ではないでしょうか」

1時間ごとに禁断症状に襲われ、タバコを吸いに外に出る。それが毎日となれば、喫煙の時間的ロスも膨大であり、しかも病気リスクも格段に高まる。ビジネスパーソンの生産性を高めるという旗印のもと「働き方改革」が叫ばれて久しいが、**タバコをやめずして個人の「生産性改革」など望み薄**なのである。

◆喫煙で「学習能率」や「自然なドーパミン」も低下する——大学合格率にも悪影響

この他にも、「喫煙による損害は多岐にわたります」と阿部氏は語る。

「**タバコで体や脳が酸欠になるため、学習力も低下**します。大手予備校のデータでも、大学受験を目指す浪人生で、タバコを吸い続けた人と禁煙した人では、大学受験の合格率は、やめた人のほうが高かったといいます」

そう、働く人だけでなく、受験生にとってもタバコは大敵なのだ。

ちなみに**喫煙は、学習能率低下にとどまらず、人の幸福な感情を司る脳内物質、「ドーパミン」を自然に出す能力も低下させてしまう面もある**という。

「人間では幸福感を司る脳内物質『ドーパミン』が『楽しいことをしているとき』、『目的を達成したとき』、『目標や計画を立てたとき』、『ほめられたとき』、『人から愛されたとき』、などに分泌され、『ワクワク』『ドキドキ』した感じになります。

しかし、**喫煙者では、タバコ刺激でドーパミンを出すことが習慣化されてしまい、達成感を抱いたときなどに「自然に」分泌されにくくなりますし、分泌されたとしてもその効果は少なくなってしまう**のです」

タバコをやめられない人は、幸福の実感度も下がっていくという、とてつもなく残念な弊害がここにあるのだ。

❖タバコは美容の大敵——喫煙で「シミ」「シワ」も増加する

その他、**タバコを吸うと体内では活性酸素が大量に発生するため、喫煙者は非喫煙者より肌荒れ、シミ、シワが格段に多いという特徴**も見られます」

「タバコを吸うとシミ、シワだらけになりますよ」という阿部氏の指摘は、美容への意識が高い女性にとっては恐ろしすぎるだろう。

ニコチン一つとっても、毛細血管の血流が悪くなることで美容にも悪影響をおよぼすという。とある化粧品会社が、タバコを吸った後に日にあたると肌の状態がどのように変化するかを実験したところ、喫煙後は速い速度でシミが増加した。タバコは美容への害も極めて深刻なのである。

「同窓会に行ったりすると、女性の同級生は、シミ、シワ、たるみの多さから、一目で喫煙者かどうかわかります。というのも、**タバコには老化を加速させる物質、スーパーオキシド（大量発生する活性酸素）が多量に含まれている**からです。**抗酸化剤のサプリを飲んだり、ビタミンCを摂取したりしても、ほとんど効果はありません**」

タバコを吸っていても、美容サプリなどを飲めば害を相殺できる、と考えている方もいらっしゃるかもしれないが、当然ながらそんなわけはないのだ。

❖禁煙を阻む、制度的弊害

海外ではタバコ1箱につき1000円くらいする国が多いが、なぜ、日本ではいまだに比較的手頃な低価格で出回っているのだろうか。

■喫煙者は同窓会で一目瞭然

スーパーオキシドを吸っているかぎり
サプリ飲んでも効果ないわよ！

「昭和60年の専売制度廃止によりたばこ事業法が新たに施行されました。第一条にはこの法律の趣旨について、『我が国たばこ産業の健全な発展を図り、もって財政収入の安定的確保及び国民経済の健全な発展に資することを目的とする』とあります。

ここからもわかるように、タバコ販売店を守るための法律としての側面もあるといえるでしょう。タバコの許可制度・販売制度は、タバコ販売店の経済的地位を確保するための制度として存続したもので、財務省が管轄しています」

このような**タバコの小売店を保護する法律が存在し、なおかつ縦割り型の行政の弊害も**

あるからこそ、日本での喫煙者がなかなか減らないという、制度的な事情もあるのである。

禁煙
極意2

「ニコチンパッチ」「ニコチンガム」の力を借りて、挫折を避けよう
——禁断症状を抑えながら「吸わない習慣」を根付かせよう

❖ニコチンパッチ、ニコチンガムで、禁断症状を抑える

喫煙による損害はおわかり頂けただろう。次は、何が何でも禁煙したい。とはいえ、厄介なのは禁断症状である。

いきなりタバコをやめようと思っても、たびたび禁断症状に襲われ、「吸いたい衝動」に負けてしまう方も多いかもしれない。そんな**挫折を避けるために有効なのが、ニコチンパッチやニコチンガム**だ。

「禁煙外来では、3カ月間、5回の通院で禁煙指導を行います。禁煙補助薬が開発されて以来、禁煙指導は格段に行いやすくなりました。日本全体の統計データでも、**禁煙外来にかかった人の禁煙成功率は7割ほど**です。

ただし経口薬の禁煙補助薬は医師の処方が必要なので、自力で禁煙するならニコチンパッチやニコチンガムを利用するといいでしょう。**まずは依存性の高いニコチンをいきなり切らすことなく、タバコを断っていく**のです」

タバコを吸わないとニコチンが入ってこなくなり、イライラ、ソワソワして仕事のミスなども起こりやすくなる。このニコチンの禁断症状が禁煙に挫折する一大要因となるため、まずはパッチやガムで少量のニコチンを供給しようというわけである。

「ニコチンも、もちろん有害物質ですから、いずれはパッチやガムもやめなくてはなりません。ただ一定期間、ニコチンだけをとり入れることで禁断症状を抑え、タバコそのものを吸わなくなれば、タバコに含まれる数々の有害物質をとり込まずに済みます。つまり禁断症状のせいでタバコを吸う習慣が戻ってしまわないようにする、一時的措置ですね」

タバコを吸いたくなる動機には、「手グセになっているから」「味が好きだから」といったものもあるだろうが、これらは「喫煙による損失」を知ればさすがに萎えてしまうのではなかろうか。

しかしながら、**禁断症状が起こって「体が求めてしまう」現象は、自分の意志では、なかなか対処しづらい。ニコチンパッチやニコチンガムは、その点で力強い伴走者になる**のだ。

禁煙

極意3 とにかく1日、1本も吸わない

――「吸いたい！」ピークは2～3日が峠

❖タバコ以外に気をそらし、「いい変化」に目を向けよう

「**よくある『節煙』という考え方は効果がないです。本数を減らしたり、軽めのタバコに変えたりするのではなく、『1本も吸わない』と決めましょう。**まず『今日1日、吸わない』というふうに小刻みにゴールを設定して、それを積み重ねていくことが大

切なのです」

確かに、本数を減らしても、数本を半分ずつ吸う代わりに、1本を根元まで吸いきるようでは有害物質の吸入量は大して変わらない。**低タール、低ニコチンのタバコにしても、かえって本数が増えれば、やはり何も変わらない**のである。

だから「1本も吸わない1日を積み重ねること」——そうはいっても、習慣的に吸いたい衝動に襲われそうだ。「吸わない1日」を積み重ねるコツはあるのだろうか。

「習慣からくる衝動を抑えるには、タバコから気をそらしてしまうのが一番です。たとえばお茶を飲む、氷をガリガリ嚙む、深呼吸する、ストレッチする、時間があるなら少し散歩に出る、ガムや細切り昆布を嚙む……など、**タバコを吸わないことで生じる『手持ち無沙汰感』や『口さみしさ』を、タバコ以外のもので解消する工夫**をしてみてください」

喫煙期間が長い人ほど、禁断症状も強く出てしまうそうだ。ただし阿部氏によれば

「禁断症状のピークは2～3日で、禁煙補助薬を使えばかなり軽くなりますし、5～7日もすれば、すっかり消えてしまう」とのこと。だから「このつらさもあと少し、と思って続けることが大事」だという。

「このようにして**1日、また1日と吸わない日が続くことが、『今日も吸わなかった』という自信につながります**。これが、さらに禁煙を続ける原動力になります。

そうしているうちに、目に見えた変化が出てくるはず。体が軽くなった、空気や食事がおいしくなった、血色がよくなった、痰や咳が出なくなった、集中力が上がった……。こういう**『いい変化』に目を向けてください。タバコを吸いたいと思うことがあっても、吸わないでも大丈夫になります**」

確かに目に見える効果が現れてこそ、何事も続けられるものである。そうなったらもう「禁煙成功」まであと一歩だ。それまで、いかに「吸いたい衝動」に負けない工夫をするかが分かれ目である。

「タバコの煙に負けない1日」を積み重ねるごとに、生産性が上がり、美しくなり、健康寿命がのびる。そう考えて、禁煙に取り組みたいものである。

column

末期の肺がんでも「タバコ漬け」の患者たち

「私が研修医だったころは、がんは患者さんに告知しないというのが標準的な対応でした。どんどん病状が悪化していっても、『がんではないというストーリー』に基づいて患者さんと接しなくてはいけない。それが本当につらかったですね」

そんな葛藤を抱えていたころに、阿部氏は、ある衝撃的な光景を目にしたという。

「肺がんの末期だった患者さんが、いったん自宅療養された後に、再入院したときのことです。禁煙していたのに、病室でタバコを吸いはじめて……。オロオロしていた私に『がんだよね。どうせ、もうすぐ死ぬのだから、かまわないでくれよ』と他の同室者を無視してタバコをスパスパ吸いはじめたのです」

タバコが体を蝕んだというのに、死を目前にして、またそこにすがってしまうというタバコの強い精神依存性に、阿部氏は大きなショックを受けた。

「また、この他にもウソみたいな本当の話があります。10年ほど前は、白米を食

column

べたくて禁煙外来に来る人もいました。食費をタバコに使ってしまい、より安価な麦飯しか食べていない、と。これは極端な例としても、**『タバコ貧乏』と呼ぶべき悲しき現象**は、今でも多かれ少なかれあると思います」

そんななか、**「こんな光景をなくすには、もっと早い段階でタバコと手を切ってもらうしかない。そして一人でも多くの人に健康な生涯を全うしてほしい」**という思いが芽生えた。その熱意が結実したものが、日本初の禁煙外来だったのだ。

タバコをやめることで、酸欠が解消し、血流も回復し、老化の加速も抑えられる。金銭的負担も軽減され、クオリティ・オブ・ライフは劇的に上がるのだ。

是非とも、「電子・加熱式タバコ」や低タールにまどわされず、まずは3日間1本も吸わないことを目標に、肺も吐く息も美しい、新たな人生に歩みを進めよう。

健康キーワード

【PM2・5】タバコの煙に含まれる2・5マイクロメートル（㎛）以下の大きさの微粒子。人体内の肺胞に入り込み、炎症反応や血液中に混入するなどの健康被害をもたらす恐れがある。

【神経毒性】体内に摂取されると「しびれ」などといった神経系の障害を発生させる毒性。

【カドミウム】亜鉛鉱と一緒に産出される軟金属で、肺気腫などを引き起こす。タバコを10本吸えば1～2マイクログラムのカドミウムが吸収されることが判明している。

【ホルムアルデヒド】タバコの煙に含まれる有機化合物の一種。めまい、抑うつ、昏睡などの中枢神経の抑制作用のある発がん物質でもある。

【一酸化炭素】喫煙で発生する炭素酸化物。酸素の運搬役・ヘモグロビンと結びつくことで、内臓への酸素の運搬を阻害する。結合力は酸素の200～300倍もの強さである。

【ヘモグロビン】赤血球の中に存在するタンパク質。一酸化炭素と結合して、体内における酸素運搬量を低下させる。

【ニコチン】タバコに含まれるアルカロイド系の有毒物質で、タバコがやめられない代表的な原因。依存性のわりに強力な神経毒性をもつ。

【タール】いわゆる「ヤニ」。数百種類の発がん性物質が含まれる粘着性の物質。
【スーパーオキシド】老化を加速させる活性酸素。喫煙によって体内で大量に発生する。

ハイライト

●タバコの煙には外出危険レベルの140倍ものPM2・5が含まれている。
●タバコには、カドミウムなどの重金属など約70種類もの発がん性物質をはじめとして、数千種類の化学物質が含まれている。
●喫煙で人工的にドーパミンを出す習慣がつくと、達成感を得た際、ドーパミンが出にくくなる。
●日本で喫煙者が減らない理由には、タバコ自体の依存性、喫煙による損害の大きさが周知されていないことに加えて、「たばこ事業法」のような制度的要因もある。

最強の「禁煙」アクションプラン

①タバコは健康・仕事・勉強・美容の大敵。「今、生じている喫煙の損害」を理解しよう

②危険な副流煙を避け、受動喫煙に気をつけよう

③タバコだけでなく、煙が出ない「加熱式タバコ」や「電子タバコ」も有害と心得よう

④ニコチンパッチとニコチンガムで、ニコチン中毒に対処しよう

⑤「節煙」という考え方は捨て、「1本も吸わない1日」を積み重ねよう

⑥吸いたい衝動に襲われたら、深呼吸、ストレッチなどで気をそらそう

⑦「今日も吸わなかった。やればできる！」で自信を育み、「いい変化」に目を向けよう

目／猪俣武範

順天堂大学医学部附属順天堂医院眼科助教／医学博士／MBA。順天堂大学大学院医学研究科眼科学にて医学博士号取得。ドライアイ指数を測定するアプリ「ドライアイリズム」と花粉症アプリ「アレルサーチ」の研究代表を務める。主著に『働く人のための最強の休息法』（ディスカヴァー・トゥエンティワン）など。

眼精疲労に関連する「ドライアイ」は生活習慣で予防できる

――「目を休める習慣」を大切に

「テレビ、パソコン、スマホの画面から適度に離れる、1分間目を閉じる、などの習慣が眼精疲労に関わる『ドライアイ』の予防に効果的です」

このご時世、どうしてもスマホやパソコンと向き合う時間が長くなりがちだ。

このように長時間、近い距離にあるものを見続けることで、「目が疲れる」「目が痛い」などといった眼精疲労に悩まされてしまう。**眼精疲労は、「加齢によるピントを調節する力の低下」や、「ドライアイ」が大きな要因**であるという。

また近年はスマホの普及なども相まって、日本では、約9割の裸眼視力が1・0以下と言われている。こうした中で、目の健康を維持するための知識を身につけることは、非常に重要になってくる。

順天堂大学医学部附属順天堂医院眼科学教室の猪俣武範《たけのり》氏曰く、「**近視、遠視、乱視……さまざまな原因で視力が低下していきますし、皆が老眼を経験するのは避けられません。しかし眼精疲労と視力低下に関わる『ドライアイ』を予防することは、日々の習慣で可能**です」

予防法として、猪俣氏が指摘するのは、「時間を区切って目を休ませる」ことの重要性である。「目の疲れ」というのは、不快であるのみならず、仕事の生産性を大きく低下させる。ここで視力低下のメカニズムと、ドライアイを防ぎ、目の健康を守るための極意をしっかり押さえておこう。

専門家が簡単解説！
「視力低下」の仕組み

❖網膜にピントが合うのが「正視」

まず、私たちにとって身近な「視力低下」がどのようなメカニズムで起こっているかを押さえておこう。

猪俣氏曰く、「物を見るとき、眼球に入る光が最初に通過するのは角膜（黒目の部分）です。角膜は光を屈折させる凸レンズの役割を担っています。

しかし、角膜の形状は変えられないので、屈折率は変化せず、ピント調節はできません。角膜を通過した光が次に通過するのは水晶体です。水晶体は、光の屈折率が一定な角膜とは異なり、周囲にある毛様体という筋肉の働きで、その厚みを変えることができます。つまり、屈折率を調節することが可能なのです」。

■調整力のある目

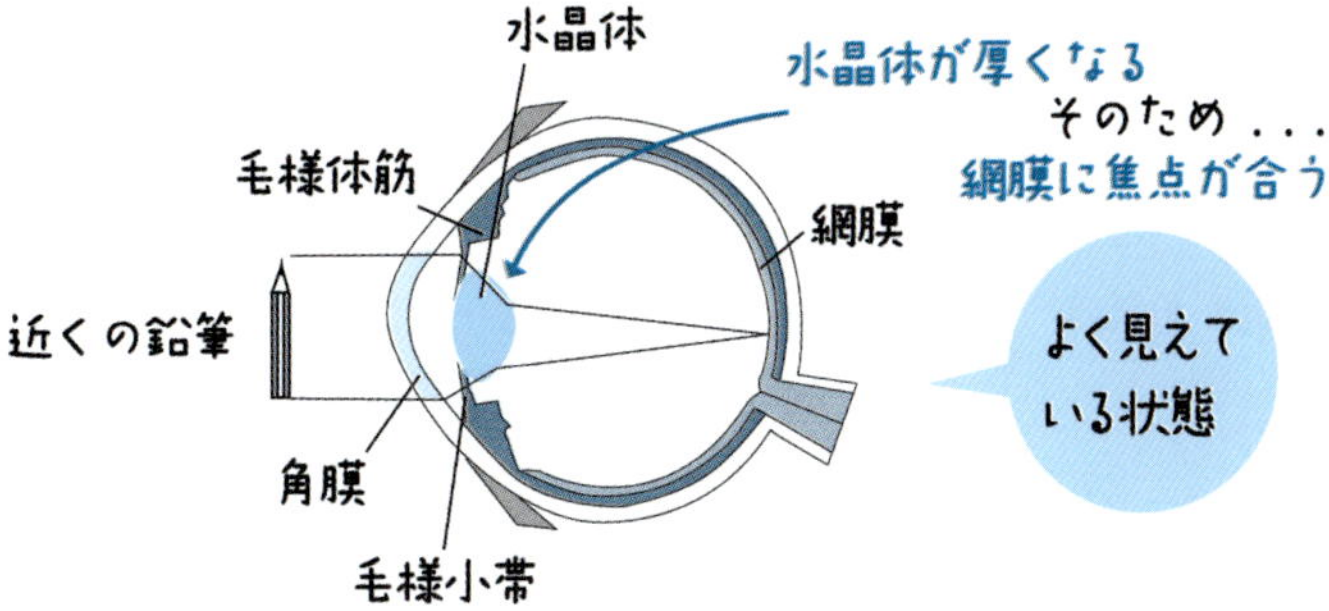

「網膜に映し出される像のピント調整は、角膜と水晶体が行っています。カメラのようにピントがきちんと合って網膜に映し出されているのが『正視』。これが『よく見えている状態』です」

❖老眼は30代からはじまっている

これに対して**老眼は、ピントの調節を担当している水晶体の調節力が、加齢と共に低下するから起こる**という。

「こうした視力低下が起こるかどうかには個体差がありますが、自然な老化現象として、『老眼』が万人に訪れます。年をとると筋肉が衰えるのと同様に目の奥

■老眼の仕組み

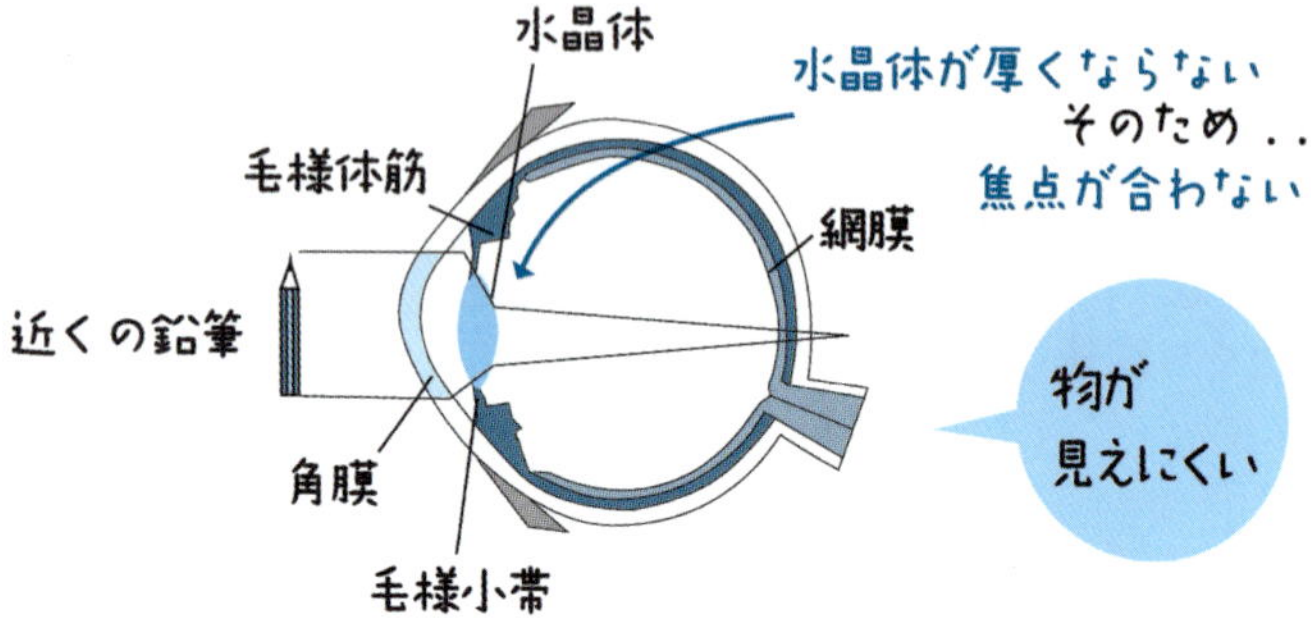

の筋肉も衰え、ピントの調整機能（水晶体を調整する筋肉である毛様体）が落ちます。同時に水晶体も、老化と共に固くなります。こうしてピントが合いづらくなり、物が見えにくくなるのが老眼です」

猪俣氏によると、老眼は、驚いたことに30代を境にはじまるそうだ。**多くの人が「老眼が出る時期は人によって異なる」と感じているのは、実は単に「老眼」と意識するタイミングの違い**だという。

❖「近視」も「乱視」も角膜が鍵を握る

近視では網膜より前で焦点が合ってしまうため、遠くが見えづらい。

■正常視、遠視、近視、乱視

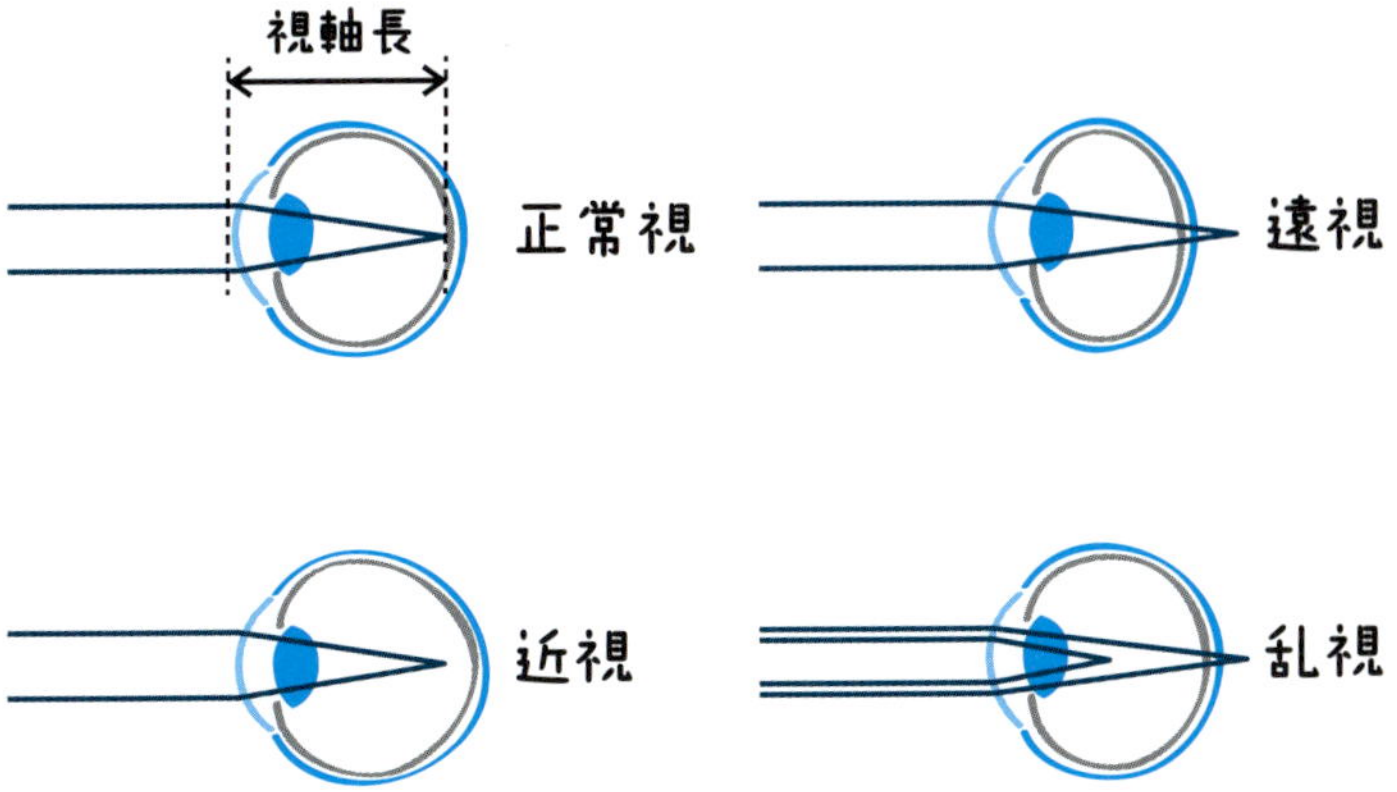

反対に遠視では、網膜より後ろで焦点が合ってしまうため、どこにもピントが合わず、近くも遠くも見えづらい。

だが角膜の屈折力は基本的に変わらない。

それなのに網膜より手前で結像されたり、奥で結像されたりするのは、目が成長や加齢に伴って伸びたり、縮んだりすることにあるという。

乱視の場合はさらに厄介で、角膜が歪んでいるため、光が入ってくる方向によって屈折の具合が異なる。だから遠くも近くも見えづらかったり、物がにじんで見えたりブレて見えたりするという。

それでも、かかってしまったら？――対処・治療法最前線
専門医がすすめる「視力低下」の対処・治療のポイント

❖ライフスタイルに合わせたレンズを選ぼう

とはいえ、すでに落ちてしまった視力を根本から回復させる方法はない。最も手軽なのは、メガネやコンタクトレンズで屈折具合を矯正し、正しい位置で結像させるようにすることである。

メガネやコンタクトレンズを使って快適に暮らすコツは、ライフスタイルに合わせてレンズの度を選ぶことだという。

たとえばデスクワークの多い人が、あまり強い度のレンズを選んでしまうと、どうなるだろうか？　**これだと「遠くを見る用のレンズ」で近くばかり見ることになるため、眼精疲労が生じやすくなる。**こういう場合は、あえて度が弱めのレンズを選ぶといい、と猪俣氏は語る。

■レーシック手術の流れ

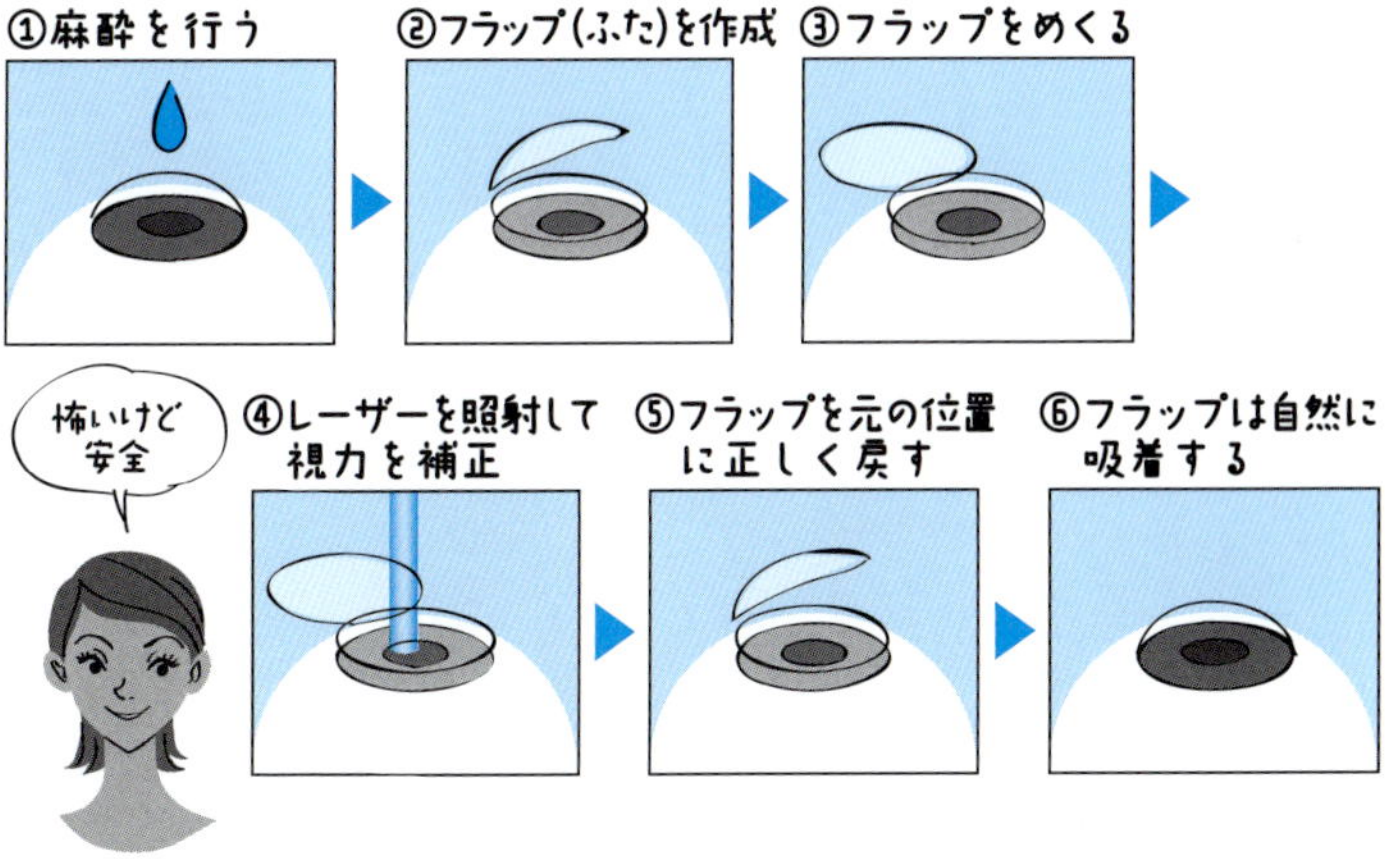

❖安全性の高い「レーシック」「ICL」

ただし、メガネやコンタクトレンズには、不測の事態により、入手できなかったり紛失したりするリスクがある。近視で物に頼らず見えるようになりたい場合には、手術という道もある。

視力矯正の手術といえば、**「レーシック」**が有名だ。いっとき感染症や失明などの症例がとり沙汰されたため、恐怖心のある人も多いかもしれない。だが実績と評判を踏まえてしっかり病院を選べば、安全で満足度の高い手術である。

もう一つ選択肢に挙がるのは、目の中

にレンズを入れる**「ＩＣＬ（Implantable Collamer Lens）」**という手術だ。レーシック手術とは違ってレンズを直接、目に埋め込む方法なので、強度の近視にも対応できるというメリットがある。

レーシック手術もＩＣＬも保険適用外であり、数十万円の費用が必要になる。ただ、メガネやコンタクトレンズでは心もとないと考える人には、適切な医師とクリニックで施術を受ければ、視力矯正の有効な選択肢となるだろう。

視力の矯正には、メガネやコンタクトレンズ、レーシックやＩＣＬなど、ご自身のライフスタイルとニーズに合わせて、お選び頂きたい。

column

健康問題も経済問題も引き起こす「ドライアイ」

最近、「ドライアイ」という単語を聞いたことがある人は多いだろう。猪俣氏曰く、**眼科で最も患者が多い疾患**だという。

「日本国内で2千万人以上、世界では実に10億人にものぼるといわれています。何となく目が疲れる、目が乾く、と思っていても、はっきり『ドライアイ』と診断されていない『隠れドライアイ』の人も、相当多いと思います」と猪俣氏は語る。

私自身、「単に目が乾くだけなのに、何が問題なのか？」と思っていたのだが、実はこれを放置すると、健康面はもちろん、パフォーマンスの面でも悪影響が生じるというのだ。

その問題について猪俣氏は、**「目を守っている涙液層が乾いて薄くなるため、目が傷だらけになり、感染症を招く危険があります。**また、**目が乾くと物が見えづらくなるので、集中力も低下してしまいます」**と指摘する。

column

「実際、いくつかの研究から、ドライアイになると年間3日間欠勤しているのと同じ損失時間になると言われています。

これを対象企業における1人当たりの年間売上金額に換算すると年間生産性低下額は約48万7千円、1人あたりの年間所得低下額では1人あたりの年間所得は8万円から9万円にものぼるという報告もあるのです」

人間の五感のうち、視覚で行う情報処理が8割と言われています。しかも現代はテレビやパソコン、スマホ等々、昔よりさらに目に入る刺激も情報量も多くなっています。モニターを見ていると目が乾き、まばたきの回数が有意に減るというデータもあります。ドライアイを患う人が増えるのは当然と見るべきでしょう」

目で行う情報処理が非常に多いからこそ、「見え方」に支障があると、集中力の低下にもつながる。「単に目が乾くだけ」と侮ってはいけないのだ。

「ドライアイ対策」として猪俣氏がまず推奨するのは、物理的に目の潤いを補う

点眼治療だ。眼科で処方される目薬でも、市販の目薬でもかまわない。特にコンタクトレンズ使用者は、ほとんどがドライアイになっていると考えられるため、レンズの上から点眼できる目薬を使用したほうがいいという。

また目を休める効果的な方法として猪俣氏は、「推奨するのは**1時間に15分くらい目を休ませること**です。ただ、そんなに休めない場合は、**1分でも目を閉じましょう**」と説明する。

最近よく耳にするようになった「ドライアイ」だが、「単に目が乾くだけ」と軽く考えてはいけない。目が乾き、見えづらくなることが招く集中力低下などさまざまな弊害を意識し、目をしっかりと休めながら1日を過ごしたいものである。

健康キーワード

【眼精疲労】スマホなど、長時間同じ距離にあるものを見続けることで生じる、「目が疲れる」「目が痛い」といった症状。

【角膜】物を見るとき、眼球に入る光が最初に通過する「黒目」の部分。光を屈折させる凸レンズの役割をもつ。

【水晶体】角膜と共に網膜に映し出される像の、ピント調整を行う組織。

【毛様体筋】水晶体を調整する目の奥の筋肉。老化と共に衰える。

【網膜】視界に入ったものの像を映し出す組織。カメラのようにピントがきちんと合って網膜に映し出されているのが「正視」、網膜より前で焦点が合ってしまうのが「近視」、網膜より後ろで焦点が合ってしまうのが「遠視」である。

【ドライアイ】視力低下・眼精疲労に関与する。目を守っている涙液層が乾いて薄くなるため目に傷がつき、感染症を招く危険がある。

【レーシック】角膜屈折矯正手術の一種で、目の表面の角膜にエキシマレーザーを照射し、角膜の曲率を変えることにより視力を矯正するもの。

【ICL】角膜と水晶体の間に薄いレンズを挿入することにより、屈折異常を矯正する手術。

ハイライト

- 老眼は、毛様体筋による水晶体のピント調節力が加齢とともに低下するために生じる症状である。
- 多くの人が「老眼が出る時期は人によって異なる」と感じているのは、「老眼」と意識するタイミングの違いが一因。たいてい、30代から老眼ははじまっている。
- 近視は網膜より前で焦点が合い、遠くが見えにくくなる現象。
- 遠視は、網膜より後ろで焦点が合ってしまうため、どこにもピントが合わず近くも遠くも見えづらくなる現象。
- 乱視は、角膜が歪んでいるため、光が入ってくる方向によって屈折の具合が異なり、遠くも近くも見えづらかったり、物がにじんで見えたりブレて見えたりする症状が見られる。
- ドライアイには、「見え方」に支障をきたすことで、時間のロス、ひいては経済的損失にもつながるリスクがある。

最強の「目の健康」アクションプラン

①スマホやパソコンを長時間見続けるのを避け、時には遠くを見つめよう

②「1分間じっと目を閉じる」など、こまめに目を休ませよう

③目を乾燥させず、点眼で潤いを与えよう

歩行／長尾和宏

長尾クリニック院長。東京医科大学卒業。医学博士。医療法人社団裕和会理事長。1995年尼崎市内で長尾クリニックを開業。複数医師による年中無休の外来診療と24時間体制での在宅医療に従事している。主著に『病気の9割は歩くだけで治る！』（山と溪谷社）など。

あらゆる病気は「歩く」ことで改善できる――古代ギリシアからの普遍的健康法

――健康への道は、文字通り「一歩」から

「病気を防ぐのは、医師でも薬でもありません。ただ『歩くこと』に尽きます」

「歩くことは人間にとって最良の薬である」という格言を残したのは、西洋医学の父といわれるヒポクラテス。今から2000年以上前、彼が活躍した古代ギリ

シアの時代からすれば、現代ははるかに医学が発達し、「最良の薬」の研究も進んでいるように思われる。

にもかかわらず、世界最古の医師と同じ教えを今なお熱く語る医師がいる。兵庫県尼崎市にある長尾クリニックの長尾和宏院長だ。

実際、**歩くことを習慣にしただけでメタボが解消され、心筋梗塞や脳卒中に加え、うつ病など心の問題も改善が見込める**というから、驚きではないか。

「よい歩き方」のコツとは**「足だけなく、手を大きく振って全身運動を心がける」**という、とてもシンプルなもの。しかも、歩く時間をわざわざ作らずとも、スキマ時間に歩けば、病気が遠ざかるという。**必ずしも長時間歩く必要はない**、というのも、忙しいビジネスパーソンには朗報である。

長尾氏の実践的アドバイスに従って、これから最強の「歩行習慣」を共に身につけていこう。

極意1 呼吸を意識しつつ、腕を振って全身で歩こう

——いい歩き方は、糖尿病にもうつ病にも効果絶大

❖歩くと健康のみならず、幸せに ——セロトニンを大放出

そもそも、なぜ歩くことが最強の健康法なのだろうか。

この疑問に対し、長尾氏は「**肥満の人は歩いて痩せれば、血糖値や血圧、コレステロール値や尿酸値が改善**します。すると、生活習慣病など命の危険をおよぼす病気のリスクを格段に減らすことができる、というわけです」と解説する。

何を隠そう私も、一時期体重がものすごく増えてしまったのだが、1日2時間歩いて糖質制限をしたところ、2カ月で20kg落ちた経験がある。このように、一度でも歩くメリットを実感できると、人生を歩むのが格段に楽しくなるものである。

■ウォーキングは最強の健康法

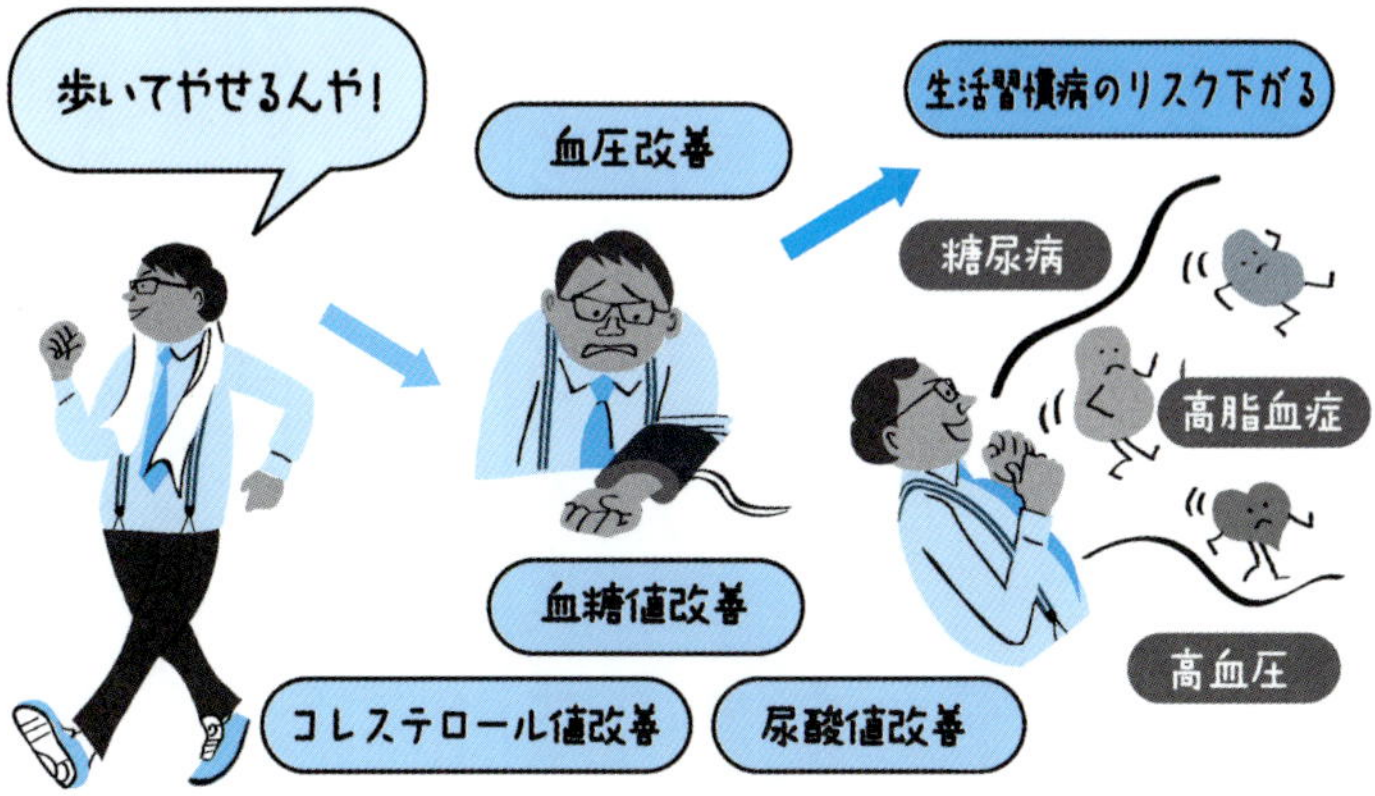

ウォーキングは、メタボ対策に効果的なだけではない。たとえば、**うつ病の患者さんが歩く楽しさを知って症状が改善したケースもある**という。長尾氏は、

「抗うつ薬はセロトニンという脳内物質を増やす成分が含まれているのですが、実は**歩行時にもセロトニンは分泌されます。つまり、薬の力に頼らず、自力で病気を克服できる可能性もある**のです」と説明する。

❖「楽しく歩く」ことがベストプラクティス

とはいえ、いざ実践しようとしたときに『毎日1時間早足で歩く』『朝晩20分

ずつ大股で歩く』というように、実にさまざまな方法があり、混乱する方もおられるだろう。実際のところ、どのように歩けばいいのだろうか。

そんな疑問に対し、長尾氏は「どんな歩き方でもかまいません。**肝心なのは、自分が楽しんで長く続けられそうな方法を選ぶこと**です」と回答する。

人によって個性や体質は違うのだから、自分に合った歩き方を選べばいい。**「楽しい」と感じられるものでないと、そもそも長続きしない**からだ。長続きしないものは習慣化できない。

だからこそ、モデル歩き、兵隊歩き、人目を気にしないなら、デューク更家氏のペリカン歩き……**自分の足でいろいろな方法で歩いてみて楽しくできたものが、その人に合っている**というわけである。

❖「少し歩けるタイミング」は、日常の中にたくさんある

では、わざわざウォーキングの時間を確保するのが難しいほど多忙なビジネスパーソンは、どうすればいいのだろうか。

■全身を使って「デュアルタスクウォーキング」

長尾氏曰く**「自分の力で、歩いて病気を改善できた患者さんたちに共通しているのは、毎日の生活に『歩くこと』を組み込んでいた点**です。

たとえば、『通勤時には最寄り駅より一駅手前で降りて歩く』『駅のホームではエスカレーターを使わずに階段を歩く』『ランチには会社から遠い店まで歩く』というようにすれば、わざわざ歩くための時間を作らなくても自然にできます」。

このような「ささやかな習慣化」であれば、誰でも無理なく「歩く習慣づけ」ができることだろう。

❖「腹式呼吸」を意識しつつ、全身で大きく歩こう

なお、歩行時の「いい姿勢」は世界共通だという。長尾氏は、「**足だけでなく全身を使うのがいい歩き方のポイントです。またその際に心がけたいのが肘を後ろに引くこと。**こうすれば肩甲骨が動き、上半身の筋肉も使って全身で歩くことができます。さらに、**腹式呼吸も意識すれば最高**ですね」と語る。

何より長尾氏自身が、こうして姿勢と呼吸を意識して歩く効果を実感しているという。加齢に従って体も弱くなるが、この方法でさまざまな病気の予防にも効果が期待できるのである。

歩行 極意2 「デュアルタスク」で歩いて、体と脳を鍛えよう
――「ながら歩き」でパフォーマンスが向上

❖「ながら歩き」は脳のアンチエイジングに有効

ちなみに、歩きながら何か別のことをする「デュアルタスク」は、健康にいいだけでなく、脳も活性化されることが医学的に証明されているという。音楽やラジオを聴きながら歩くなどは、体と頭双方のパフォーマンスを上げる習慣なのだ。

実際、認知症予備軍の人が認知症になるのを防げたケースもあるという。長尾氏は、「認知症は老化現象の一つなので、年齢に比例して認知機能が低下します。それを予防するためには、**『脳年齢』が実年齢よりも進まないようにすることが大切**です」と語る。

しかし、そもそも脳年齢のアンチエイジングと、ウォーキングはどのような関係があるのだろうか。素朴な疑問をぶつけてみた。

長尾氏は、「認知症の原因の一つに、**『アミロイドベータ』という老廃物の蓄積によって引き起こされる脳内神経細胞の死滅**が挙げられますが、『デュアルタスク』を心がければ、脳内で記憶を司る海馬に効くので、ブレーキをかけることができるのです」と答える。

実は私自身も、朝ウォーキングをしながら、そして時々車にひかれそうになりながらも本書の推敲をしているのだが、とてもはかどるし、気持ちがいい。この私も、命がけながら「デュアルタスク」で散歩をしていたわけである。

❖ゴルフは最高の「デュアルタスクウォーキング」

「ちなみにムーギーさん、テレビでよく、政治家や実業家の方がゴルフをしてる場面が映りますよね。わかりにくいですが、実はあれ、すごく早歩きってご存じでしたか？　コースを1時間くらいで回っているんです。ですからある意味、ゴルフはウォーキングの一種ともいえますね」

次にどう打つかを考えながら、広いゴルフ場を腕を振って歩く……**ゴルフは実は、非常に効果的な「デュアルタスクウォーキング」**だったのである。長尾氏曰く実際、ゴルフ場にいらっしゃる90歳の方などを見ると、皆元気だという（まあ、そもそも心身共にお元気だからこそ、ゴルフに来られているのだろうが……）。

これは余談だが、ゴルフの世界では、「ゴルフを見たらその人がわかる」と言われている。長尾氏は、小泉純一郎元首相と一緒にゴルフをしたときの感想を次のように語る。

「小泉さんは、ミスショットをしても『わっはっは！　やっちゃったぜ～。長尾君、ゴルフなんてただの遊びだからね。思いっきりポンと打てばいいだけだよ』といった具合で、すごくポジティブ。私も彼に影響されて心身共に充実してプレーをした後は、ごはんもおいしい。そうすると、脳や腸にも健康増進効果が期待できますから、一石二鳥ですよね」

◆自分に合った方法で、無理なく動こう

とはいえ、さまざまな事情で歩きたくても歩けない方もいらっしゃる。そうした場合はどのようにすればいいのだろうか。

長尾氏は、**「つえ歩行ができる方なら2本のポールをつえのように使って歩く『ノルディックウォーク』や、『ポールウォーク』がおすすめ**です。ポール代として1万

円ほどかかりますが、上半身をしっかりと使うので、同じ距離を歩いても消費カロリーが最大で5割増しになります。

もし、**つえを使って歩くのが困難な人は、ケアマネージャーさんなどに頼んで廊下に手すりをつけてもらい、伝い歩きに挑戦**してみてください。**もし、歩けなくても、たとえばバンザイを10回するだけでも筋肉や骨を動かす立派な運動**になります」

このように、たとえ歩けなくなっても、さまざまなかたちでいくらでも運動のチャンスはあるのである。

column

「脳」よりも「腸」のほうが重要？

■人体は「ちくわ」のようなもの

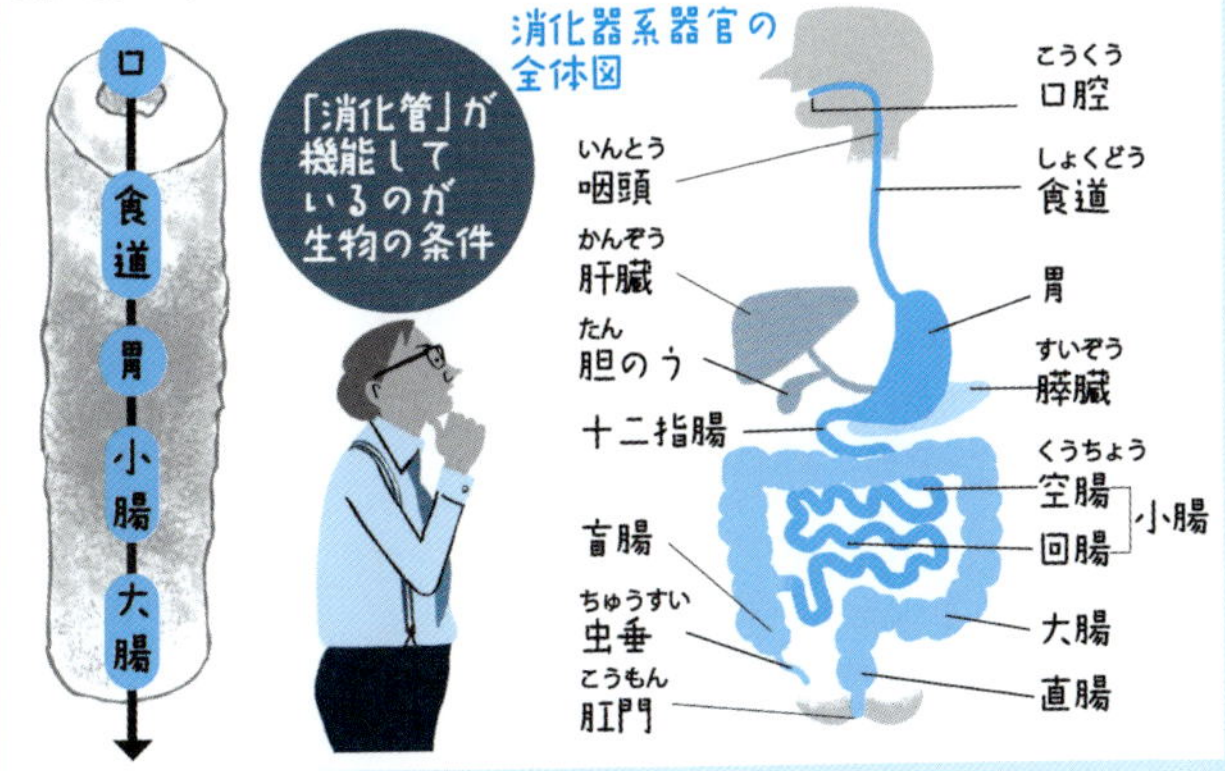

「口で食べて、腸で吸収して、排出する。ムーギーさん、生物の体って、簡単にいえば『ちくわ』みたいなものなんです」

口から肛門までの「消化管」が機能している、ということが、生物の条件だという。ちなみに世の中には、脳のない生物も存在する。

「脳のない生物としては、ウニやイソギンチャク、クラゲなどが一例ですが、こうしたことからも、**生物学的には脳よりも、腸のほうが優先順位の高い臓**

column

器だ、ということがわかりますよね。実際、**セロトニンなどは『消化管ホルモン』と呼ばれていて、脳内物質の中には、腸で作られるものもあります**」

私自身、脳が最高の臓器と思っていたが、この重要な機能については、近年多くの専門家が口にすることである。

腸内環境をいい食事やウォーキングで整えることが、うつ病の改善など、脳に好影響をおよぼすというのも覚えておこう。

健康キーワード

【セロトニン】ウォーキングで分泌される神経伝達物質の一種。人間の精神面に影響をおよぼす働きがあり、これが不足することでうつや不眠を引き起こすといわれている。

【アミロイドベータ】認知症の一因となる、脳内神経細胞の死滅をまねく老廃物。歩行習慣で脳内への蓄積にブレーキをかけることができる。

ハイライト

- **歩行習慣は、メタボの解消や、心筋梗塞の予防だけでなく、幸福感に影響する脳内物質、セロトニンの分泌により、うつ病など心の病気も改善が期待できる。**
- **歩いて痩せれば、血糖値や血圧、コレステロール値や尿酸値が改善する。**
- **歩きながら別のことをする「デュアルタスク」の健康増進効果は実証済み。パフォーマンス向上に加え、認知症予防も期待できる。**
- **生物学的には脳よりも腸のほうが優先順位が高い。**

最強の「歩行」アクションプラン

①自分が「楽しくできる」歩き方を選び、歩行を習慣化しよう

②肘を後ろに引きながら、足だけでなく上半身も動かして全身で歩こう

③体と脳を鍛えるため、「デュアルタスク」「トリプルタスク」に挑戦しよう

④歩くのが不自由な体でも、「ノルディックウォーク」「ポールウォーク」「バンザイ10回」など、できる範囲で運動しよう

歩行　あらゆる病気は「歩く」ことで改善できる——古代ギリシアからの普遍的健康法

生産性向上／石川善樹

医学博士・予防医学研究者。東京大学医学部卒業、ハーバード大学公衆衛生大学院修了後、自治医科大学で博士号（医学）取得。「人がよりよく生きるとは何か」をテーマとして、企業や大学と学際的研究を行う。主著に『疲れない脳をつくる生活習慣』（プレジデント社）など。

働き方改革は「視線」「姿勢」と「仕事の終わり方」で実現しよう

――「体」と「意識」の両面から疲労に対処し、能率を上げる

「ムーギーさん、仕事の生産性を高める上で一番重要なのは、『すぐできる』ということです。

つまり、『簡単にできて、なおかつ短期間で大きな効果が出る』ということ。もっと言えば周囲にも実践していることが伝わり、効果が

出ていることでほめられる。すると自分もうれしくなって、もっと実践し続ける……この好循環の輪が完成して、ようやく意味があるのです」

こう話すのは、医学博士であり予防医学研究者の、石川善樹氏である。石川氏は予防医学の観点から、疲れにくい体を作る方法、能率を上げる方法の普及に努めている。

石川氏が提示した「すぐにできる」ことの重要性は、多くの方が同意されるだろう。

ただ、簡単で、かつ劇的に能率の上がる方法があるのならうれしい話だが、そんないい話、本当にあるのだろうか？

具体例として、石川氏は、次の三つを挙げる。

「**一つは姿勢を整えること、一つは『座りっぱなし』を防ぐこと、そしてもう一つはオンとオフのメリハリをつけること**です」

石川氏がすすめるのは、デスクワークによる体への負担を軽くしながら、日中は元気に活動し、夜はきちんと仕事を切り上げる習慣をもつことである。石川氏の提唱する方法は、いわば個人的に生産性を高める秘訣だ。

それでは、ここから一緒に「体」と「意識」の両面からアプローチし、「生産性向上」の極意を見ていこう。

生産性

極意1 「疲れない姿勢」に整えよう
——鍵は「モニター」と「キーボード」の位置にあり

◆目線が「モニターの上部3分の1」の高さになるようセットする

まず石川氏が挙げたのは姿勢の整え方だ。「**多くの人が前かがみか、椅子によりか**

■ノートパソコンは目線が下がる

かっているか、どちらかの姿勢になっています。しかしながら、どちらも疲れやすい姿勢です」と石川氏は指摘する。

ではどのように姿勢を整えればいいかというと、中でも**デスクワークが長いビジネスパーソンにとっては、パソコンと自分の位置関係が生産性の鍵を握る**という。

「おそらく多くの人が、モニターの位置が低すぎて目線が下がっている。**目線が下がると、頭も下に傾くことになって首に負担がかかり、それが首の痛みや肩こり、さらには腰痛にまでつながっています。**まず**モニターの高さは、目線がモニ**

ターの上部3分の1の高さにくるようにセットします」

デスクワークが多い人には、首や肩、腰の慢性的な痛みに苦しんでいる方もいらっしゃることだろう。

その一大要因がモニターに対する目線の高さにあったとは意外ではないか。ハーマンミラーのアーロンチェアの購入を検討する前に、モニターの位置を調整するという「1円もかからない作業」のほうが先決なのだ。

「今も言ったように、多くの人は目線が下がっているため、モニターの位置を上げる必要があります。**デスクトップパソコンを使っている人は、分厚い本を重ねて、その上にモニターを置く**といいでしょう。実は私も、この方法でモニターの位置を調整しました」

ちなみに、早速私も試してみたが、本当に疲れにくく、集中する時間がのびたのは確かだ。

「一方、ノートパソコンはモニターとキーボードが一体になっているため、余計に目線が下がりやすいという難点があります。

外出先で使うときはともかく、社内や自宅では、外づけの大きなモニターを使う、あるいはキーボードを外づけにして、本体はノートパソコン用のスタンドを使って高さを調整する、このどちらかの工夫が必要ですね」

要するにノートパソコンも、社内や自宅で使う際にはデスクトップパソコンと同様、モニターとキーボードを分けてでも、目線を落とさないことが重要ということである。

❖キーボードの位置次第で、デスクワークの姿勢は整う

モニターと目線の関係を調整したら、さらに、キーボードの位置を変えることで、より疲れにくくなるという。

「**キーボードは、膝の上に置くことをおすすめ**します。デスクの上にあると、どうしても腕と肩を不自然に上げた状態でタイピングを続けることになり、無意識のうちに

■「座り方」が集中力を左右する

モニターの1／3
目線の高さに
椅子には軽く座ってへその下に力を入れ、、肩を一度上げて力を抜いてストンと落とす
キーボードは膝の上に置く
骨盤は立てて座る

体の負担になります。でも膝の上にキーボードを置けば、肩も腕も自然なかたちに下がります。やってみれば、このほうが断然楽だとおわかり頂けるでしょう」

確かに、デスクの上にずっと両手を乗せている状態は、人体の自然なかたちとは言えない。

「膝の上にキーボードを置く」は、好き嫌いが分かれるので、最後は個々人の判断かと思うが、**「座り方」が集中力を左右するのは間違いないだろう。**

生産性

極意 2

1時間に一度は立ち上がって、体を動かそう
――「座りっぱなし」で寿命が縮む

❖「座りっぱなし」で筋肉が縮み、短命になる？
――血中で増える糖と中性脂肪

「**いい姿勢で座っていても、『座りっぱなし』では効果は台無し**です。

たとえば、２０１２年にシドニー大学の研究チームが行った調査によると、**１日に合計11時間以上座っている人は、そうでない人より、３年以内の死亡リスクが40％**も高まるという結果が出ました。その他の世界的研究機関の調査でも、やはり『**座りすぎ』が寿命を縮める**という、同様の結果が出ています」

それにしても、どうして「座りすぎ」で寿命が縮むのだろう。その原因として、石川氏は、「**座りすぎによってエコノミークラス症候群になり、肥満や糖尿病が起こり**

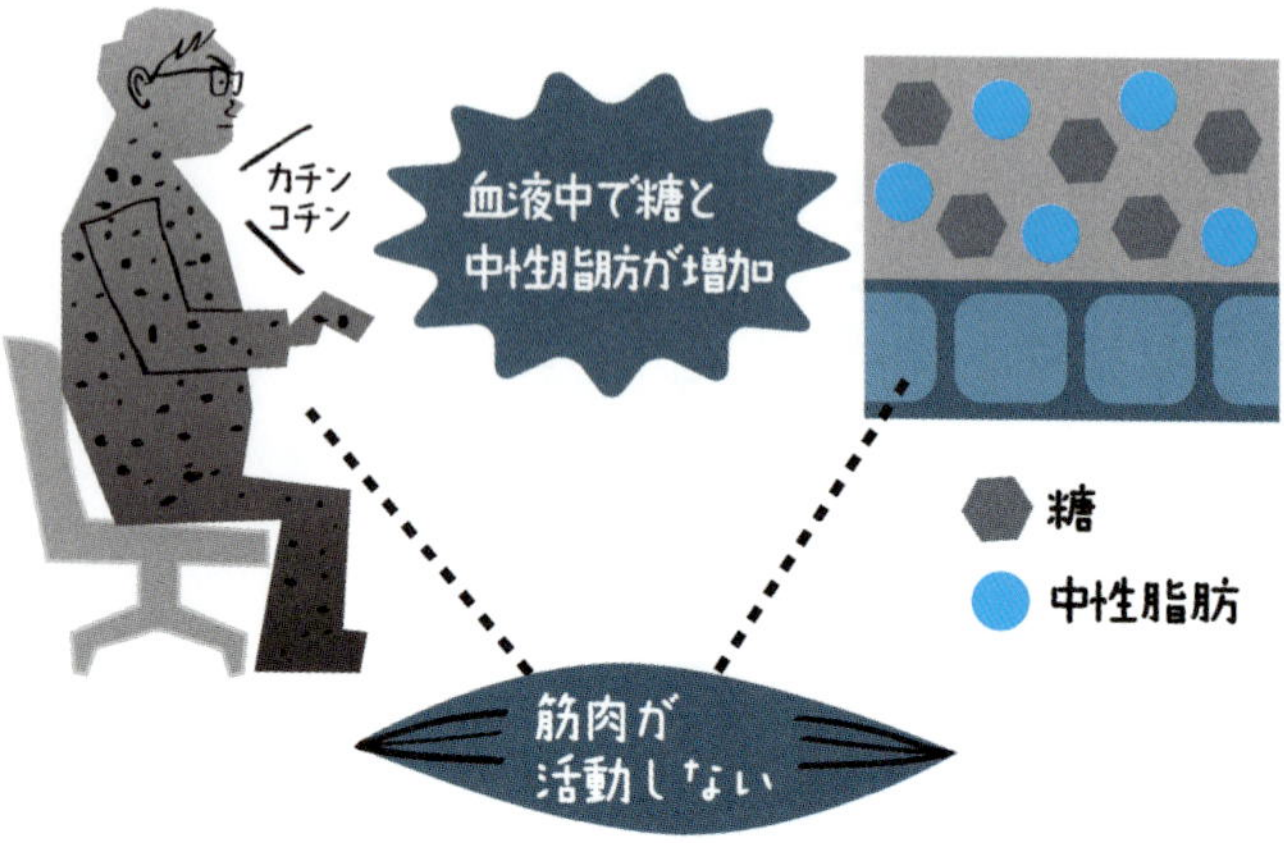

やすくなること」を挙げる。

「これまでの研究から、**長く座り続けると体の代謝機能や血液の流れに悪影響をおよぼし、狭心症、心筋梗塞、脳梗塞、糖尿病などといった深刻な病につながることがわかってきました。**

立ったり歩いたりしているときは足の筋肉がよく働きます。このとき、**筋肉の細胞内では血液中から糖や中性脂肪がとり込まれ、エネルギーとして消費される『代謝』が盛んに行われます。**

ところが**座ると、全身の代謝機能を支えてきた足の筋肉が活動せず、糖や中性**

脂肪がとり込まれにくくなり、血液中で増えてしまうのです」

　ということは、デスクワークをしている最中に、意識的に体を動かして筋肉を収縮させるようにすればいいのだろうか。

「そうですね。一番の問題は『座りっぱなし』でいることです。そこで重要なのは、背中から下半身までを、しっかりと動かすこと。というのも、筋肉は、背中や太ももに最も多くついているからです」

「何時間も座り続けるのではなく、たとえば**1時間に一度は立ち上がり、その場で数分間、腕を大きく振って足踏みする**だけでもかまいません。**背中や足を動かせば、脂肪燃焼をうながす酵素が働き、肥満や糖尿病を予防する効果がある**でしょう」

　私自身もそうだが、デスクワークに没頭していると、つい長時間、座りっぱなしになってしまいがちだ。集中力を途切れさせたくないという気持ちはやまやまだが、それが疲れのみならず、死亡リスクをも著しく高めるとなれば、もはや座っている場合ではないだろう。立ちながらでも歩きながらでも走りながらでも、動きまわって働くのは実は大変、健康にいいのである。

生産性

極意3

「仕事を終える時間」にルーズにならない

――生産性向上には「仕事の終わり方」が重要

❖「仕事を終える時間」を決めよう

「日本人には、はじめる時間は守れるのに、終わる時間は守れない、という不思議な習性があります。仕事をうまく切り上げることができず、毎日のようにダラダラと仕事を続けてしまう。結果、休息をちゃんととることができない。これでは疲れが翌日まで残り、生産性が下がるのは当然でしょう」

確かに、日本人は時間に正確だと誉れ高いが、一方で「終わらせる時間」に関してはルーズというのもうなずける。意味なし残業をしている人の多さが、何よりの証であろう。**始業時間のみならず、就業時間も時間厳守するようになれば時間を惜しむようになり、生産性向上につながる**ことは、いうまでもない。

❖仕事はうかつに終えてはいけない——ダラダラ仕事を続けないことが大切

また、就業時間を守る上では**「仕事をうかつに終えないことも重要です」**と石川氏は指摘する。

「その日のうちに仕事が終わらないと、ずっと気になるものですよね。自分の中で終業時間を決めて、その時間に仕事を切り上げたとしても、意識が仕事に残ったままでは、心身は休まりません。つまり**よい睡眠が得られず、翌日に疲れが残り、結果、能率ダウンにつながる**ということです」

会社を出てからも、仕事のことが頭から離れないという人は多いのではないか。これは、言うならば、**体は仕事から離れても、意識の上では「ダラダラと仕事を続けている」**ということなのだ。

「**うかつに仕事を終えるというのは、何となく仕事を切り上げるということ**です。そうではなくて、きっちり切り上げることが重要です。それには、『振り返り』と『プランニング』が必要です。『今日1日、何をしたか、どこまで仕事が進んだか』を振り返り、そして『では明日は、これをする』というプランを立てるのです」

この「振り返り」と「プランニング」の癖をつけることが、「仕事をうかつに終えない」ために重要なのである。

家に帰ってからも、うかつに終えてしまった仕事に煩わされている方は、意識の中でもしっかりと仕事を切り上げて、翌日また元気いっぱいに仕事をはじめようではないか。

column

タバコより健康に悪いのは「孤独」?

「ちなみにムーギーさん、生産性って、仕事の仕方だけではなくて『身近な人との交流が多いかどうか』にも左右されるんですよ。ひいてはその人の『健康寿命』まで決まります」

石川氏曰く、愛する人や友達との交流が多い方が、楽しく人生を送れるものだが、それが生産性、ひいては人生において元気に過ごせる期間も決めてしまう、という。

「大きく分けて三つの理由があります。まず**いろいろな人と交流がある人は、外出する機会が多く、運動量が多い。次に、ストレスがたまったときに友達やパートナーがいると解消できる。そして三つ目は、人の脳は、たくさんの人がいろいろなことを同時に話している中でコミュニケーションをとると活性化するから**です。

同じ人と長い間付き合っていると、あまりいろいろ説明しなくても話が通じますよね。すごく楽ですけど、これって、脳のためにはよくないことなんです」

column

我々がついやってしまう**「ほら、アレや、アレアレ!! アレや!!」**が、**脳機能退化の一因**とは残念な限りではなかろうか。

「ムーギーさんみたいに、世界中に老若男女さまざまな友達がいる人は少数派です。職場と自宅を往復する毎日で、会社以外に人間関係をもたない人が増えています。

特に**男性は、お金とか株といったいわゆる『有形資産』には興味を示す人は多いですが、人との交流はいわば『無形資産』。女性は後者を大切にする人が多いですが、男性は注意が必要**です。長生きするためには、前者はほとんど役に立ちませんから」

「孤独が健康に悪い」ことは、世界中で注目を集めている。実際に2010年に、米ブリガム・ヤング大学のホルト・ランスタッド教授たちによる研究から**「孤独であることはタバコを吸うよりも健康に悪い」**ということが証明された。

またイギリスでは2018年初頭に、イギリス政府は孤独の問題に関する調査を開始し、人々を結びつけるコミュニティ活動に対して金銭的な助成をする「孤独担当大臣」の役職が新たに設けられた。

月に一度も友人や家族と会話をしないという高齢者が非常に増えているという。このように、「孤独」は、国を問わず深刻な健康問題を引き起こす要因になっているのである。

多忙な日々を送っていると、友達やパートナーと会う時間をついつい後回しにしてしまいがちだ。しかし私たちにとって一番大事なのは、人生の質を上げることのはずである。

職場以外の親しい人との時間を確保してこそ、生産性が上がり、健康寿命ものびる。自分にとって大切な人たちとの交流を、大切にして生きていきたいものである。

健康キーワード

【エコノミークラス症候群】長時間座り続けることで、下半身や上腕その他の静脈において血栓が生じ、静脈での狭窄・閉塞・炎症が生じる病気。

【健康寿命】健康上の問題がない状態で過ごすことができる期間。平均寿命と健康寿命の間には、男性で約9年、女性で約13年の差があるとも言われている。その鍵を握るのが「他者とのつながり」である。

ハイライト

- 生産性を高める上では、「姿勢を整える」などのような、周囲に実践していることが伝わり、効果が出るとほめられるという好循環を生む、「簡単にできて、なおかつ短期間で大きな効果が出る実践法」が重要である。
- いい姿勢で座っていても、「座りっぱなし」では効果が少なく、寿命を縮める一因になる。
- 長く座り続けると体の代謝機能や血液の流れに悪影響をおよぼし、狭心症、心筋梗塞、脳梗塞、糖尿病などといった深刻な病のリスクを高める。
- 「仕事を終える時間」にルーズにならないことで、生産性は向上する。

●人とのつながりという「無形資産」が健康寿命をのばす。

●「孤独」は「タバコ」よりも健康に悪い。

最強の「生産性向上」アクションプラン

①パソコンのモニターは「目線がモニターの上3分の1にくる」位置を目安に設置しよう

②キーボードを膝の上に置いてみて、肩と腕を自然な位置に置こう

③長時間座り続けず、時折手足を動かそう

④「1日の振り返り」と「翌日のプランニング」をしてから、きっちりと仕事を切り上げよう

⑤人との交流という「無形資産」を大切にして、健康寿命をのばそう

column

モチベーションの源泉はドーパミン
――いいことがあると行動回路が強まる

茂木健一郎
脳科学者。東京大学大学院理学系研究科物理学専攻課程修了。専門は脳科学など。「クオリア」(感覚の持つ質感)をキーワードとして脳と心の関係を研究。主著に『結果を出せる人になる!「すぐやる脳」のつくり方』(学研パブリッシング)など。

「数ある脳内物質のうち、仕事の『生産性』と『モチベーション』の鍵を握る物質はドーパミンです。この脳内物質は、『予想外の状況』に直面したときに盛んに分泌されます。**『ドーパミンを出しやすい状況に身を置く』ことで、人はやる気がみなぎる**のです」

冒頭の言葉は、脳科学者・茂木健一郎氏によるものである。

「ドーパミンは脳の中脳から前頭葉に栄転神経などを通して伝達される神経伝達物質で、何か行動を起こした結果いいことがあると、神経細胞をつないでいる脳のシナプス結合を強化することで、その行動回路を強める『強化学習』という働きをもっています」

興味深いことに、ドーパミンは事前に予測していたことや、それほどがんばらなくても達成可能なことをしてもあまり分泌されず、予想外の状況に直面したときに大量に放出されることがわかっているという。

「ムーギーさん、一流のアスリートたちは達成困難な目標をかかげて、自身の記録を塗り替えていきますよね。これは、**あえて困難なハードルを設定することで、ドーパミンを自分でコントロールし、強化学習の物質を出している**からこそ、可能というわけです」

これは、大変なことは極力回避したい私のような残念な人間からすると、いささかハードルが高く感じられる。しかし、ビジネスパーソンの世界でもよくいわれる**「あえて達成困難な目標をかかげよ」「厳しい環境下に身を置け」というのは、脳科学的に大変、正しい方法**だったのだ。

column

「『賢い人とはどのような人か』の評価基準は、人によってさまざまだと思いますが、脳科学的には、『リスクをとることを恐れない人』と定義することができます。

なぜなら、こうした人物はえてして脳のパフォーマンスが非常に高いからです。

これは何も、むやみにリスクをとれ、ということではありません。事前にいろいろな情報を集めて見極めて、最後は直感で決断するということです」

❖これからの「賢い人」は、リスクをとってドーパミンを出せる人

周りの人がどう言おうとも、最終的には自分の力で意思決定する。突き抜けた功績を打ち立てる人はえてして、茂木氏の言うような自分の意志で計画的にリスクをとれる人物である。話を聞きながら私の頭に浮かんだのは、ソフトバンクの孫正義氏だ。

1995年に当時設立してまもないYahoo! に出資。2006年にボーダフォン日本法人を、2兆円もの借金を背負い、ウォールストリートから猛反発を受

けながらも買収。そして2012年には、米3位の電話会社、スプリント・ネクステルを1・8兆円で買収。

「髪の毛が後退しているのではない。私が前進しているのである」との孫氏の名言が示す通り、異次元のリスクを背負って飽くなき挑戦を続け、圧倒的な成果をたたき出し続けているのは、皆様もご存じの通りである。

このような孫氏を、「先見の明に長けた天才だ」と言ってしまえば簡単な話だ。しかし、私のような平凡な人間であっても、孫氏のように優れたリーダーの思考・行動パターンの中から、少しでも実践できそうなことは何だろうか。

「普通の人にとっては、孫さんのように片時も休むことなくいばらの道を進み続けることは難しいかもしれません。しかし、ドーパミンを出すことで人は、彼のように進化することができる、とも言えます。

ドーパミンという『脳にとっての報酬』がほしいから、少し上の目標を設定してがんばる、というわけです。

column

人の成功を決めるのは、『才能』ではありません。『困難があっても、続ける力』『努力を続ける粘り強さ』、つまりモチベーションです。そして、その源泉こそが、『ドーパミン』なのです」

◆完璧主義よりも「できなかった後の再スタート」が大切 ——条件が整わなくても続ける力

最後までやり続けるというと、モチベーションの上がる環境作りに注力される方も多いだろう。しかし、続けるためには逆効果だと茂木氏は語る。

条件を整えて、一つだけをやろうとすると、条件が整わなかったら、続けられなくなってしまうからだ。

「モチベーションを維持できる理想的な条件はなかなか用意できるものではありません。だからこそ、『どんな条件であっても続けられる』という発想の転換が必要なのです。

やる気が出ないと悩む人は多いですが、続けるためには、『やる気』に頼ってはいけません。

モチベーションを維持しようというとき、「完璧主義」は大敵です。たとえば「毎日、英単語10個を覚えよう」と決めたのに、4日目に休んでしまったとします。すると、完璧主義の人は自己嫌悪に陥ってしまいます。

3日続いた事実には目を向けず、1日守れない日があるだけですぐに諦めてしまうのは、とてももったいない。なぜなら、継続が途絶えるのは当たり前だからです。どんな人間でも、1日も休まずに一つのことを続けるなんて、まず無理です。**続けることよりも大切なのは、できなかったときに次の日からまた再スタートできるかどうか**なのです。

では、気持ちよく再スタートを切るためにはどうすればいいのだろうか。茂木氏がおすすめしているのは、「完璧主義」とは異なる**ベスト・エフォート（最善の努力）**という考え方である。

column

「ベスト・エフォートとは、『自分ができる最善の努力をする』という意味です。この場合は、『三日坊主で4日目にやめてしまったけれども、5日目の今日やるのと、今日からもう永遠にやめてしまうのと、どちらがいいだろうか？』と考えます。

答えは明らかでしょう。英語がうまくなりたいなら、休んでしまった過去は忘れて、今日からはじめたほうがいい。失敗することもあるでしょう。だからこそ、**失敗した「過去」は問わず、『将来』だけを見て、『今』の自分にとっての最善を選ぶことが大事**なのです」

成功する人とは、往々にして失敗した後も「続ける力」をもつ人である。それは生まれもった才能だけでなく、脳内物質ドーパミンのコントロール次第で後天的に身につけられるものなのだ。

さあ、今日から「完璧主義」を捨て、いかなる環境でも「最善の努力」をしよう。そしてドーパミン大放出の、モチベーション全開な頭脳をもとうではないか。

健康キーワード

【ドーパミン】脳の中脳から前頭葉に、栄転神経などを通して伝達される神経伝達物質。モチベーションを左右する物質。

【栄転神経】主に神経細胞（ニューロン）の連鎖によって作られる。神経を通して、外部の情報の伝達と処理を行う器官。

ハイライト

- **ドーパミンを出しやすい状況に身を置くことによって、人はやる気がみなぎる。**
- **脳内物質・ドーパミンがモチベーションを司っている。何か行動を起こした結果、ドーパミンが神経細胞をつないでいる脳のシナプス結合を強化することで、その行動回路を強める、「強化学習」という働きをもっている。**
- **ドーパミンは、事前に予測していることや、楽にできることをやってもあまり分泌されず、厳しい状況下に身を置くことで盛んに分泌される。アスリートは、あえて達成困難な目標をかかげることで、ドーパミンの分泌をコントロールしている。**
- **考え抜いた上で直感でリスクをとれる人が、脳のパフォーマンスが高い。**
- **困難に直面しても継続していく、モチベーションの源泉となるのが「ドーパミン」**

である。

●モチベーションを維持するために「条件」「完璧主義」は大敵である。続けることよりも大切なのは、失敗したときに次の日からまた再スタートできるかどうかである。

最強の「モチベーション向上」アクションプラン

①ドーパミンを出しやすい環境を作ろう

②ドーパミンという「脳にとっての報酬」のために、あえて困難な目標を設定しよう

③失敗したときに再スタートするため、「完璧主義」は捨て、ベスト・エフォートを心がけよう

column

集中力は「前頭葉」の「体力」

メンタリストDaiGo

「メンタリスト」として知られる。慶應義塾大学理工学部物理情報工学科卒業。英国発祥のメンタリズム（人の心を読み、操る技術）を日本のメディアで紹介。主著に『人生を思い通りに操る　片づけの心理法則』（学研プラス）など。

❖集中力アップの鍵は食事・運動・瞑想

「前頭葉には『体力』があります。それは『ウィルパワー』、日本語にすると『意志力』と呼ばれるもので、集中力もこれと関係しています。つまり**前頭葉が弱い人は集中力が低い。逆に言えば、前頭葉を鍛えることで集中力を高められる**というわけです」

「メンタリスト」の肩書きでメディア露出も多いDaiGo氏は、集中力と脳の関係について、このように説明する。意志の力を高めれば、ウィルパワーも高まり、集中力も高まるというわけだ。しかし、そもそもなぜ集中力は落ちてしまうのだろうか。

column

「集中力が低下する原因は人それぞれです。**習慣として集中する訓練が足りていない場合もあれば、前頭葉の発達が未熟な場合もある。集中に関わる脳内神経伝達物質の材料となる栄養素が足りていない場合もありますね**」

となると、これらの原因に複合的にアプローチし、前頭葉の働きを高めたいものである。

そのためにできることとして、DaiGo氏は、**「食事、運動、瞑想」**の三つを挙げる。

◆玄米、チーズ、ナッツ、オメガ3オイルをとろう
――「集中力が切れたら甘いもの」は誤解

「前頭葉は『人間らしさ』を司り、生き物として生命維持する限りは必要のない脳領域です。たとえば、脳はブドウ糖からしかエネルギーを作れないと言われますね。血糖値が下がると、脳は省エネモードになります。**そこで真っ先にエネルギーが行かなくなるのが、前頭葉といわれているの**です」

では、糖分をふんだんに補給すればいいかというと、そうではないようだ。ＤａｉＧｏ氏は「**よく集中力が切れてきたら甘いものを食べるという人がいますが、それは誤解**です」と指摘する。

「**問題は血糖値の乱高下**です。精製された砂糖や米や小麦粉など、いわゆる『白い食べ物』は血糖値を急激に上げます。するとその反動のようにして、体は血糖値を急激に下げます。ここで、先ほど言った脳の省エネが起こります。脳、特に前頭葉の働きを高めるには、血糖値が安定しているのが理想的なのです」

column

脳のエネルギー源となる糖質は、必要だ。ただし、精製された白米より、血糖値の上昇がゆるやかな玄米のほうが望ましい。加えてDaiGo氏がすすめるのは、**チーズ、ナッツ、そしてオメガ3**のオイルである。

ちなみに「オメガ3」とは、目や脳の健康維持に必須となる健康によい油だ。チーズ、ナッツなどに含まれ、精神の安定、学習効果の向上、認知症の予防など、さまざまな健康増進効果が期待できるという。

オメガ3が多く含まれるのは、亜麻仁《あまに》油やえごま油など。ただし、こうした油

■オメガ3の健康増進効果

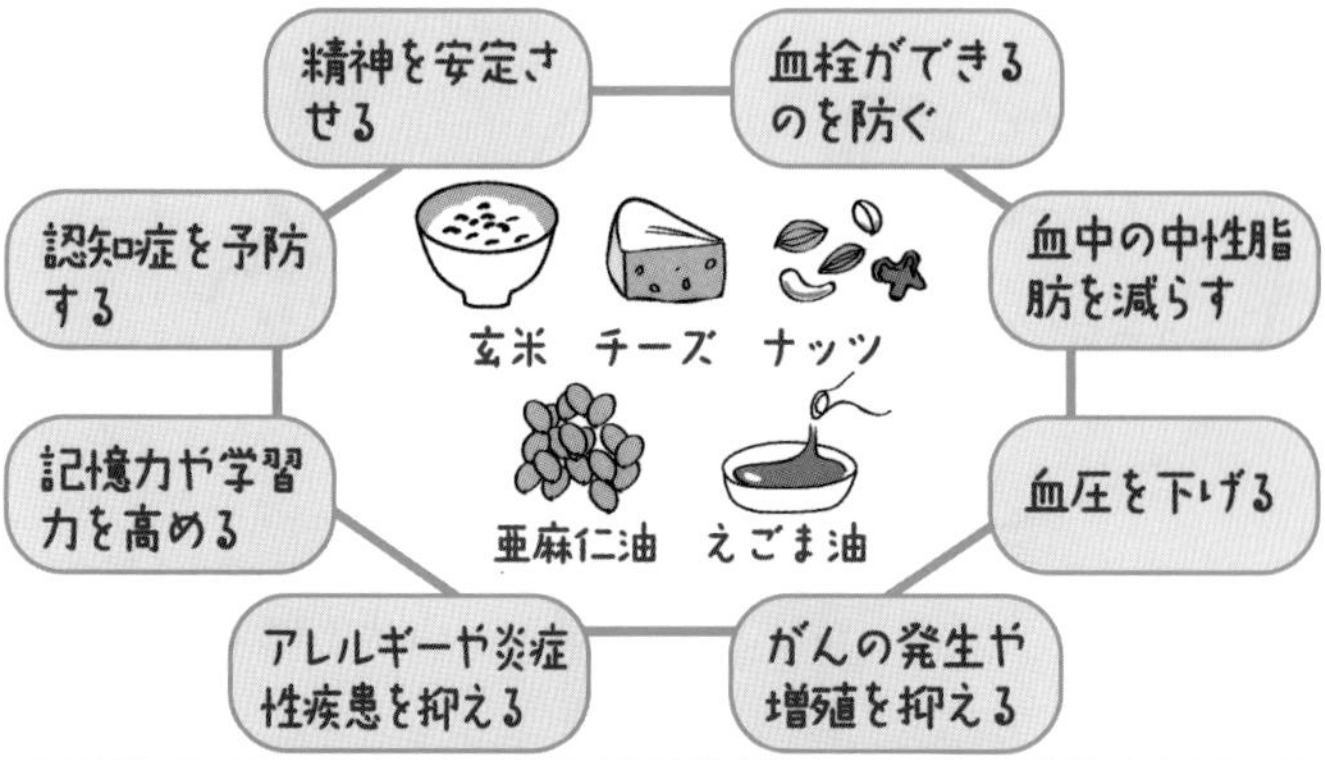

は熱に弱いので、ドレッシングに使うなど生でとったほうがいいと言われています」

まとめれば、**血糖値を乱高下させる甘いものは避け、脳内神経伝達物質の材料となる栄養素に富むチーズ、ナッツ、さらには脳そのものを作る良質な材料となるオメガ3が豊富な亜麻仁油やえごま油のようなオイルをとる**ことが、集中力を高めるための栄養補給法だと、DaiGo氏は指摘する。

◆集中力アップに効果絶大な「20〜30分ウォーキング」

では運動はどうだろうか。歩行の健康

column

■脳内でBDNFが分泌されると…

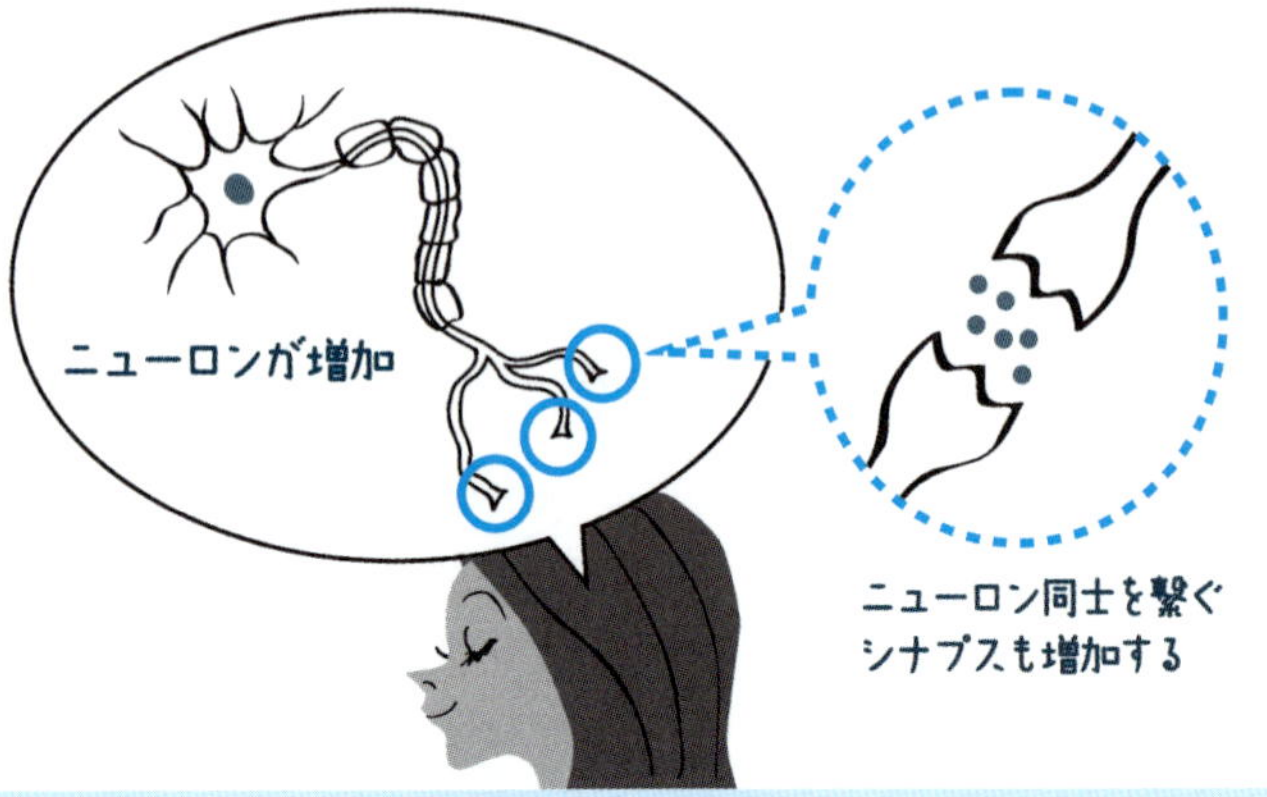
ニューロンが増加
ニューロン同士を繋ぐ
シナプスも増加する

効果は他の医師も指摘しているが、集中力を高めるにも、同じことがいえるようだ。

「脳と歩行の関係については、ハーバード大学のジョン・レイティという博士の研究報告があります。

専門的な話は省きますが、レイティ博士によると、**20〜30分のゆるやかな有酸素運動が、脳を鍛えるのに最もいい**そうです。というのも、それくらいの運動をしたときに、脳の栄養となるBDNF（Brain-derived neurotrophic factor：脳由来神経栄養因子）という物質が脳内で分泌されるそうなのです」

BDNFという物質は初耳だが、これが分泌されると、新たにニューロンが生まれ、シナプスが増加するという。「ゆるやかな有酸素運動」である20～30分の散歩は、健康によいだけではなく、頭にもよいのである。

❖「今」と「呼吸」に意識を向け、3～5分の瞑想を習慣化しよう

最後の瞑想は次項で詳しく紹介するが、DaiGo氏も毎朝、瞑想を行っているという。

先ほどの運動と組み合わせて、「20～30分、瞑想をした後に、20～30分、歩くのが私の朝の習慣です」と語る。歩くのはともかく、いきなり20～30分もじっと座って瞑想するのは、私自身も含め、読者の皆様にも「忙しいのに、そんな時間ない」と感じる方がいらっしゃることだろう。こうした人でもできる手軽な実践法について、DaiGo氏は次のように語る。

「私が一番すすめているのは、**毎日、ちょっと時間があいたときに、3～5分でいいので瞑想してみること**です。実は特定の習慣をもつことも、集中力アップに効果的です。つまり、**週に一度、20～30分、がんばって瞑想を行うより、短くても**

column

毎日行ったほうが、習慣化と瞑想のダブル効果で集中力アップにつながるのです」

瞑想のポイントは「今ここ」に集中することであり、それには呼吸に意識を向けると効果的だ。集中力を高める実践法として、これはDaiGo氏に限らず多くの専門家が推奨することだが、1日3分の瞑想習慣を、とり入れてみられてはいかがだろうか。

健康キーワード

【BDNF（Brain-derived neurotrophic factor）】脳由来神経栄養因子と呼ばれるタンパク質の一種。神経細胞の発生や成長、維持や再生を促進する。ウォーキングなどのゆるやかな有酸素運動が分泌を促進する。

【オメガ3】DHA、EPA、αリノレン酸などの脂肪酸。脳機能の強化、生活習慣病予防に有名な栄養素として注目を集めている。

ハイライト

- **前頭葉は思考などの「人間らしさ」を司り、生命維持とは離れた脳領域であるため、最初に栄養が行きわたらなくなるという説がある。**
- **前頭葉の働きを高めるには、血糖値を一定に保つことが重要。「集中力が切れてきたら甘いものを食べる」というのは、血糖値を乱高下させるため、逆効果。**
- **20～30分のウォーキングにより、脳の栄養となるBDNFの分泌が促進される。**
- **週に一度の長時間の瞑想より、3分でも毎日行うほうが効果的である。**

最強の「集中力向上」アクションプラン

①玄米などの血糖値を乱高下させない食品や、脳と脳神経を作るチーズ、ナッツ、オメガ3のオイルをとろう

②20〜30分のウォーキングでBDNFを出し、シナプスを増やそう

③3〜5分の瞑想で「今」と「呼吸」に意識を向けよう

マインドフルネス／荻野淳也

一般社団法人マインドフルリーダーシップインスティテュート代表理事。株式会社ライフスタイルプロデュース代表取締役。主著に『世界のトップエリートが実践する集中力の鍛え方』（日本能率協会マネジメントセンター）など。

「今、ここ」に集中してパフォーマンスを高めよう

――副交感神経を整え、EQの高い組織作りを

「マインドフルネス、瞑想というと、ヨガや座禅といったものを思い浮かべるかもしれませんが、脳科学に基づく実践法なのです」

「マインドフルネス」。最近よく耳にするものの、実際どういったものなのかを知らない私に、このように教えてくれたのは、企業・官庁等の組織に向けてマイ

ンドフルネスを用いたリーダーシップ開発、人材開発、組織開発に取り組む、荻野淳也氏だ。

「マインドフルネス」とは、今に集中した状態を指し、その状態を鍛錬する手法が「マインドフルネス瞑想」という。「マインドフルネス」はGoogleなどの著名企業や、海外のエグゼクティブの間では、かなり以前からとり入れられてきた実践法である。近頃は、特にビジネスパーソンの間で日本でも人気を集めている。

荻野氏によれば、マインドフルネスとは、**「今にしっかりと注意を向けた状態」である。その状態を鍛えるための実践法がマインドフルネス瞑想だ。これは「セルフアウェアネス（自己認識力）を高め、「感情のコントロールなどをはじめとした自己管理ができるようになる」効果が期待できる**という。

ちなみに、あのジャック・ウェルチも、効果的なリーダーシップを発揮する上で最も必要な資質として、この「セルフアウェアネス」を挙げている。

仕事のパフォーマンス向上を、自己と深く向き合うプロセスを通じてかなえていくことが、マインドフルネスの効果の一つと言えるだろう。

では、なぜマインドフルネスによって、パフォーマンス向上が期待できるのだろうか。その**鍵は、「副交感神経が優位になること」**だと荻野氏は説明する。

「現代人は緊張や不安をたくさん抱えている方が多く、生命を維持するのに重要な体の機能をコントロールする機能をもつ、自律神経に支障をきたすことが多くなっています。

つまり、過度に活動しているとき、緊張しているとき、ストレスを感じているときは、いろいろなものに追われて頭の中がとっ散らかっている状態になりがちで、交感神経が優位になっています。

慢性的にストレス状態が続くと、さまざまな病気を引き起こす原因にもなりうると言われています」

■自律神経は「交換神経」「副交感神経」のバランスで成り立っている

不安や恐怖を感じて扁桃体が活性化すると、視床下部に指令が行く。すると、自律神経が興奮して心拍数が増え、血圧が上昇する上、ストレスホルモンと呼ばれるコルチゾールなどが副腎から分泌され、それが血流に乗って全身の臓器や自律神経に影響を与える。また、これらは免疫細胞や脳の海馬にも悪影響を与えるというのだから、ストレス管理は極めて重要なのである。

「一つひとつは小さくても、**多くのストレスが重なると、キラーストレスともいうべき危険な状態に陥ります。すると血管が破壊され、脳卒中や心筋梗塞などの引き金にもなる**のです」

なお、慢性的にストレスにさらされると、扁桃体が大きくなり、小さなストレスにも過敏に反応するようになるという。

❖マインドフルで思いやりに満ちた組織作り
――副交感神経を優位にして、コンパッションマネジメント

こうした中で、ストレス社会に生きる現代人にこそ、マインドフルネスが必要なのだという。確かに、常に仕事に追われていて、「キラーストレス状態寸前」という方も多いのではなかろうか。

我々の自律神経は、「交感神経」と「副交感神経」のバランスで成り立っているが、これらの兆候はもしかすると、交感神経が優位になりすぎているサインかもしれない。

ではリラックスしている状態のほうが、集中力や生産性が上がるということなのだろうか。

この疑問に対して荻野氏は、「もちろん、自律神経はバランスが重要ですから、交感神経にも働いてもらわねばなりません。ただ現代人は、**日頃から交感神経が**

■自分にも他人にも優しくなれる「コンパッション・マネジメント」

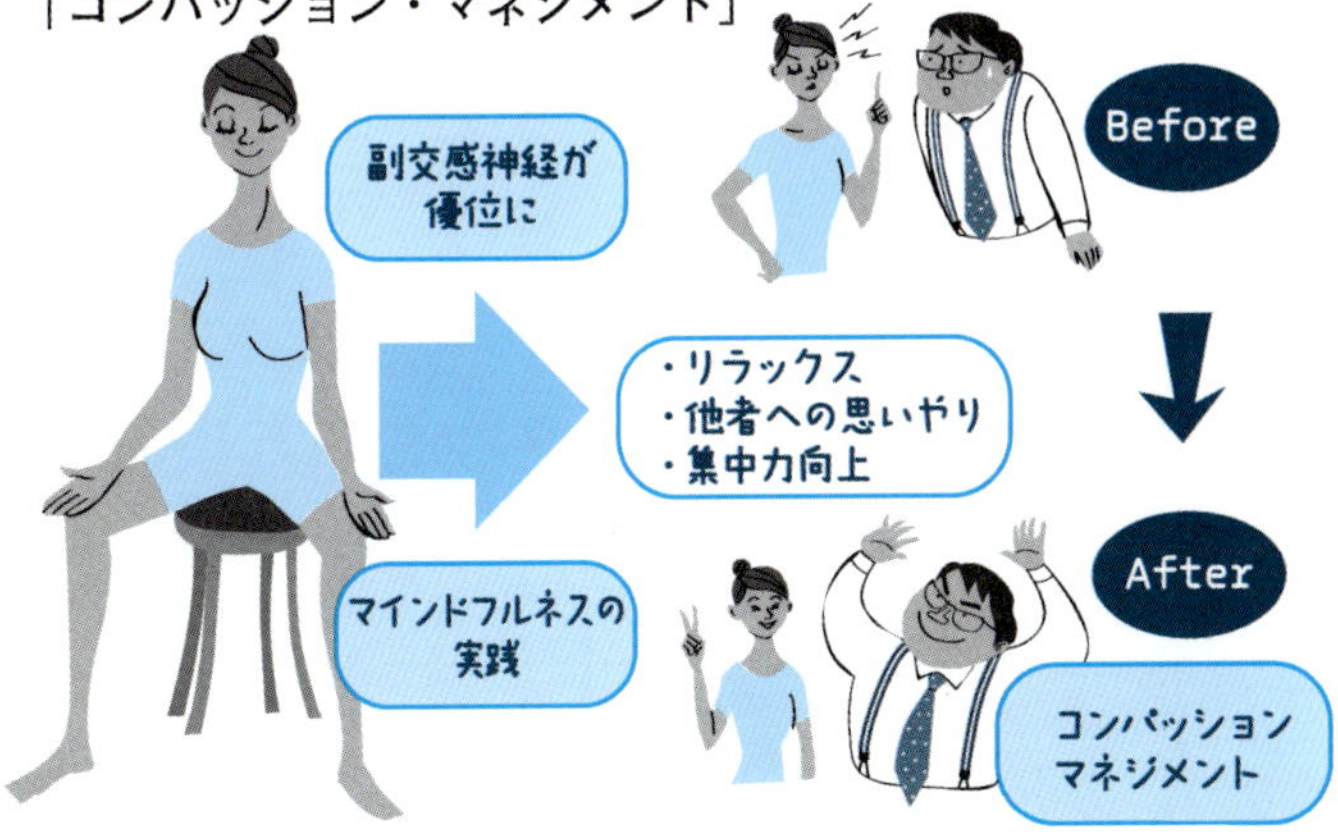

優位になりすぎているから、あえて副交感神経を優位にする時間をもつことが、パフォーマンス向上につながるのです」と説明する。交感神経、副交感神経は、双方のバランスをとることが大切なのだ。

さらに、マインドフルネスによって**「コンパッション・マネジメント」**が可能になるという。直訳すれば「思いやりによるマネジメント」だが、どういうことだろう。

「マインドフルネスを実践して副交感神経が優位になると、精神がリラックスします。すると、頭と心がクリアになって集中力が高まったり、人への思いやりが生まれたりする。こうした状態でマネジメントを行うことを指してコンパッション・マネジメントと呼びます。つまり、他者を思いやることが組織の信頼醸成になるという考え方ですね。

現在、このコンパッション・マネジメントは、新しい時代のマネジメントとして、あのLinkedInのカリスマ経営者である、ジェフ・ウェイナーが提唱するなど、世界の有名企業のエグゼクティブたちの間で、注目を集めているという。AI時代が到来した昨今、こうした**「人間らしい」副交感神経優位の組織作りが重要性を増している**のだろう。

❖EQを高めれば、AI時代も食べていける？

さらに荻野氏は、今後はEQ（心の知能指数）を高めることが重要だとも話す。

「今後、人工知能が飛躍的に発達して、単純作業のような仕事は人のものではなくなっていくでしょう。となると今後、人間には、人工知能にはできないスキルが必要になってきます。それは、たとえば相手の感情を思いやったりすること。すなわちEQ的なスキルなのです」

■心の知能指数の５大要素はマインドフルネスで高まる

EQには、「自己認識力」「自己統制力」「モチベーション」「共感力」「ソーシャルスキル」の5つの要素があり、これらはマインドフルネスの実践によって高めることができるという。

これらが著しく欠落していらっしゃる方は、ドキッとされたのではなかろうか。

それでは、実際にどのように行ったらいいのだろうか。最強の「マインドフルネス」の極意を、具体的に一緒に見ていこう。

極意1 「呼吸」に集中しよう
――デフォルトの自分に戻る「メタ注意力」

❖「今」に集中する
――必ずしも「無心」になる必要はない

マインドフルネスの一番のポイントは、「今」に集中すること。「それには『呼吸』に集中することです。目を閉じて、自分の呼吸に意識を向けてみてください」と荻野氏は語る。

座禅やヨガを思い浮かべると、瞑想中は無心にならなくてはいけないイメージがあるが、マインドフルネスでは、雑念が浮かぶのもOK牧場だ。

「どうしたって雑念は湧くものです。私たちがお伝えしているのは、**雑念が浮かぶの**

■自分を客観視する「メタ注意力」

は仕方ない。ただし『雑念が湧いている状態に自分で気づいている』――これが重要なのです」

雑念が浮かんでいる自分を「もう一人の自分」が客観的に俯瞰《ふかん》しているイメージといったところだろうか。

また**「その際に、自分の注意がどの方向に向いているのかを客観視することも重要です。これを、注意に対する注意という意味合いで、『メタ注意力』と言います」**と荻野氏は説明する。

自分の呼吸に集中し、メタ注意力を高めることで、セルフアウェアネス（自己

認識力）の向上につながるというのである。

◆「呼吸」に集中して、「デフォルトの自分」に戻る

荻野氏曰く、「雑念が湧きっぱなしというのは、雑念が湧いていることに気づいていない、もしくは気づいていてもコントロールができていない状態」だという。

だからこそ、たとえば**打ち合わせや電話で怒り心頭に発してしまっても、すぐにデフォルトの自分に戻れるように、自分を客観的に、冷静に見る癖をつけることが大切**だ。では具体的に、どのような環境、方法で行ったらいいのだろうか。

荻野氏は「**おすすめは5～10分くらい、静かに座って行うことです。ただ一番重要なのは、日々、実践すること。**1日に5分、10分の時間すらとれないという人は、電車や信号の待ち時間、エレベーターに乗っている少しの間でも、目を閉じて呼吸に集中してみてください」と推奨する。

マインドフルネス

極意2

「体の感覚」に意識を向けよう

――ボディスキャンで「体の声」に耳を傾け、セルフアウェアネスを高める

❖自分の体のすみずみまで意識を向けよう

体の感覚に意識を向けることも、セルフアウェアネス向上につながる、と荻野氏は話す。

「マインドフルネスを鍛錬する手段として、**呼吸に集中する方法と共に体の感覚に注意を向ける方法もあります**。これを『**ボディスキャン**』と言います」

これは、ちょうどCTやMRIが体の中をX線や電磁波でスキャン（走査）して、体内の様子を画像としてとらえるのと似ているのである。その実践法は次ページのイラストの通りだ。

■「体の声」に耳をかたむける「ボディスキャン」

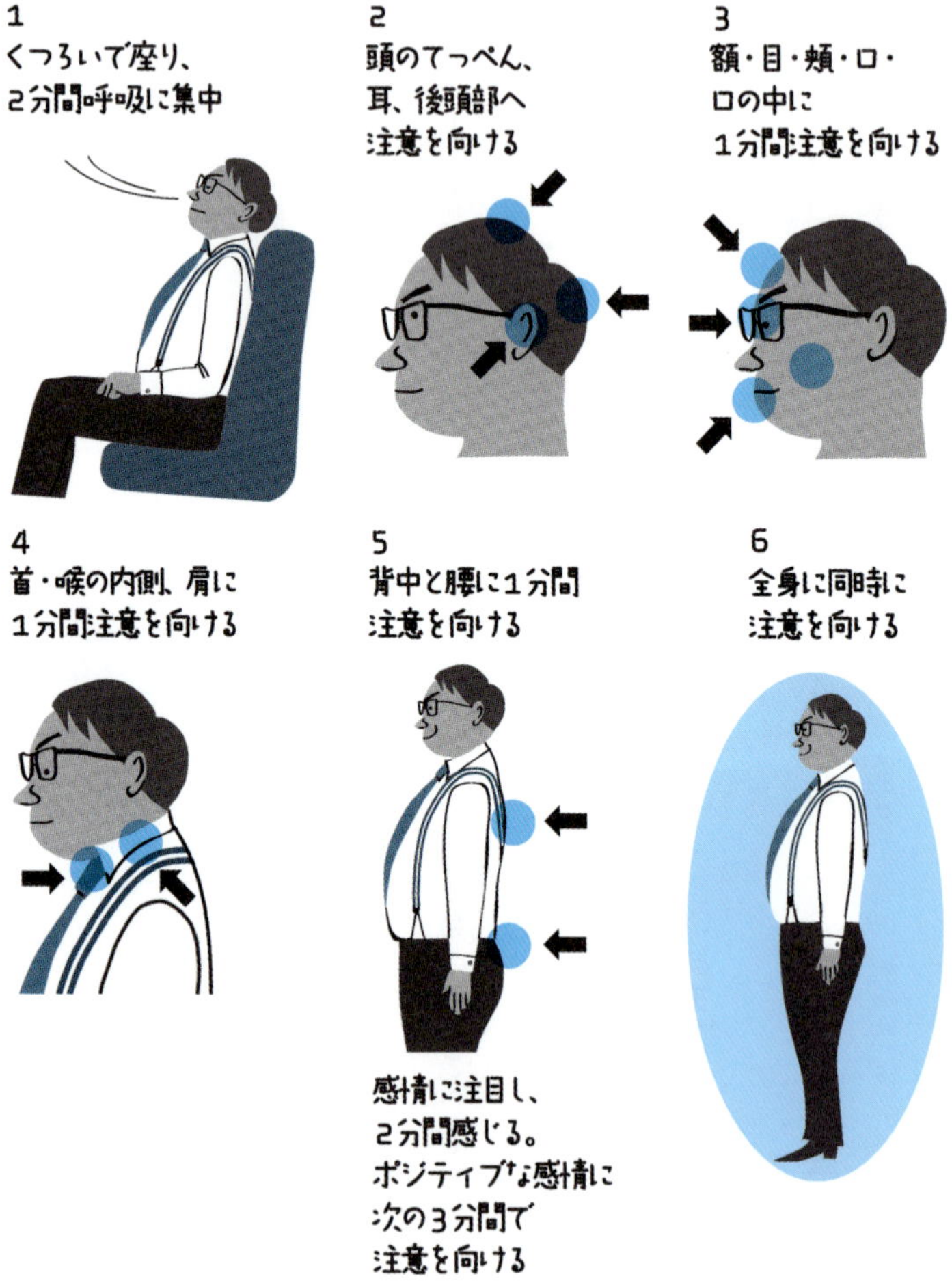
1
くつろいで座り、
2分間呼吸に集中
2
頭のてっぺん、
耳、後頭部へ
注意を向ける
3
額・目・頬・口・
口の中に
1分間注意を向ける
4
首・喉の内側、肩に
1分間注意を向ける
5
背中と腰に1分間
注意を向ける
6
全身に同時に
注意を向ける
感情に注目し、
2分間感じる。
ポジティブな感情に
次の3分間で
注意を向ける

このように自分の体の細部に意識を向けていくと、そこを流れる血液の脈拍や、しびれたような熱感を感じることができる。こうした繊細な身体感覚と向き合うことで、普段は気づいていない奥深い感情や思考への気づきにつながるのである。

私たちは、日々忙しく過ごすうちに、体の感覚に対して鈍感になりがちだ。肩がブルブル震えている、おなかがしくしく痛む……などなど、これを機に、「体の声」にもっと耳を傾けてみよう。

❖アンガーマネジメントにも効果大の「ボディスキャン」

「ムーギーさん、『怒りっぽい人』ってよくいらっしゃいますよね。こういう人は、『自分の体や心の感覚に対して鈍感な人』なのです。要は**自分自身が「怒っている状態」だと気づかないから、怒りが止められない**のです」

あなたの身の回りにも、カッとなったまま歯止めが利かない人がいないだろうか。

そうした人の**アンガーマネジメント（怒りの管理）にも、マインドフルネスは有効**だという。怒りのメカニズムについて、荻野氏は次のように語る。

「『怒りっぽい人』は、『我』を忘れてしまい、自分を制御できない状態に陥りがちなので、怒りが止められないのです。**そうした際に大事なのが、怒りを爆発させる前に、『あっ、今これくらい怒りが沸いてきているな』と、自分自身の状態に気づけること。**

だからこそ、『セルフアウェアネス』の向上につながるマインドフルネスの実践によって、怒りのコントロールも可能にできるのです。中でも、**呼吸に集中する瞑想と、自分の身体の反応に注意を向ける実践法『ボディスキャン』が特に効果的**です」

確かに怒っている人は、自分の「怒りの度合い」がどれくらいなのかに気づいていないものだ。私に対して激怒している家族や同僚には、是非ボディスキャンをお願いしたいものである。

マインドフルネス

極意3　慈悲の瞑想で「他者への思いやり」を高めよう

——AI時代到来により、価値の高まるEQ

◆他者の健康や幸福を願うのも思いやり向上に有効

三つ目の極意は、他者への思いやりを高めるための実践法だ。

「思いやりを高めるマインドフルネスでは、**『慈悲の瞑想』**と言われるものがあります。これは世界的に行われているメジャーな実践法で、**まずは自分自身に対して、『健康でありますように』『幸せでありますように』と念じます。そして、同じことを家族や友人、同僚、上司、さらには嫌いな人に対しても念じる**のです」

嫌いな人の健康や幸福まで念じるというのは、かなりハードルが高く感じられるのではないだろうか。

しかし近い将来、単純作業のような仕事はＡＩに取って代わられると考えれば、**せめて嫌いな上司や知人の健康を願えるくらいには、人徳とEQを高めておいたほうがよい**だろう（……といっても私には絶対、無理だけど）。

❖ヨガや瞑想を日常の生活や仕事の中に組み込むことが大切

マインドフルネスや瞑想には、ともすれば、あやしげなイメージもつきまとう。荻野氏が従事しているのは、自身が語るように「脳科学に基づいた実践法」だが、世間には「残念なマインドフルネス」も存在するのだろうか。

「私が指導している**マインドフルネスに基づく人材開発手法は、仕事の能率やマネジメント能力を上げることで、毎日のクオリティを上げる実践的な方法**です。ヨガスクールや座禅会に通う人の中には、『そのときだけ、癒され、リラックスし、自分を取り戻せる。でも、職場や家庭に戻ると、再び自分を失ってしまう』という人が少なくありません。それではもったいない。**そこで学んだことを日常の生活や仕事の中に組み込んで、自分の人生をより豊かにすることが必要**だと思うのです。

このような、「逃避のためのヨガ、瞑想」だけになってしまうと、スクールやお寺に行ったときに『何となく癒される』だけで、日常は変わりません。ですが、仕事や人生をより豊かにするだけの力がマインドフルネスにはあるのです」

一番大切なことは、日々の生活の中で瞑想を実践して、短時間でも毎日習慣化すること。『ヨガスタジオに通っているときだけ』では日常は変わらないのである。

健康キーワード

【交感神経】活動している・緊張している・ストレスを感じているときに優位になる自律神経。慢性的なストレス状態はさまざまな病気の原因と考えられている。

【副交感神経】マインドフルネスで優位にできる、体力回復・休息・リラックス時に働く自律神経。免疫力を高め、さまざまな病気の予防効果も期待できる。

【扁桃体】側頭葉内側の奥に存在する、アーモンド形の神経細胞の集合体。慢性的なストレスにより肥大化し、小さなストレスにも過敏になってしまう。

【コルチゾール】ストレスを受けたときに副腎から放出されるホルモン。ストレスから身を守る機能をもつ。

【キラーストレス】体内でさまざまなストレスホルモンが分泌され、自律神経が興奮する、重度のストレス状態。血管が破損され、脳卒中などの病の一因になりうる。

【コンパッション・マネジメント】マインドフルネスの実践による、自分や他者への思いやりに基づくマネジメント。

【メタ注意力】自分が今どこに注意を向けているかを客観視する力。

【ボディスキャン】自分の体のすみずみまで注意を向けて、身体の感覚を感じ取っていく瞑想。

【慈悲の瞑想】自分を含めたすべての生物の幸福を願いながら行う、思いやりを養う瞑想。

ハイライト

- **効果的なリーダーシップには深いセルフアウェアネス（自己認識力）が重要である。**
- **自律神経は、交感神経、副交感神経のバランスが重要だが、ストレス社会では交感神経が優位になりがちである。**
- **多くのストレスが重なると、キラーストレスともいうべき危険な状態に陥り、深刻な病の原因になるといわれている。**
- **個人の枠を超えて、組織作りにおいても、思いやりに基づく「コンパッション・マネジメント」が求められている。ＡＩ時代の到来した昨今、頭の知能指数でなく、心の知能指数がより重要性を増している。**

最強の「マインドフルネス」アクションプラン

①瞑想で自分の副交感神経を優位にし、ストレスを軽減しよう

②心の知能指数＝EQ（自己認識力、自己統制力、モチベーション、共感力、ソーシャルスキル）をマインドフルネスの実践で向上させよう

③自分の心の状態を客観的に把握する「ボディスキャン」で自分の奥深い感情や思考に気づこう

④毎日、短時間でも呼吸に集中して「メタ注意力」を高め「デフォルトの自分」に戻ろう

⑤慈悲の瞑想で、他者や嫌いな人の健康や幸福を願ってみよう（たとえ著者が実践しなくても）

⑥「ヨガスタジオに通うこと」自体を目的にせず、日常生活の中で短時間でも瞑想を行おう

column

感情に振り回されないことも、ビジネスパーソンの必須能力

安藤俊介
一般社団法人日本アンガーマネジメント協会代表理事。2003年に渡米してアンガーマネジメントを学び、日本に導入した第一人者。企業、教育委員会、医療機関などで講演、研修などを行う。主著に『アンガーマネジメント入門』（朝日新聞出版）など。

❖「怒りの構造」を理解しよう
——自ら怒りを選んでいるのは自分自身

人間の感情の中でも、ビジネスマンにとって厄介なのは「怒り」ではないだろうか。

悪いことを見過ごせない、不正を正したい、といった義憤は、ときには必要である。しかし、より懸念すべきは、一時の怒りをぶつけたせいで大事な人間関係を壊し、そのせいで仕事を台無しにしかねないという点だろう。

「私がアメリカで学んだのは、**『怒り』というものには構造がある**ということです。

column

そこを理解すれば、自分でコントロールすることができる。これが私にはとても納得できたので、アンガーマネジメントについて学びました」

こう話すのは日本アンガーマネジメント協会代表理事の安藤俊介氏だ。その組織名にある通り、安藤氏はアンガーマネジメントの専門家としてさまざまな企業で研修を行ってこられた。では氏の言う「怒りの構造」とはどんなものなのか。

「まず最も重要なポイントは、私たちは怒りの原因を『人のせい』『環境のせい』などと外部に置きがちですが、**実は一番大きな怒りの原因は自分**だということです。**言いかえれば自分が『怒る』ことを選んでいる**のです」

確かに、同じことが起こっても烈火のごとく怒る人もいれば、ほとんど怒らない人もいる。「どういうときに」「どれくらい」怒るか、あるいは怒らないかは人それぞれであり、怒る人は、自ら怒ることを選んでいるというのである。

◆怒りは「セカンダリーエモーション」

■「怒り」とは様々な感情でできた氷山の一角

「さらに感情のメカニズムでいうと、**怒りは『セカンダリーエモーション』**、**つまり『第二次感情』**といわれています。怒りは単体で存在しているわけではなく、その背景には、恐れとか寂しさといった大元の感情があって、その二次的な作用として、怒りが生まれるのです」

安藤氏は、ここで怒りの感情を「氷山」にたとえる。

「よく『氷山の一角』といいますが、怒りも同じです。**表に現れる怒りの感情は、氷山の一角のようにほんの一部であり、水面下にはもっといろいろな感情が渦巻いているのです**」

column

自分の怒りは、どんな感情から派生しているのか。「悲しいから怒る」のか「苦しいから怒るのか」、「あるいは寂しいから怒る」のか。はたまた、「愛しているから怒る」のか。「ただ怒っているのではなく、別の感情があるから怒りが生じる。こういう構造が理解できると、もっと怒りの感情と向き合いやすくなります」と安藤氏は語る。

では怒りをコントロールするには、具体的にどうすればいいのだろうか。安藤氏は「三つの練習」を示してくれた。

「**一つ目は『衝動のコントロール』**です。誰でもイラッとすることはありますが、そこで怒りの衝動に振り回されないようにする練習ですね。

二つ目は『思考のコントロール』。これは、一切怒らないようにするのではなく、『怒らなくていいこと』で怒らずに済むよう、怒りのもとになる自分の価値観を見直す練習をすることです。

■「怒り」のコントロール法

1. 衝動のコントロール
2. 思考のコントロール
3. 行動のコントロール
イラッとしても6秒は待つ
怒らなくていいことに怒らなくて済むよう、自分の思考を見直す
怒りの源になるもの怒りを感じそうな場面に居合わせない

そして**三つ目が、『行動のコントロール』**です。自分ができること、できないこと、重要なこと、重要でないことを整理して、行動を選択できるようになる練習です」

怒りの衝動に振り回されない、怒りのもとになる価値観を見直す、怒ったときでも適切な行動ができるようになる。この3方向からのアプローチによって、怒りに振り回されず、「常に冷静な自分」を作れるというのだ。

特に怒りにとらわれやすいことを自覚しており、それで過去に何度も失敗して

column

きたという人は、先の三つを練習することが大切だと安藤氏は語る。
では、それぞれの「練習」について、具体的に見ていこう。

❖怒りを感じたら「6秒」待つ

まず「衝動のコントロール」だが、これは怒りを感じた瞬間が勝負だ。安藤氏は**「とにかく6秒、待つ」**ことをすすめる。

「イラッときた瞬間にポロッと言ったことが原因で、人間関係に亀裂が入ったり、進みかけていたことがダメになったりするものです。言ったことは、表面上は撤回できても、取り消すことはできませんから、まさに後悔先に立たずということになりますね」

ぐっとこらえれば、怒りの感情は、そこまで長続きしない。不用意な発言をして、「あんなことを言っていなければ」なんて後悔に苛まれないためにも、「イラッとしたら6秒」と刻んでおこう。

❖「怒りの許容度」を見直そう ――「感情のコップ」が小さい人にならないために

次の思考のコントロールは、怒りに関する自分の信念体系を見直すことだ。言いかえれば**「自分はどんなことで怒るのか」「そもそも、それは怒るほどのことなのか」と振り返ってみる**のである。

「自分は、あることに対して怒ることを自分で選んでいる、そのことに気づいて、**自分の信念体系を書き換えることで、怒りをコントロールできる**わけです。『これくらいにまでは怒らない』という『許容度のルール』を決めておく、といってもいいでしょう」

「たとえば、待ち合わせ相手が10分遅刻してきても怒らない人もいれば、5分遅刻しただけで怒る人もいますね。

そこで『5分くらい遅れてきても別に支障はないし、何か相手に事情があるのかもしれない。まあ、いいか』と信念体系を書き換える。『でも10分遅れてきたら、さすがに一言、言わせてもらおう』という具合に、ルールを決めればいいのです」

column

■感情のコップ

コップ大
思考のコントロールが上手く
大きなコップでおだやか
コップ小
感情のコップが小さい人は
怒りやすい

信念体系を変えるのは、そう容易ではないかもしれない。ただ「いつも、こういうことで怒っていたけれど、それってそんなに怒ることとやったっけ?」などと振り返ってみたら、意外と大したことのない場面で怒っていた自分に、ハタと気づくこともあるだろう。

「人にはそれぞれ感情のコップがあります。恐れとか寂しさといった感情がコップからあふれると怒りとして現れます。つまり**怒りやすい人は、『感情のコップ』が小さい**んですね。

怒りをコントロールするには、コップ

を大きくする努力が必要です。それも、思考のコントロールの一部なのです」

◆怒りの10段階評価――「怒り」は本来幅の広い概念

よくよく我が身を振り返ってみれば、「こんなしょうもないことで怒っていたのか」と気づくこともあるかもしれない。そこに気づき、もう、そのことでは怒らないようにできたら、感情のコップが一つ大きくなったということ。恐れや寂しさなど、怒りの根っこにある感情に対して、寛大になれたということだ。

もう一つ、**怒りのコントロールについては「言葉の重要性」と「怒りの10段階評価」の重要性も、安藤氏は指摘する。**

「たとえば、普段から言葉遣いが荒っぽい人は、怒りっぽい傾向があります。また、言語能力の豊かさも、実は関係しています。試しに**『怒り』を10段階に分けてみてください。たとえば『ウザい』『ヤバい』『キレる』――今の若い人がキレやすいといわれるのは、この三つしか怒りを表現する言葉がないことが一因**ではないかと、私は考えているのです」

安藤氏は「怒りとは、とても幅の広い概念です」と指摘する。

確かに「怒る」について、自分の中にいくつもの言語バリエーションがあれば、瞬間湯沸かし器のように怒らずに済む気がする。逆に「怒る＝キレる」だったら、少ししか怒っていなくても、キレるしか選択肢がなくなるだろう。

言葉が思考を介して怒りに作用するとは興味深い。つまるところ言葉をコントロールすることが、思考をコントロールすることにつながり、結果的に、怒りの感情をコントロールすることになるのである。

❖「危うきには近寄らない」ことも、立派なアンガーマネジメント

何であれ感情は「外からの刺激に対する反応」だ。何も外部的な刺激がないのに一人で怒る人は、確かにたまにはいらっしゃるが、それほど多くはない。そういう意味では、**自分が怒りを感じそうな場面、環境を避ける**こともまた、怒りをコントロ

ロールする一環なのだ。

これが安藤氏のいう練習の三つ目、「行動のコントロール」である。

「自分が関わりたいことなのか、関わりたくないことなのか、明確に線を引いて行動していくことも大事です」

「たとえば、新幹線の隣の席に、音を立ててものを食べる人が座っていて堪え難そうだったら、そっと自分が席を移動する。空席があれば、ですがね。あるいは仕事でも、もし自分が怒りを感じそうなのであれば、『行っておいたほうがいいかな』という場でも、なるべく行かないという選択をしたほうが賢明でしょう」

コントロール可能な限り、気に食わないことがありそうな場所にはそもそも極力出向かないことも立派なアンガーマネジメントなのである。

「私が思うに、日本のサラリーパーソンは、しがらみにとらわれすぎです。**行き**

column

たくない場所には行かない。そのように行動できる人こそが、本当に独立した、自律的なビジネスパーソンになれるのではないでしょうか」

確かに会社の宴会、嫌いな先輩に誘われた飲み会、親しくない後輩の結婚式――今までは「嫌でも行かなくては」と決めつけていたところが、よくよく考えてみれば、意外と行かなくても差し支えないことがほとんどだ。

「怒るリスク」を軽減するために、「危うきには近寄らず」の精神で、予定表を見直してみるのもいいだろう。

健康キーワード

【セカンダリーエモーション】不安やストレス、悲しみ、つらさなどの「第一次感情」の次に現れる「第二次感情」。怒りは後者にあたる。

ハイライト

- 怒りの構造を理解すると、怒りをコントロールしやすくなる。
- 怒りとは「二次的感情」であり、その背景にはさまざまな別の感情が存在する。
- 怒りとは本来、感情にまつわる幅広い概念である。
- 怒りっぽい人は、「感情のコップ」が小さく、感情をコントロールできない。
- 衝動、思考、行動のコントロールがアンガーマネジメントでは重要である。

最強の「アンガーマネジメント」アクションプラン

①怒りを感じたら「6秒」待とう

②失敗に対する許容度を大きくしよう

③怒りを10段階で客観的に評価しよう

④「怒り」という幅広い概念に対して、いくつもの言語バリエーションをもとう

⑤怒りを感じそうな場所や環境は、なるべく避けよう

うつ病（心理療法）／和田秀樹

和田秀樹こころと体のクリニック院長。東京大学医学部卒業。専門は老年精神医学、精神分析学（自己心理学）など。東京大学医学部附属病院精神神経科助手、米国カール・メニンガー精神医学校国際フェローなどを経て現職。主著に『感情的にならない本』（新講社）など。

「これしか道がない」「人を頼らない」と考えない

──「自分の心」を守る4つの方法

「どうしようもない悩みを、選択肢や解決策のある悩みに変えることが、『心の病』を治すポイントなんです」

ここまで私たちは、怒りの管理方法を共に学んできた。イライラ、怒り、ムカつき……そうしたものを未然に防ぐべき理由の一つが、そうした**不快感の蓄積が、**

ひいては「うつ病」などといった、より深刻な心の病の引き金になるためである。

そんな中で聞くことができたのが、精神科医・和田秀樹氏による冒頭の一言だ。**「他人に頼らず自力でやることが美徳とされる日本社会では、『これしか道がない』と考えてしまう方が多い傾向にあり、それが心を病んでしまう一大要因」**だという。

ただでさえストレスや負の感情に振り回されがちなビジネスパーソンは、こうした状況下でどうすれば自分の心をうまく取り扱い、心の病にかからないようにできるのだろうか。和田秀樹氏によれば、次の4点を心がけることが重要だという。

「手段ではなく目的にフォーカスすること、自分を一つの型にはめないこと、一人ではできないと気づくこと、そして性格を変えようとしないことです」

和田氏は、30年にもおよぶ心の病のカウンセリングのキャリアをもつ。この4

点は普段、和田氏が患者と向き合う際に重視しているポイントでもあるという。

中でも重要なのは、「何だか、つらい」が積み重なってうつにならないようにしていくこと。これも、ビジネスパーソンが身につけるべき「心の健康管理法」の一つである。

それでは共に、自分の心をしっかりと守るべく、「うつ病予防」の極意を身につけていこうではないか。

うつ病予防

極意1 手段ではなく目的にフォーカスしよう

——「どうなりたいのか」を出発点に、悩みと向き合う

❖「何のために」をはっきりさせる

患者さんと向き合うとき、和田氏は**「その人が『どうなりたいのか』という目的をはっきりさせること」を重視**しているという。目的からアプローチすることで、患者のものの見方、考え方を変えていく、そして患者の心の重圧を軽くし、結果的に、快

方に向かわせるのである。

「たとえば赤面症で悩んでいる人が来たとしましょう。『人前で顔が赤くなるのをどうにかしてください』というわけですが、そこで私は『なぜ、人前で顔が赤くなるのを治したいのですか？』と尋ねます。

すると『赤くなると人に嫌われるから』といった答えが返ってきます。となると、この患者さんにとっては『人に好かれること』が目的ということになりますね」

つまり「人前で赤くならないようにしたい」というのは、実は「人に好かれる」ための手段ということになる。裏を返せば、**究極的には「人に好かれる」という目的が達成されれば、「人前で赤くなる」というのは、そのままでもいいことになる。すると「赤面症を治す」とは別のアプローチが可能になる**のだ。

「人から好かれたいのだとしたら、そもそも赤面症を恥じて人付き合いを避けている現状を変えなくてはなりません。たとえば愛想をよくする、会話力を磨くなど、赤面症を治すことなく人に好かれる方法を、一緒に考えることができます」

「人前で赤くなる」という性質自体を変えるのは、おそらく簡単ではない。それよりも、**「何のために」人前で赤くならないようにしたいのか、という目的からアプローチしたほうが、よほど手っとり早く患者さんの幸せに寄与できる**ということである。

このアプローチ法は自分自身の目標設定にも適用できる。**「自分のこんなところを何とかしたい」という悩みが生じたら、「何のために」そこを何とかしたいと思っているのか、その目的を考えてみる**といいだろう。

うつ病予防

極意2 一つの型にはめずに選択肢を広げよう
——「べき思考」から自分を解放する

❖選択肢が少ない人ほど心が折れやすい

さらに和田氏は、**「『これしか道がない』『こうあるべき』といった型にはまった考**

え方をしている人ほど、心が折れやすい」と指摘する。

「たとえば開成から東大に行ったら財務省のキャリア官僚になって出世する、という道しか見えていない人は、ひとたび、その道から外れると一気に落ち込んでしまいます。

そうした他者に対して、私たちは『挫折を知らないから打たれ弱いんだ』などといいますが、もっと根本的には『それしか道がない』と思い込んでいるからでしょう。

あるいは**『自分はこうあるべきだ』という『べき思考』が強い人は、それ以外のあり方を自分で許せません**」

「こういうタイプの人たちは、ちょっとしたことでも思い詰めやすく、悪くすると自殺に走ってしまいます。『これしかない』『こうあるべき』ではなく、『この道もあの道もあるよね』と思えれば、落ち込まずに生きていけますよね。

白か黒かという二分割思考ではなく、グレーを受け入れる、そういう柔軟性のあるものの見方、考え方を徐々に身につけてもらうというのも、私たちが心がけていることです」

和田氏によると、うつ病の患者は、よくなった後にがんばりすぎて、再び落ち込んでしまう人が少なくないという。それだけに、**自分に対して寛大で柔軟な思考のクセを身につけさせることは、患者さんの将来のために非常に重要**なのだろう。

Aという道が絶たれたらBの道、Bという道が絶たれたらCの道。「かくあるべし」ではなく**「選択肢はいろいろある」。こんなふうに別の選択肢を考えられる人は、前向きに人生を歩んでいける。**どんな挫折が待ち構えているかしれない長い人生では、そうした発想の柔軟さ、自分を許す寛大さが、心の健康を保ってくれるのである。

❖カウンセリングの「会話」にも副作用がある？

なお、和田氏は心理カウンセラーを志望する大学院生に講義する際、必ず最初に**「カウンセリングにも副作用がある」**と話すという。

「強調させて頂きたいのは、**薬の副作用ではなく、会話の副作用です。下手なカウンセラーにかかれば、最悪、自殺してしまう場合もあります。**中には『スピリチュアルカウンセラー』などといった、非科学的なあやしいカウンセラーも横行しています」

ただ難しいのは、どれほどあやしいカウンセラーでも、**患者本人が信頼していれば、よい変化が現れる場合もある**ということだという。和田氏も「人は、あやしい話でも、信じている人からはっきり言われると安心して、気持ちが軽くなることもあります。だから一概に否定する気はありません」と語る。

「悩み相談を通じて気持ちを楽にしてあげる能力は、実は友人など近しい人のほうが高いかもしれない。では、どこでプロの腕が問われるかというと、うかつな一言でそれ以上、悪化させないようにすることだと私は考えています。

たとえば、**うつっぽい人に対して『がんばれ』が禁句**というのは、我々の世界では決まりごとです。もちろん、それもケース・バイ・ケースですが、相談に乗るときには、その副作用にも十分注意しなくてはいけないのです」

うつ病予防

極意3 一人でできる限界に気づき、他者に頼ろう

——自分でできること、できないことを見極める

❖結果を考えれば、人に頼れたほうがいい

「特に日本人は、『自分で解決しなくてはいけない』と考える傾向が強いと思います。**人を頼れない、人に助けを求められない。それが心の病につながる場合も多い**のです」

日本人は、結果よりプロセスに重きを置くことが多い。「一人でがんばった」「大変なのに一人でやりきった」ということに価値が置かれるあまり、自分一人で抱え込んでしまう人が多いという和田氏の指摘は、傾聴に値する。

「結果に着目すれば、人を頼ってでもいい結果を出したほうが好ましいはずです。と

いっても人に頼りきりも問題ですから、まず**自分にできること、できないことを見分けることが大切**です。カウンセリングでも、『まずあなたができる範囲を見極めよう』ということを、よくお話ししますね」

「**悩む箇所を変えれば解決策が見えてくる**ものです。たとえば、不安を完全に消すことはできなくても、不安を抱えながら仕事をしていく方法はあります。すべてを自分一人でこなすことはできなくても、自分でできることはやって、後は人に上手に頼るコツはあります。それなのに、**変えられないことにばかり悩んで、本当は変えられるところがおろそかになっている人も多い**ですね」

変えられないことを変えようとするのは、自分が苦しいだけだ。ならば**変えられるところだけ変えていけばいいし、できることから一生懸命すればいいのだ。重要なのは、それをいかに見極めるか**である。

特に自分一人で仕事を抱え込みがちな人は、まず自分一人ではできないと気づき、そして、できないところは素直に人に助けを求めることを、少しずつでも学んでいったほうがいいだろう。それは逃げや責任転嫁などではなく、全体で生産性を高めるために大切な、思考習慣なのである。

うつ病予防 極意4 性格を変えようとしない
――「いい一面」を生かして問題と向き合おう

❖性格を変えず、悩みの方向性を変える

高名な心理療法の一つ、森田療法では「性格は変えるべきではない」とされているという。今まで見てきた三つの極意とも共通するが、**簡単に変えられないことを無理に変えようとするのではなく、変えられる部分を変えていけばいい**という考え方だ。ここで変えるものとは、悩みの方向性である。

「自分の性格が問題だと思っている場合、**たいていは性格そのものではなく、性格から生じる現象にフォーカスして悩んでいることが問題**です。たとえば、緊張しやすい

人は、人前で手が震えたり、顔色が変わることに焦点をあてるから、『性格を変えたい、でも変えられない』と悩むのです」

こうした性格から生じる現象に焦点をあてずに、その性格がもつ「よさ」に目を向けることが大切だと和田氏は語る。

「心配性の人は、細かいところに気がつくでしょうし、執着心の強い人は、辛抱強くがんばるでしょう。また、自己内省性の強い人は、自分を客観的にとらえる目をもっているということでもあります」

「こうした点に気づけると、たとえば対人関係という悩み一つをとってみても、心配性の人は、細かいところに気づくことで解決できるでしょうし、執着心の強い人は、コミュニケーションのテクニックをがんばって学ぶことで解決できるでしょう。あるいは自己内省性の強い人は、ある方法を試しては見直し、という繰り返しで解決していけるはずです」

いわば**自分の性格のよい部分を問題解決に生かす方向へと、悩みとの向き合い方を変える**のである。性格を変えずとも、悩みとの向き合い方は建設的に変えられるのだ。

どんなことがあっても、他に選択肢がないなどと思い詰めず、無理に性格を変えようとせず、悩みの方向を変えることも一案だろう。

『最強の健康法 ベスト・パフォーマンス編』

［読者限定無料プレゼント］

本書をお買い上げ下さいまして、誠にありがとうございます。本書をより一層お楽しみいただくために、本書には収録できなかった幻のディレクターズカット原稿をご用意いたしました。

また、同時発売の『**最強の健康法 病気にならない最先端科学編**』にも、本書とは異なる内容のご購入者様限定のスペシャルな無料プレゼントをご用意しております。是非、2冊合わせてお楽しみください！

以下のURLから、ディレクターズカット原稿の

名医が教える『名医・ヤブ医者』の見分け方

を無料でダウンロードいただけます！

特典PDFのダウンロードはこちらから

http://www.sbcr.jp/tokuten/fbp

※QRコードからもアクセスできます→

※本プレゼント企画は、SBクリエイティブ株式会社が実施するものです。企画内容に関するお問い合わせは、SBクリエイティブ株式会社までお願い致します。
※特典ファイルはWebサイトからダウンロードいただくものであり、通信費はお客様のご負担となります。
※ダウンロードできない、データが破損している等の場合はSBクリエイティブ公式サイトよりお問い合せ下さい。

健康キーワード

【森田療法】1919年に森田正馬によってはじめられた、「性格」など、変えるのが難しい領域は変えず、「悩みの方向性」といった変えられる部分を変えていく心理療法。

ハイライト

●患者さんの「真の目的」に焦点をあてることで快方へ向かわせる方法が有効。「人前で赤面しないようになりたい」という悩みを抱えている人の目的が「人から好かれる」であるとしたら、「愛想をよくする」など、他のアプローチで赤面症を治すことなく、人に好かれる方法を模索することができる。

●他人を頼らないことが美徳とされがちな日本社会では、「これしか道がない」と思い詰め、心の病を引き起こす人が多い。自分の心を守るためには、白か黒かの二分割思考ではなく、グレーを受け入れたり、複数の選択肢を考えられることが重要である。

●他の人に話すと安心する場合もあるのですべてを否定はできないが、下手なカウンセラーにかかれば、「会話」に大きな副作用があることに留意する必要がある。うつっぽい人に「がんばれ」は禁句である。

●カウンセリングをするときは、患者さんの状態を悪化させない配慮が重要である。

最強の「心理療法」アクションプラン

①悩みに向き合うときは、「何のための悩みなのか」という目的にフォーカスしよう

②一つの型にあてはめず、選択肢を広げよう

③一人でできることの限界に気づき、他者に頼ろう

④元の性格を変えるより、それが強みになる問題解決法を模索しよう

うつ病(食事療法)／溝口徹

新宿溝口クリニック院長。福島県立医科大学卒業。毎日の診療とともに、患者や医師向けの講演活動を行っている。主著に『「うつ」は食べ物が原因だった!』(青春出版社)など。

「ビタミンB」「鉄分」「糖質制限」でうつ病は予防・改善できる

――脳内物質の材料になる栄養を、たっぷりとろう

「いくつかの重要な栄養素が不足すると、脳内物質の分泌に支障が起こり、うつ病になりやすいのです」

前項の和田氏も述べていたが、現代は「一人で抱え込む」ことの多い「ストレス社会」である。また、うつ病とまではいかなくても、何となく落ち込む、やる

気が出ない、集中できないといった精神面のアップダウンは、誰にでも経験のあることだろう。

うつ病は一般には「心の病」と思われ、精神科医の領分とされてきたので、曖昧で扱いづらいイメージをおもちの方もたくさんいらっしゃるのではないだろうか。社会的には「気合で治せ」だとか、下手をすれば「打たれ弱い人」「社会不適合者」の烙印を押されてしまう。

そこに、先に紹介した心理療法とは異なり、食事面からアプローチするのが、新宿溝口クリニックの溝口徹氏である。

溝口氏は、うつ病をはじめとした、いわゆる精神病に「栄養学」の観点からアプローチする。ではどうしたら、うつ病は予防できるのだろうか。あるいはもし、うつっぽくなったときに、真っ先に行うべきことは何だろうか。

「それは、**ビタミンB群と鉄分をたっぷりとること。そしてごはんやパンといった糖質のドカ食いをやめること**です」

栄養学でとらえれば、うつ病は、私たちが「気持ちの問題」などとイメージしているほど曖昧なものではなく、生活習慣の中で主体的かつ具体的に予防・対処できる病気なのだという。

それでは、まず栄養学から見たうつ病の発生メカニズムを理解し、続いてその予防・改善方法を見ていこう。

専門家が簡単解説！「うつ病」の仕組み

❖うつ病は、脳内物質の分泌異常

「うつ病は精神病といわれるが、その精神を司っているのは脳です。やる気、集中力、安心感、幸福感などは、すべて脳内の神経伝達物質の分泌によって高められた

■「うつ」の時は神経伝達物質が少ない

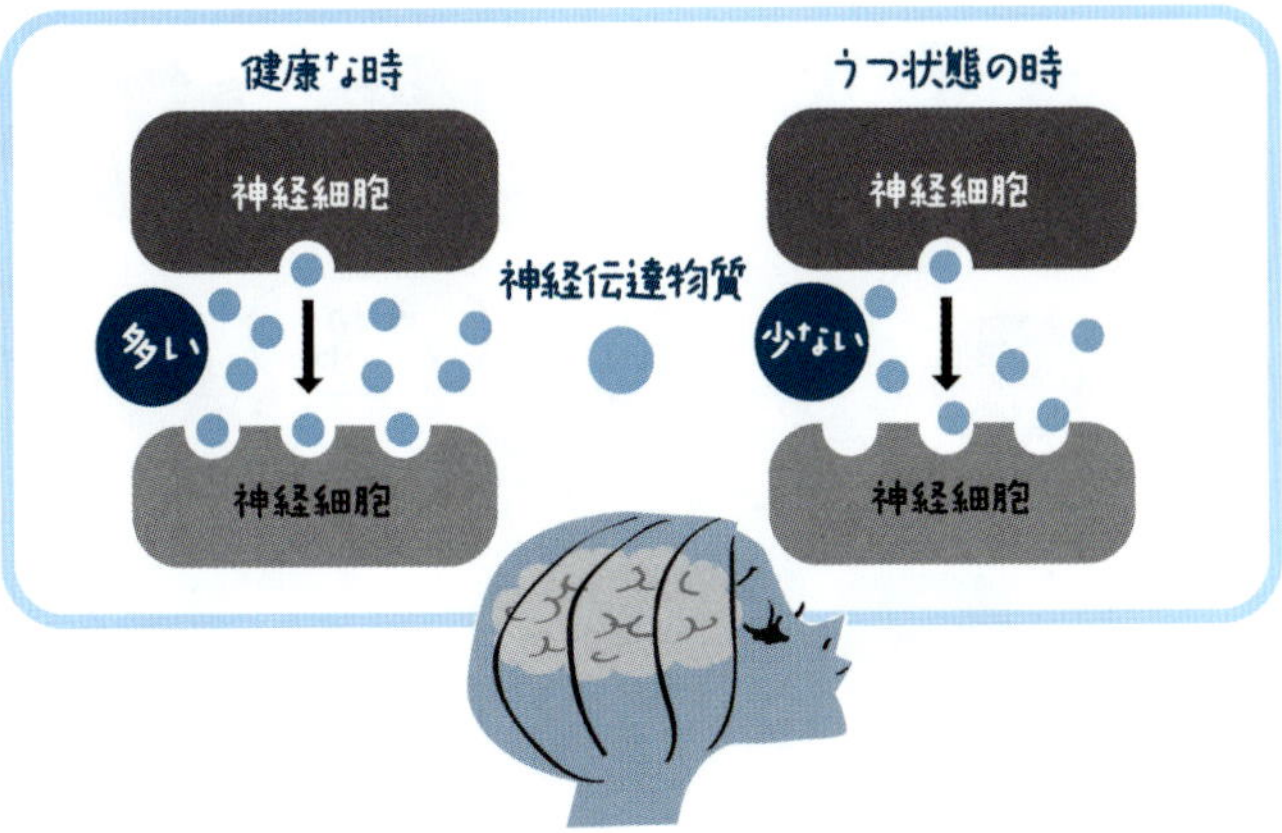

り、抑えられたりします」と溝口氏は説明する。

こうした神経伝達物質の分泌が過剰になったり、極端に減ったり、あるいはバランスが崩れたりすると、うつ病になってしまうという。

❖ビタミンB群と鉄が足りないと、脳内物質も不足する

では、どんなときに脳内物質の分泌がおかしくなるのかというと、要因の一つが、ビタミンB群の不足である。実は**多くの脳内物質の主材料がビタミンB群であり、したがってビタミンB群が不足すると、脳内物質が正常に分泌されなく**

■ビタミンB群と鉄が足りないと、脳内物質も不足する

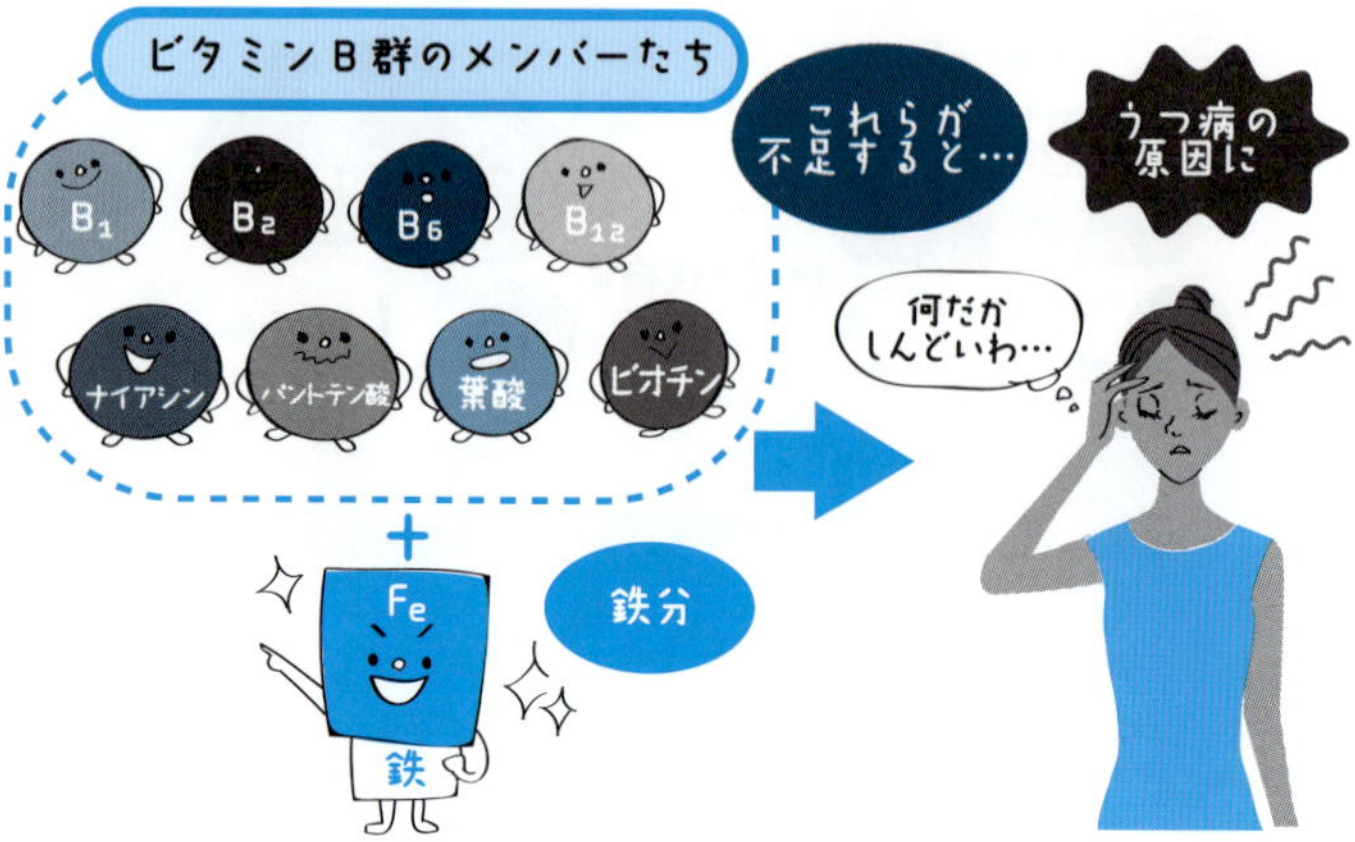

なってしまうのだ。

「現代人は、常にさまざまなストレスにさらされています。マルチタスクに追われて、ずっと集中していなくてはいけないし、上司とウマが合わなかったり、恋人に振られたりと、公私共に人間関係の悩みも多いです。こうしたストレスへ対抗するためにも、脳内物質が分泌されます。

つまり、大量のビタミンB群が使われた末に枯渇すると、エンジンが切れるように、うつ傾向に陥ってしまうのです」

もう一つ、うつ病の元になるのは「鉄」

不足。セロトニンやドーパミンといった脳内物質の生成には「鉄」も必要だからだ。

特に月経で定期的に血を失う女性の場合、集中できない、満たされない、といった落ち込みの原因は、ビタミンB群不足と並んで鉄不足である可能性が高いようである。

「うつ病」のような心の病は、心理的アプローチだけでなく、食べ物を通じた改善も可能なのだ。ここからは、食事を用いた最強の「うつ病予防食品」の極意を学んでいこう。

うつ病予防

極意1 「豚肉」「カツオ」「ナッツ」で「ビタミンB群」を補給しよう
――「栄養不足」は見た目ではわからない

❖「いい体格」でも「栄養不足」は多い
――ビタミンBは、野菜よりも肉に豊富

うつ病の一大要因は、脳内物質の材料となる栄養の不足、中でもビタミンB群と鉄分が重要だと我々は学んだ。では具体的に、どんなものを食べればこれらの栄養素を

補給できるのだろうか。まずはビタミンB群から見ていこう。

「栄養についてはいろいろと誤解があります。まず**カロリー＝栄養ではない**ということを知っておく必要があります。**一見、体格がよくて栄養状態がよさそうな人でも、実は栄養不足、ということは多い**のです」

たくさん食べれば必要な栄養素が補われるわけではないのだ。かといって、「ビタミン＝フルーツや野菜」というのも、実は誤解のもとだという。

「確かにビタミンCやカロテノイドは野菜やフルーツに豊富ですが、**ビタミンB群が豊富なのは、実は動物性食品。特に豚肉に多く含まれています。魚ではカツオ、強いて非動物性食品も挙げるとナッツ類**ですね」

となると、たとえばダイエットで肉を断ち、野菜や果物ばかり食べるのは、うつ病リスクを高めてしまうのだろうか。

「興味深い実例がありますよ。ある肥満気味の記者が上司から『3カ月で痩せて記事

にせよ』と指示され、まさに野菜ばかり食べるダイエットをはじめたら、2週間目あたりからうつっぽくなってしまった。そんなときに、『肉食いダイエット』をはじめたら、ダイエットに成功すると同時に、うつ病も治ってしまったのです」

ここでいう「肉食いダイエット」というのは、一言でいえば、筋肉の材料となるタンパク質と、素早くエネルギーに転換される脂質の含まれた肉類を絶やさず、逆に糖質をとりすぎない、という方法だ。

このやり方なら、ビタミンBを豊富に摂取するため、ダイエットに伴ううつになりにくいのである。

うつ病の予防に栄養面からアプローチするには、第一に豚肉、続いてカツオ、ナッツ類と覚えておこう。

うつ病予防

極意2

「赤身肉」で「ヘム鉄」を補給しよう
——鉄分食材は、「含有量」より「吸収効率」で選ぶ

❖「鉄分補給にプルーン」も誤解だった
——植物性食品の「非ヘム鉄」は吸収されにくい

「鉄を上手に補給すると、お母さんが怒らなくなって、子供が安心できる」

鉄分補給の端的な効能実例として、溝口氏は、こう明かす。ただし鉄分補給には、一つ見過ごされがちな注意点があるという。

「鉄を多く含む食品というと、ほうれん草やプルーンが思い浮かぶかもしれませんが、これら植物性食品に含まれる鉄は『非ヘム鉄』と呼ばれ、体への吸収率は非常に低い。それどころか、とりすぎれば毒にもなります。**より体に効率的に吸収されるのは、動物性食品に含まれている『ヘム鉄』です。**これは私たちの体内にあるのと同じかたちの鉄です」

特に栄養学に詳しくない私たちは、栄養素の「含有量」で食品を選びがちである。しかし、いくら含有量が多くても、体内で有効利用されなければ「無用の長物」なのだ。

「ヘム鉄は、動物の赤身肉に多く含まれています。たとえば牛肉や豚肉の赤身などは、最高の補給源です。魚ならマグロの赤身、カツオなどです。特に女性は鉄不足に陥りがちですから、意識的にとってほしいですね」

ビタミンB群と同様、鉄の補給にも動物性食品が効果的なのだ。ダイエット中でも肉を避けず、豚肉や牛肉の赤身肉は、十分にとりたいものである。

それでも、かかってしまったら？——治療法最前線
専門医がすすめる「うつ病」治療のポイント

❖ビタミンB群の無駄遣いを抑える

うつ病の一大要因がビタミンB群の不足なら、かかってしまった場合の改善の糸口もそこにある。ただ**ビタミンB群の補給量を増やすと同時に、体内でのビタミンB群の消耗をなるべく抑えることも重要**だ。

それには、**ごはんやパンなどの糖質の摂取量を減らす**ことである。というのも、糖質が体内でエネルギーに変換される際にもビタミンB群が使われるからだ。つまり糖質をとりすぎると脳内物質の生成に必要なビタミンB群が、糖質代謝のために「無駄遣い」されてしまうのだ。

■脳内物質生成に必要なビタミンＢの無駄遣いを減らす

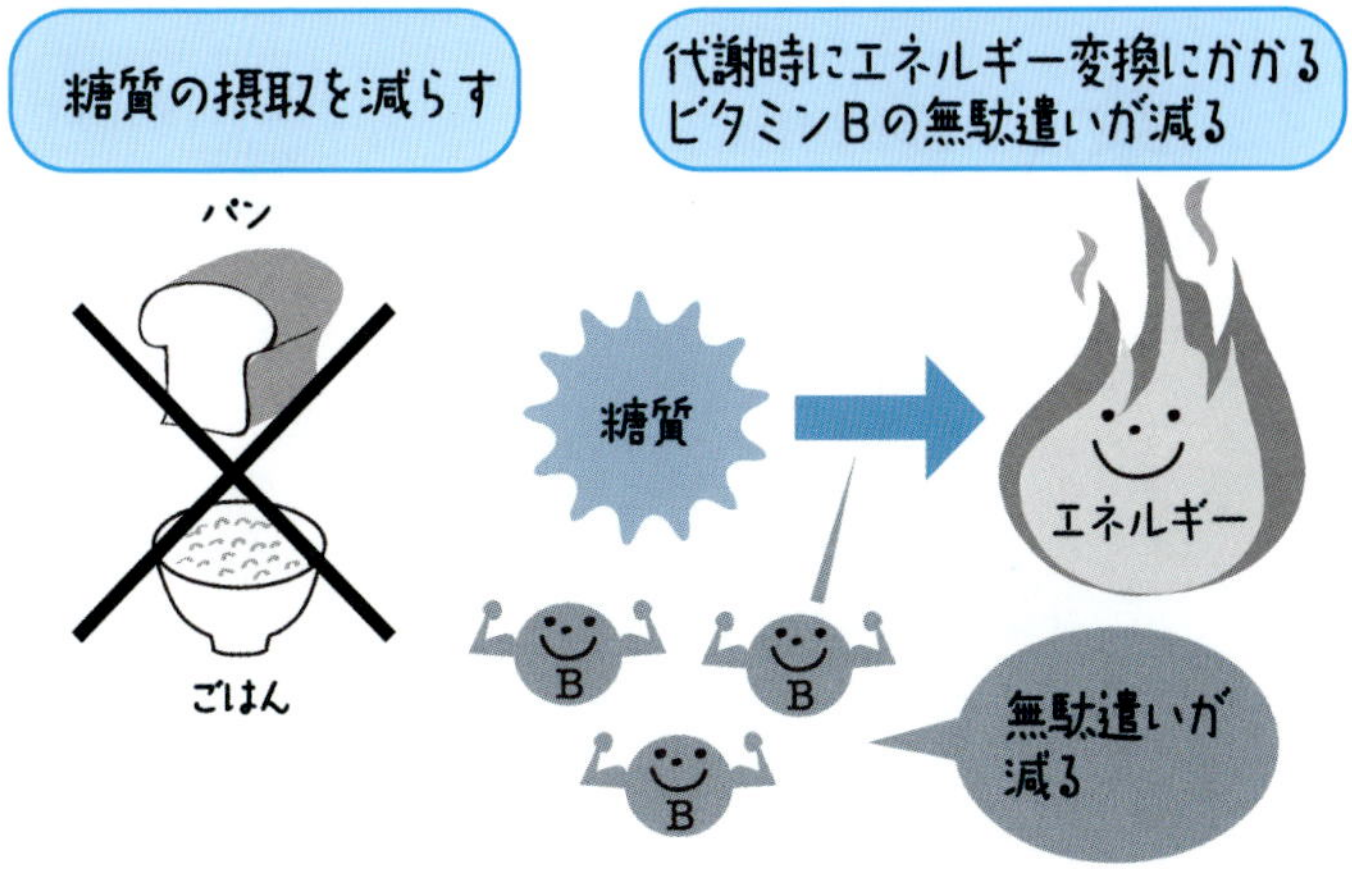

❖血糖値を急上昇させない食べ方が重要
――フランス料理や懐石料理の順序には理由がある

ちなみに溝口氏は、普段から糖質制限食を習慣化している。「たとえば昨晩は、野菜炒めとチキンスープと焼きザケでした。朝食は、たいてい目玉焼きと野菜スープです」というから、動物性タンパク質と食物繊維がメインの食生活である。

そんな溝口氏だが、糖質を完全否定しているわけではない。他の多くの専門家も言っていることだが、**問題は糖質を一気にたくさん摂取することで血糖値が急上昇すること**なのだ。脳は糖を栄養源と

■血糖値の乱高下が脳内物質の分泌を不安定にする

するが、血糖値がなるべく一定に保たれているほうが脳にとっても望ましいのである。

ごく簡単に言えば、**急激に上がったり下がったりすると脳が不安定になり、脳内物質の分泌も不安定になり、これもうつの原因**になる。逆に言えば血糖値を一定に保つことが、うつ病の改善にも役立つというのだ。

また溝口氏は次のように続ける。「糖質をとるなら、血糖値が急上昇しない食べ方を心がけましょう。それには、最初にタンパク質（肉や魚、大豆製品）や食物繊維（野菜）をとり、糖質は最後に少し食べるのがいいのです」

この順序は、和食の懐石料理にそのまま合致することに、お気づきになられただろうか。また、フランス料理のフルコースでも、パンはメイン料理のソースをぬぐって食べる程度の扱いであることも、理にかなっていることがわかるだろう。

現にフランス料理のフルコースでしっかりデザートまで食べても、血糖値の上昇はゆるやかだという。これに対し、チェーンのどんぶり屋さんで山盛りの親子丼なり牛丼なりを一気にかきこむと、血糖値が急激に上がってしまうことはご存じの通りだ。長年の食文化は、実は理にかなっているのである。

❖うつ病における投薬治療の注意点

心療内科などでうつ病と診断されると、往々にして向精神薬が処方される。溝口氏は投薬治療を完全否定はしないが、「十分な注意が必要」と指摘する。

「人工合成された薬は脳に直接作用し、影響が大きいのです。**脳には「血液脳関門」**

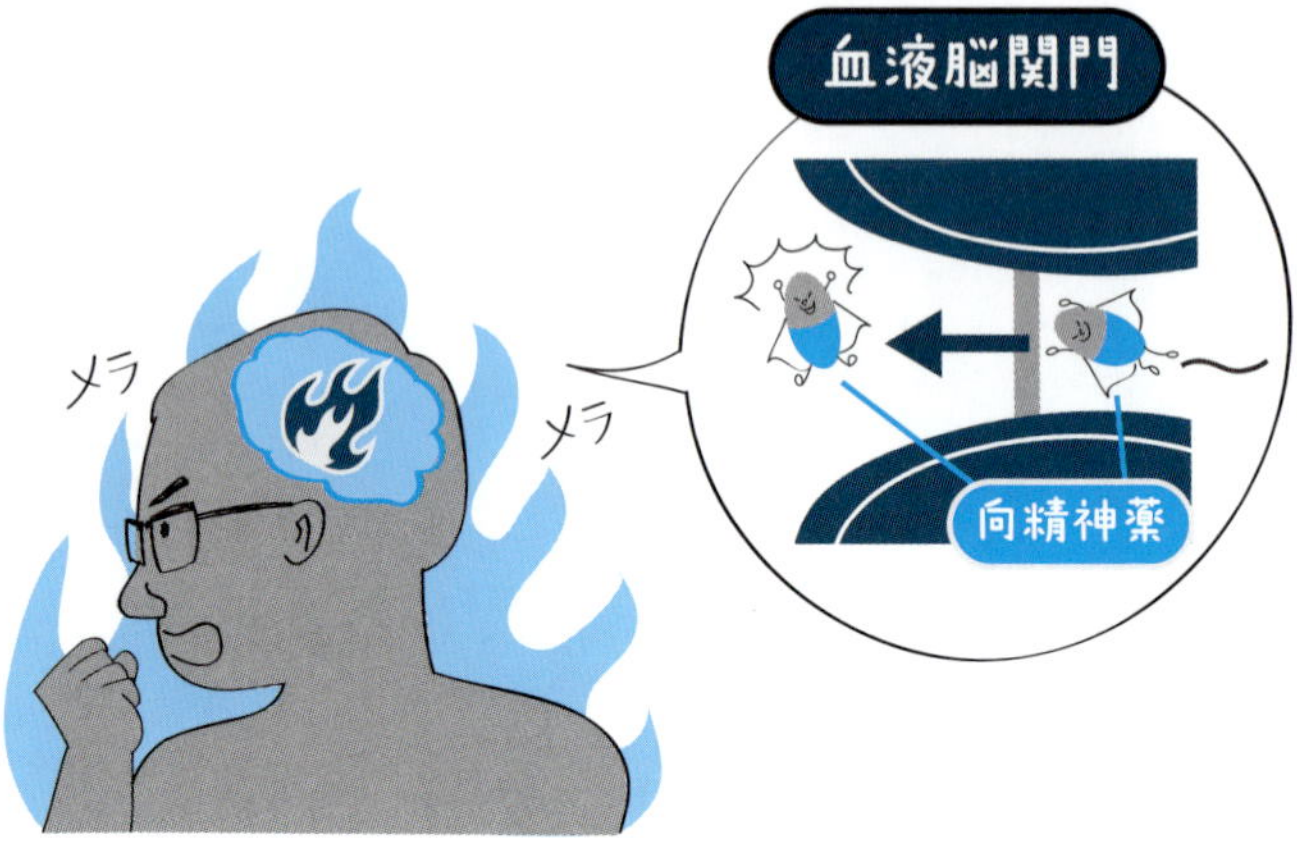

というバリア機能があり、本来、脳に直接作用する物質は通れないようになっています。ところが人工合成された薬には関門機能が働かず、脳に入ってしまう。向精神薬を飲むと、急激にやる気が出たり、集中力が高まったりするのはこうした理由です」

それは一見、手っとり早くてよいことのように思えるかもしれない。

しかし、溝口氏は、「作用が強力というのは、非常に危険でもあります。たとえば**セロトニンを増やすSSRIという薬では、ある種の「全能感」が生まれて、ビルから飛び降りるケースが多発し**

ています。他にも、投薬によってやる気や集中力が高まると同時に、衝動性が強まって暴力的になるといったケースも多く見られるので、くれぐれも注意が必要です」

実際、私の投資銀行時代の友人で、抗うつ剤を飲んで、逆にうつ病に苦しめられる恐ろしさについて力説していた人を思い出す。安易に脳のお薬に頼っては、大変危険なのだ。

❖行動認知療法と栄養療法のセットで治療する

うつ病治療では行動認知療法もよくとり入れられる。これは、マイナス思考などパターン化した思考を少しずつ変えていく療法だ。

栄養療法では思考パターンにまで働きかけることは難しい。したがって、**栄養療法で脳内物質の材料をしっかり補いつつ、行動認知療法で、うつ独特の思考パターンを変えていく。このような両輪で治療を行うのが効果的な治療方針**だと、溝口氏は教えてくれた。

column

疲れたときに必要なのは、糖よりもトリプトファン

■セロトニンにはトリプトファンが必要

疲れると甘いものがほしくなる。これが自然の摂理と見えて、実は違うらしい。**脳が誤解して、本当は必要ないのに「糖を補給せよ」と指令を出してしまう**というのだ。

疲労はストレスである。ストレスがかかると、脳はセロトニンを作ろうとする。セロトニンを作るには**トリプトファンというアミノ酸の一種が必要なのだが、糖をとると、脳内のトリプトファンが相対的に増える。**なぜかというと、次のようなメカニズムだと溝口氏は説明する。

■疲れたら甘いものを食べたくなる理由

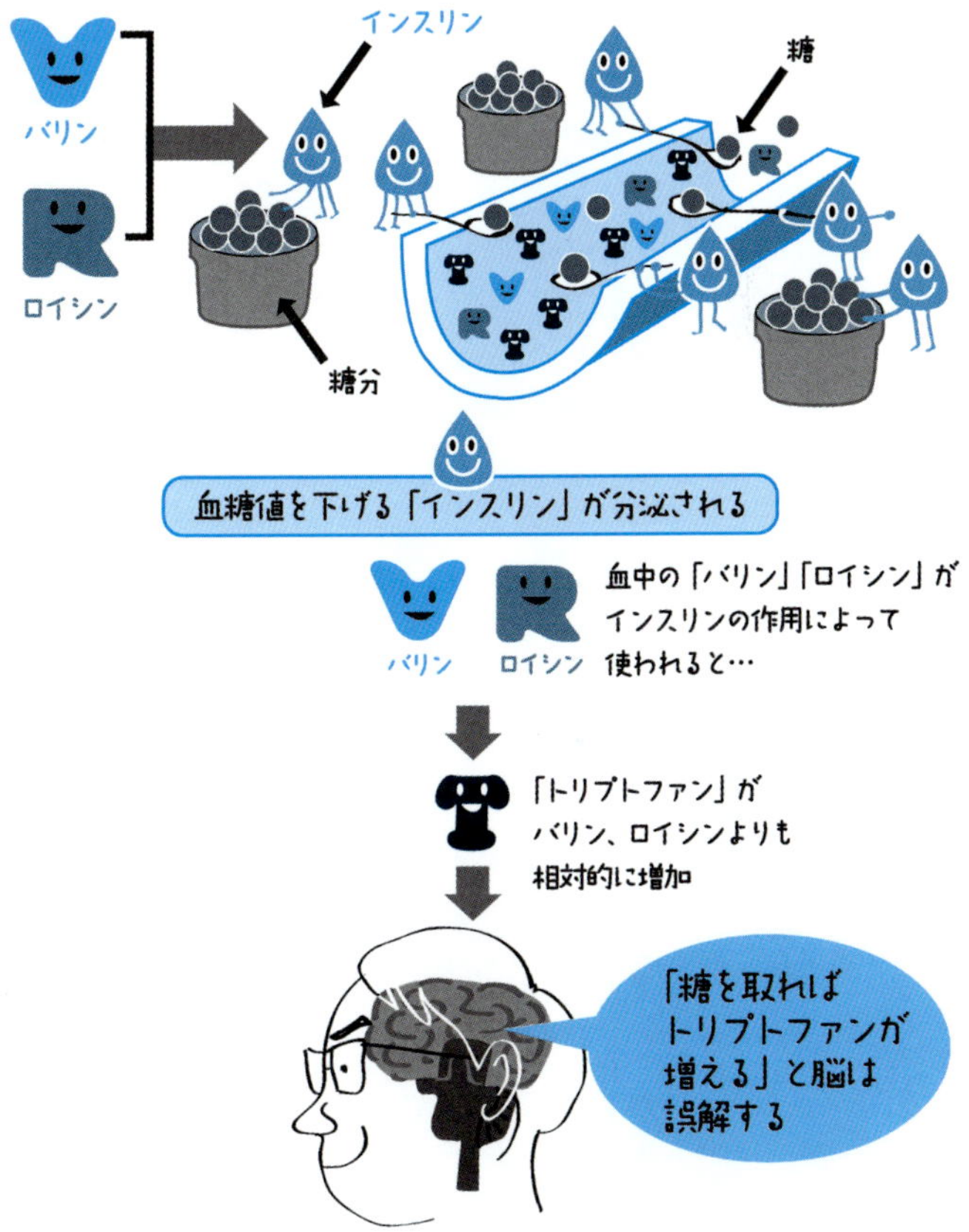

column

「**糖をとると、血糖値を下げる作用のあるインスリンというホルモンが分泌されます。インスリンの分泌によってタンパク質の合成も促進**されます。

その際には、**バリンやロイシンといったアミノ酸が必要**です。したがって糖をとり、バリンやロイシンが使われると、トリプトファンの絶対量は増えていないのに、相対的にトリプトファンの濃度が高くなります。

その結果、脳内へとり込まれるトリプトファンが増えるため、脳は『糖をとればトリプトファンが増えセロトニンが作られる』と誤解して、疲れると甘いものを欲してしまうのです」

脳は賢いようで、実は意外と誤解することも多いのである。

『疲れたら甘いもの』ではなく、本当は『疲れたらトリプトファン』が正解だと、溝口氏は語る。トリプトファンは乳製品や大豆製品に豊富だが、仕事の合間に食べるなら、やはりトリプトファンが豊富なナッツ類がおすすめなのだ。

健康キーワード

【ビタミンB群】多くの脳内物質の材料となる。また糖質代謝の際にも使われる。主に豚肉、カツオ、ナッツに豊富に含まれ、うつ病の予防効果が期待できる。

【非ヘム鉄】植物性食品に含まれる鉄。人間の体に吸収されにくく、とりすぎれば毒にもなる。

【ヘム鉄】動物性食品に含まれる鉄。人間の体内にある鉄と同じかたちであり、吸収されやすい。ストレスに対抗するセロトニンやドーパミンといった脳内物質の生成には「鉄」補給が重要だが、植物性の「非ヘム鉄」よりも、動物性の「ヘム鉄」のほうが吸収効率が高い。

【トリプトファン】ストレスに対抗する脳内物質、セロトニンの原料となるアミノ酸の一種。疲れた時に必要なのは、糖ではなくトリプトファンである。

【血液脳関門】薬など、脳に直接作用する物質は通れないようにする脳の防衛機能をもつ。抗うつ薬などには関門機能が働かず、脳に直接入ってしまい、危険を伴うことがある。

ハイライト

●**うつ病は、脳内物質の分泌異常。脳内物質の主材料はビタミンB群である。した**

がってビタミンB群が不足すると、脳内物質が正常に分泌されなくなる。

●糖質をとりすぎると、糖質をエネルギーに変換する際にビタミンBが無駄遣いされる。

●血糖値を一定に保つことは、うつ病の改善につながる。急激な乱高下は脳を不安定にし、脳内物質の分泌も不安定になり、うつ病の一因となる。

●栄養素の含有量だけで食物を選ぶのは禁物。体内で有効利用されなければ意味がない。

●うつの治療薬は「血液脳関門」という、脳に直接作用する物質を制御する仕組みが働かず、脳に直接入る危険性がある。やる気や集中力が高まると同時に、衝動性が強まって暴力的になる場合もある。

最強の「うつ病予防」アクションプラン

①豚肉、カツオ、ナッツで、セロトニンの元になるビタミンB群を補おう

②牛肉、豚肉、マグロ、カツオの赤身肉でセロトニンやドーパミン生成に必要な鉄分をとろう

③ごはんやパンなどの炭水化物の前に、肉や魚、野菜を食べて、血糖値の急上昇を防ごう

column

産業医が見る「職場うつ」——「逃げ場のないうつ」に要注意

大室正志
産業医。日系大手企業など約30社の産業医業務に取り組む。専門は産業医学実務。産業医科大学医学部医学科卒業。著書に『産業医が見る過労自殺企業の内側』（集英社）。

❖産業医とは、健康専門の「顧問弁護士」

ここまでのところで、「老人性うつ」や「うつ病」などの心の病について、予防法、治療法を見てきた。

これまでさまざまな企業で働いてきた私自身も実感するのだが、企業に勤める人が精神を摩耗させる一大要因はやはり、職場の人間関係の悩みではなかろうか。

近年は、こうした「悩みの種」が社会問題となり、**「職場うつ」**という言葉をよく耳にする。労務行政研究所が2010年に実施した企業のメンタル調査（252社）では「メンタル不調で1カ月以上の休業・欠勤している社員がいる」と回答した企業は63・5%にものぼったという。これに不調だと感じる社員や潜在層を入れると、大半の企業にうつ症状の社員がいる、と想像できる。また昨今では、「企業が従業員の健康に配慮することによって、経営面においても大きな成果が期待できる」との基盤に立って、健康管理を経営的視点から考え、戦略的に実践する経営手法である「健康経営」も、何かと注目を集めている。

こうした中で、会社勤めの人々の心身の健康を守るのが、産業医という存在だ。すべての会社ではないが、ある程度の規模の企業となれば、産業医が社員の健康管理を手助けし、企業のパフォーマンス向上に人知れず寄与している。

「産業医には、主に二つの側面があります。一つは対個人。一人ひとりの社員と向き合って健康管理のアドバイスをします。もう一つは対企業。社員の健康増進のためにすべきこと、あるいは避けるべきことをアドバイスします」

産業医として28社もの企業に関わっている医療法人社団同友会産業保健部門の大室正志氏は、産業医の役割についてこのように語る。

column

「社員の健康管理も、企業の義務です。たとえば高血圧の社員がいたとしましょう。**企業は、社員の健康診断の結果を知っておく責任がありますから、もしその人が突然、高血圧が原因で倒れたら、『高血圧と知っておきながら無理をさせた』という責任が企業に問われる**ことになります。実際、そういう理由で企業を訴える人が、近年増えているのです」

「**産業医は、いってみれば『健康専門の企業顧問弁護士』です。社員の健康について、企業の責任代行業を行っているという側面がある**んですね」

産業医は、社員の健康管理をすることで企業のリスク管理をしているわけだ。バブル崩壊後、コスト削減のために企業専属の看護師や保健師はどんどん減らされた経緯があるが、近年になって改めて産業医のニーズが高まっているという。

「看護師や保健師では、社員の健康状態を診断するには限界があります。社員の健康問題に関する企業のリスク回避というニーズが高まっているからこそ、今は医師として、社員の健康状態をしっかり診断できる人間が求められているのです」

◆4時間集中でき、1万歩歩いても疲れなければ「仕事ができる健康状態」

産業医は企業に属する以上、その役割は、**「仕事ができる健康状態にあるかどうか」**を判断することにある。

「病院の医師が則っているのは医師法で、我々産業医は労働安全衛生法。主治医の先生方は、病気が原因で会社を退職したからといって罰則や会社に対する義務はありません。でも、我々産業医はそういうわけにはいきません。

血糖値が高い、血圧が高い、コレステロール値が高い……検査値で引っかかる理由はさまざまですが、薬を飲んだり、生活習慣を正したりしながら、引き続き問題なく働ける分には、産業医はときにはドクターストップをかけません。**私たちは『治ったかどうか』ではなく『働けるかどうか』を判断しているの**です」

考えてみれば当たり前の話である。血糖値が高い、血圧が高い、コレステロール値が高いといった理由でドクターストップがかかってしまったら、たちまち仕事は立ち行かなくなる。

column

「たとえば私は裸眼だと視力が０・０４なのですが、メガネをかければ１・２になります。車の運転は視力が０・７以上あればできますから、私はメガネをかければ、運転できるということですよね。産業医とは、要するに、**『裸眼の視力』ではなく、『矯正すれば運転できるかどうか』を見ている**わけです」

あくまで視点は「問題なく働けるか」。健康不安があっても元気に働き続けられるよう、社員の健康状態を観察したり、改善のためのアドバイスをするのが産業医の役割なのである。

その最低基準は**「規則正しい生活ができているか」「１日１万歩程度の運動をしても疲れないか」「勉強や読書など、脳に負担をかける作業を４時間以上、集中してできるか」**だという。これらをクリアしていれば、何かしら健康不安があっても「働ける」という診断となるのだ。

❖「うつ」が治っていなくても、働ける
――「治ったかどうか」より「働けるかどうか」

ところが一つだけ、企業が「働けるかどうか」ではなく、「治ったかどうか」をしきりに気にする病気があると大室氏は指摘する。それは、うつ病だ。

「『治ったかどうか』を問うのは、人事の人が陥りがちな間違いです。薬を飲んで落ち着いていれば問題なく働けるのに、うつ病だけは、なぜか神経質なまでに『治ったんですか？』と聞かれます。たとえば高血圧の社員なら、薬を飲んで安定していれば問題ないと見なされるのに……不思議ですよね」

治っていなくても、薬を飲んで安定し、仕事ができていればいい。極めてシンプルな考え方だが、うつ病の場合は、それが通りづらい。働けないくらい健康を害している人には、もちろん相応のケアが必要だ。一方、企業が「治ったかどうか」を気にすることで、本当は働ける人が働く機会を失ってしまうのである。

◆職場うつ激増の原因は、CMも一因？

「近年、職場うつは激増しています」と大室氏は続ける。その原因は、どこにあるのだろう。仕事のストレスが増すなど、職場環境が悪化していることだろうか。

column

大室氏は、「職場環境も一因」としつつ、**「一般的に、うつ病が『身近な病』と認識されるようになったことも大きい」**と説明する。

「いっとき『うつは心の風邪です』というコマーシャルが盛んに流れていたのを、覚えていませんか？　これはある製薬会社が打った広告なのですが、これで『自分もうつ病かも』と考える人が増えたんです。つまり、**うつ病そのものというより、風邪を引いたときに気軽に病院にかかるのと同じような感覚をもちながらうつ病で通院する人が増えた**のだと思います」

❖「逃げ場がないうつ」は重症化
――過度な仕事量・人間関係・仕事とのミスマッチ

では、どのようなプロセスで本格的な職場うつを発症してしまうのだろうか。厚生労働省が集計したアンケートによると、原因にはいくつか傾向があるという。

「まず**圧倒的に多いのは『仕事量』**です。仕事が多すぎて心身が休めないと、誰だってうつっぽくなりますよね。続いて職場の人間関係。これも非常に大きいです。

一緒に働く他人は、自分でコントロールできない問題ですから。また、自分の適正と仕事内容のミスマッチも大きな原因です。こうした職場要因の他にも、**家庭の要因、たとえば親の介護などが加わった複合的要因**のケースなどもありますね」

企業規模でいうと、**「大企業よりベンチャー企業のほうが発症率は高い」**という。職場うつは、仕事環境の変化に心身がついていけないことも原因になりやすく、ベンチャー企業のように頻繁に変化する仕事環境だと発症しやすいらしいのだ。ただし、もう一つの特徴として、こうした頻繁な環境の変化によって発症したうつ病は、重症化しづらいという。

むしろ、安定した大企業で、ずっと同じ仕事をしてきた人が、肩たたきにあったり、窓際に追いやられたりして発症したうつ病は、重症化しやすい。その理由は「逃げ場がないから」だと大室氏は説明する。

「年をとってから仕事環境が変わると、他に選択肢がありません。そこで精神的に追い詰められてしまうのです」

column

❖「うつっぽい」には明確な診断基準がない

ちなみに、うつ病の診断基準には「2週間以上、抑うつ状態が続いている」などチェックリストがあるが、実情はそれほど単純ではないという。**うつ病ではないけれど、その周辺領域の「うつっぽい状態」には明確で排他的な診断はつけづらい**という。

「たとえば、救急車で緊急搬送されてきた人が『おなかが痛い』と言っているけれど、検査機器を調べてもわからない、というときにはとりあえず『発熱と腹痛』と診断書を書きます。同様に、**うつになっていることは事実だけど、統合失調症の初期症状かもしれないし、双極性障害（旧称「躁うつ病」）かもしれないけれど、実態はよくわからない、というときは全部まとめて「うつ状態」とします**」

こうしたうつ状態になる原因は人それぞれであり、中には「幸せな気分にさせるセロトニンが出にくい」といった体質的な要因を抱えているケースもあるという。

うつ病は原因も深刻さも多様だが、大室氏が語るように仕事量・人間関係で無理をせず、他にも選択肢のある生き方、考え方を心がけたいものである。

健康キーワード

【健康経営】「企業が従業員の健康に配慮することによって、経営面においても大きな成果が期待できる」という見地から、健康管理を経営的視点から考え、戦略的に実践すること。

ハイライト

●**産業医が判断するのは、「治ったかどうか」ではなく、「働けるかどうか」である。**

●**産業医のうつ病の復職にあたっての最低基準は「規則正しい生活ができているか」「1日1万歩程度の運動をしても疲れないか」「勉強や読書など、脳に負荷をかける活動を4時間以上、集中してできるか」などがある。**

最強の「職場うつ」予防アクションプラン

①「職場うつ」の三大要因である過度な仕事量・人間関係・仕事とのミスマッチに注意しよう

②「逃げ場のないうつ」は重症化すると心得よう

③「うつっぽい状態」には、明確な基準がないことに留意しよう

特別寄稿

筋トレで「うつ」対策を

Testosterone

ダイエット・筋トレ情報サイト「DIET GENIUS」、アスリートメディア「STRONG GENIUS」代表。主著に『筋トレビジネスエリートがやっている最強の食べ方』(KADOKAWA)など。

❖ヨガでもウォーキングでもなく筋トレをすべき理由
――仕事とメンタルのパフォーマンス向上

「ムーギーさん、オバマ大統領や名だたる企業のCEOにはフィットネス習慣があることをご存じですよね？　それにはきちんと理由があるんです。**筋トレを通じて、見た目の印象だけではなく、体はもちろん、精神的にも最高のパフォーマンスを発揮できるようになる**からです」

こう語るのは、「食事」の項目でもご登場頂いたTestosterone（テストステロン）氏である。

確かに、私の周りの企業経営者や企業幹部には筋トレをしている人が多い。忙しければ忙しいほど、その傾向は強いかもしれない。

テストステロンとは、男性ホルモンの一種であり、筋肉増強の鍵となるホルモンの一つ。その名を自らのペンネームとした同氏は、もちろん筋トレ道の求道者だが、それだけではない。

自らが筋トレを通じ、優れたビジネスパーソンに成長してきた経緯から、筋トレと仕事のパフォーマンスアップを結びつけた啓蒙活動をしているのだ。

筋トレをすれば、体のコンディションがよくなることは、感覚的にわかることである。しかし、その精神的パフォーマンス向上効果とは、どのようなものなのだろうか。

「フィットネス大国アメリカにおいて、筋トレは最も効率のよい減量法であると大衆に認知されていますが、実は筋トレにはもう一つの顔があります。それが、ストレス管理法としての筋トレです。

現代人の多くはストレス過多。ストレスは確実にパフォーマンスを下げ、うつ病の引き金にもなるのですから、ストレスを抱えたまま何の対策もせず毎日の仕事を乗り切ろうというのは、非常に非効率で、危険なことです。だからこそ、日々多大なプレッシャーを受ける政治家や会社経営陣は忙しい時間を縫ってまで運動をするわけです。

多大なストレスを慢性的に抱えていると、いつか『うつ病』になってしまうかもしれません。そして、深刻な『うつ病』になってしまえば仕事からの長期離脱を余儀なくされます。

会社は長期的に高パフォーマンスを発揮してくれる社員を好むもの。長期的な成功を視野に入れる人は、おのずと自分のライフスタイルに合ったストレスマネジメント法を探すわけです。そして、ご存じの通り筋トレは数多くの人々に選ばれている非常に有効なストレスマネジメントの一つです」

確かに、どうストレスマネジメントをするかが、仕事のパフォーマンス、そして心のパフォーマンスに直結するというのは、よく言われることである。だからこそ、個々人がさまざまな方法でストレス解消を試みているはずだ。

「たとえばお酒を飲んだり、買い物をしたりなど、鬱屈した気分を発散する方法はありますが、過度の飲酒は確実に肝臓にダメージを与えて病気を招きますし、買い物はお金がいくらあっても足りません。ほとんどのストレス解消法は、ダメージが残るのです。その点、**悪い点はないに等しく、いい効果だけ得られるのが、筋トレ**なのです。残るのは筋肉痛ぐらいですし、2〜3日後には筋肉が回復して成長するというボーナスつきです」

確かに、酒や買い物でストレス発散をしていると、いずれ身を滅ぼすリスクもある。しかしながら、筋トレのしすぎで家庭崩壊などといったことは、あまり聞いたことはない。

一方で、ウォーキングやヨガなど、ゆるやかな運動でストレス解消する道もある。これらも体によさそうだが、あくまでもTestosterone氏は、筋トレ推奨派だ。それは「**筋トレのほうが、中毒性が高い。つまり継続しやすい**から」だという。

「先ほども述べたように、**筋肉は、何歳になっても鍛えれば成長します。筋肉がつけば視覚でわかり、筋力が上がれば数字でわかる。自分のレベルアップが実感しやすく、ゲーミフィケーション——つまり、ゲームを攻略していくのに似た快感を得やすい**のです。さまざまな研究で、筋トレには中毒性があることがわかっています。さらに、筋トレには自尊心を高める効果があることもさまざまな研究により立証されています」

そうはいっても、もともと好きなことでなければ、筋トレなど続けられないのでは、という気もする。たとえばほとんど運動経験がないとか、体を動かすことが嫌いだとか、そうした人たちにとっても、筋トレは、継続しやすいストレス解消法なのだろうか。

「筋トレにはハードなイメージがあるかもしれませんが、実は筋トレは運動初心者の方や運動神経の悪い方にこそおすすめです。**筋トレでは基本的に決まった動作を繰り返し丁寧に行うため、運動神経は必要ありません**。相手がいるアクティビティではありませんので、反射神経も必要ありませんし、自分の体力に合わせて負荷を設定できます。

加えて、筋トレには心肺機能も必要ありません。筋トレ60分といっても、実際は筋トレ1分↓休憩2〜3分↓筋トレ1分↓休憩2〜3分の繰り返しになるため体を激しく動かし続けるような体力は実は必要ないんです。

ですから、**運動経験の有無や好き嫌いにかかわらず、筋トレは誰もが試すべきストレスマネジメント法**といえるでしょう」

❖筋トレと仕事のパフォーマンス向上の「分かち難い関係」

筋トレのパフォーマンス向上効果は、体に起こる変化によるものにとどまらない。『筋トレをする』という行為が、自己管理力の向上につながる」とTestosterone氏は話す。

「筋トレは、せいぜい1日に45分間、長くても1時間くらいです。ただ、**筋トレの効果が現れるかどうかは、実は筋トレをしている以外の時間にかかっています**」

「極端なことをいえば、毎日筋トレをしても、3食すべてがファストフードだったら、体が引き締まるわけがありませんよね。筋肉がきちんと作られるようにするには、ちゃんと栄養をとらなくてはならないし、もちろん、夜、しっかり眠ることも重要です」

筋トレをはじめることで、普段の生活習慣まで、おのずとマネジメントできるようになっていくというわけである。

「筋トレの時間を1時間捻出し、理想の筋トレを行うために筋トレ2時間前に栄養補給をし、筋トレ直後に速やかにプロテインを飲むとします。それから1時間以内に食事をとり、睡眠時間も7時間以上は確保するとなると、相当なタイムマネジメントスキルが必要になります。ですが、筋肉を育てるのは楽しいので楽しみながら計画を立てることができます。

自分の体が若返っていく感覚、筋力が増していく実感、ボディラインが変わっていく喜びは、筋トレ以外ではなかなか味わえません」

筋トレと一言でいっても、Testosterone氏の推奨する筋トレとは「筋トレ」という名の、「筋トレを中心とした健康的なライフスタイル」と言ったほうが正解だろう。

「筋トレにおいて『栄養』も非常に重要な要素であり、食事にも非常にこだわるようになります。外食ではカロリーや栄養分が把握しづらいため、細かなカロリー調整が大事になる減量時などは、自炊が多くなります。**筋トレの効果を最大化しようとする結果、基礎的な栄養学の知識が身につき、下準備の習慣もつきます。**常に5時間後、6時間後の自分を想像して行動するようになるのです」

必要な知識を身につけること、常に先のことを考えて行動することが、効果の出方を左右する。これは、まさにあらゆる仕事に対して言えることではないか。

「その通りです。行きあたりばったりでは、仕事で成果を挙げることはできませんよね。**筋トレと仕事のパフォーマンス向上には分かち難い関係がある、**と私が言っているのは、目的達成のための知識を入れ、計画を立てて動いていくという点で、行動原理が合致するからでもあるのです。つまり**筋トレをすることで、自然と一流ビジネスパーソンの生活リズム、思考に近づいていく、**ということなのです」

❖スクワット、デッドリフト、ベンチプレスの「ビッグ3」からはじめてみよう

話を聞いていると、まさに「いいことづくめ」の筋トレだが、間違ったフォームで

■筋トレは「ビッグ3」が初めの一歩

行っては効果が得られない上にケガの原因にもなってしまう。最初はしっかりトレーナーさんに教えてもらうのがいいだろう。

「**あまり筋トレの経験がない人は、『ビッグ3』からはじめるといい**でしょう。ビッグ3とは『スクワット』、『デッドリフト』、『ベンチプレス』の三つのエクササイズを指します。これらのエクササイズはコンパウンドムーブメント（複合運動）と呼ばれ、さまざまな関節や筋肉が動員されて行われるため、最も効率のよい筋トレと評されています。

ただしそれぞれの回数や負荷は、個々

の体力や目標により異なります。これらは最も効果が高く重い重量が扱える最高のエクササイズなのですが、正しいフォームで行わないとケガの原因になります。始めるときは必ずトレーナーさんに習ってください」

ジムでトレーナーの指導を受けるというのは、確かに筋トレを習慣とするためにも、また個別の状況で身を処していく上でも、効果的なのだろう。

「習慣になってしまえば、まったく苦にはなりません。私は週に6日は筋トレしていますが、これくらい習慣化してしまうと、やめるほうが難しいくらいです。先ほども言ったように、筋トレには中毒性があるのです。**『自分もああなりたい』と素直に憧れを抱くと、早いですね。さらに苦もなく継続しやすくなって、食事制限と共に進めれば2～3カ月で目に見えて効果を実感できます**」

単に「いい体」を手に入れるだけではなく、自己管理能力を高めながら、自分のパフォーマンスまでも高めることができるのだ。

❖筋トレの効果も「食事」と「休息」次第

「ちなみに、ただ筋トレをすればいい、というものではありません。筋肉を作るのにいい食事をとり、きちんと『休息』すること。筋トレ自体よりも、そちらのほうが重要かもしれません」

Testosterone氏曰く、**肉体改造で重要なのは「食事7割、休息2割、筋トレ1割」**だという。食事と休息で全体の9割を占めるとは驚きだ。

「筋トレの効果って、もちろんトレーニングを計画的に行うことも大切ですが、実は、体が変わる鍵を握っているのは、結局食事と休息なんですね。**どれだけ熱心に筋トレをしていても、好き放題食べていれば太ってしまいますし、逆に絶食に近いダイエットをして栄養が足りていなければ、体はどんどん弱っていってしまいます」**

筋トレの成果は、筋トレ以外の時間をいかに過ごすかで決まってくるのである。

ちなみに最後に私の個人的経験からの教訓を加えるなら、筋トレはくれぐれも無理をしないことだ。以前、触発されてトレーナーを呼んで個人指導を受けてみたのだが、あまりにもしんどくて筋トレ時間を減らすべく極力トレーナーに会話を振りまくって、ほとんどが単なる会話で終わったという苦い経験をもっている。

やはり何事も、つらすぎれば継続できない。結局のところ、自分に合った楽しめる健康習慣をもつことが大切なのである。

健康キーワード

【テストステロン】男性ホルモンの一種であり、筋肉増強の鍵となるホルモン。

ハイライト

- 筋トレの効果はメタボリック症候群の予防等、肉体的な健康だけでなく、副作用のないストレスマネジメント法として、精神面にもよい効果を期待できる。
- 目標達成のための学習と計画的な行動原理は、効果的な筋トレと一流のビジネスパーソンの習慣に共通する。
- 肉体改造で重要なのは、食事7割、休息2割、筋トレ1割。筋トレの効果は、それ以外の時間の過ごし方で左右される。

最強の「筋トレ」アクションプラン

①筋トレを習慣化し、規則正しい生活リズムを手に入れよう

②最初はきちんとトレーナーをつけて、『スクワット』、『デッドリフト』、『ベンチプレス』をセットで行う『ビッグ3』からはじめよう

③食事、休息など「筋トレ」以外の時間も大切にしよう

疲労／梶本修身

東京疲労・睡眠クリニック院長。専門は、臨床精神生理学、医用統計学。2003年より産官学連携「疲労定量化及び抗疲労食薬開発プロジェクト」統括責任者。大阪大学大学院医学研究科修了。主著に『すべての疲労は脳が原因』（集英社）など。

疲労は自律神経の疲れのケアが鍵

――「疲労」は、よい「食事」「環境」「休息」で予防しよう

「疲労は『体を正常に保つ自律神経が疲れているから、これ以上体を酷使しないでくれ』という、脳の自律神経からのメッセージなのです」

このように語るのは、東京疲労・睡眠クリニックの梶本修身《おさみ》氏だ。この脳からのメッセージを無視し続ければ、パフォーマンスの低下どころか、やがて死の危

険にも直面しかねないというから、恐ろしい限りである。

どれほど元気でも、生活の中で疲労を感じたことのない人はいないだろう。疲労は、もはや「現代病」の一つ――こうした考え方もあるほどに、疲労と現代人とは切っても切り離せないものだ。

では、自律神経の疲れをしっかりケアするためには、どうしたらいいのか。梶本氏は、**「食事」「環境」「休息」**の三つの実践ポイントを示す。それではこれから疲労とは何かを知り、予防するにはどうしたらいいかを学び、「最強の疲労対策」プランを立てていこう。

専門家が簡単解説！
「疲労」の仕組み

❖「疲労」とは、体を安定した状態に保つ自律神経の疲れ――「自律神経を司る脳の神経細胞」への酸化ストレス

目が疲れた、体が疲れた、などなど、疲労は起こり方も表れる場所もさまざまに思えるが、元をたどれば**疲労は、脳、より厳密にいえば、自律神経機能を司る脳の神経細胞が酸化ストレスにさらされることで起こる**という。

梶本氏曰く、「自律神経は、私たちの体が常に安定した状態に保たれるように、心拍や血圧、体温などにおいて細やかな微調整をしています。これを、**恒常性（ホメオスタシス）**と呼びます。

自律神経の働きは体の生命維持機能の要ともいえ、自律神経の機能が一瞬でもストップしたら、私たちは数十秒と生きられません」とのことである。

では、疲労は自律神経の疲れによるものであるとは、どういうことか。

たとえば、ゴルフを同じ3時間するのでも、過ごしやすい季節の日本でするのと、年中暑いシンガポールでするのとでは、疲れ具合がまったく違う。梶本氏によれば**「この差は、体温をコントロールするために働いた自律神経の消耗度の差」**だという。

自律神経が司る体温調節の働きでいえば、「寒いと体が震える」のも、その一環だ。特に気にもとめないくらい、おなじみの現象だが、これも自律神経の恒常性のなせるわざである。梶本氏は、次のように説明する。

「『寒い』と感じると、自律神経は寒さから体を守るために、血管を収縮させます。その際に皮膚が震えて縮むので、体がブルブルと震え、鳥肌が立つのです」

体が震えるといえば、寒い冬に排尿をすると、一瞬、ブルッとくる。これも尿が出ることで失われた体温を保つためなのだ。

自律神経は、体を安定した状態に保つために、常に働いている。このように、ブルッと震えるといった些細な現象も、すべては体温調整のために起こっていることなのである。

「**穏やかな気候では、あまり体温を調整する必要がありません。ところが暑いと体温が上がり、行きすぎれば命を落としかねません。そうなる前に、すかさず自律神経が働き、たくさん汗をかくなどして、体温を調整**します。こうして穏やかな気候下では必要のない働きをする分、自律神経は消耗し、それが肉体の疲労感として表れるのです」

つまり、**体を安定した状態に保つ自律神経の疲れが、疲労のもと**といえるのだ。

「同じ運動によって体に表れるつらさでも、**きつめの筋トレなどで起こる筋肉痛は、実際に筋肉組織が壊れたことで起こる痛みです。しかし、筋肉痛を伴わない疲れは、自律神経の消耗を、体が『疲れた』と認識している現象なのです**」

❖疲労は、自律神経の過労を防ぐ体の防御反応

疲れたままでは、仕事や家事がはかどらない。だから私たちは、疲労を感じると休み、疲れがとれてから物事に取り組もうとする。そういう意味で、**疲労とは、体の自然な防御反応**だと梶本氏は語る。

仮に私たちがまったく疲労を感じなかったら、自律神経は過労状態が続き、やがては消耗しきって動かなくなってしまう。それを避けるために、**「自律神経の疲れは、体のあちこちで『疲労』として感じさせられるようになっている」**という。

この疲労を感じさせるメカニズムを、もう少し詳しく説明すると、次のようになる。

「自律神経がたくさん働くと、**インターフェロンやインターロイキンといった物質が分泌され、『眼窩前頭野』（目の奥のあたりに位置する脳の一部分）へ送られます。**これが、いわば『疲れのメッセンジャー』であり、『自律神経が疲れた』という信号を送る役目を担っています。

■「インターロイキン」「インターフェロン」は
疲れのメッセンジャー

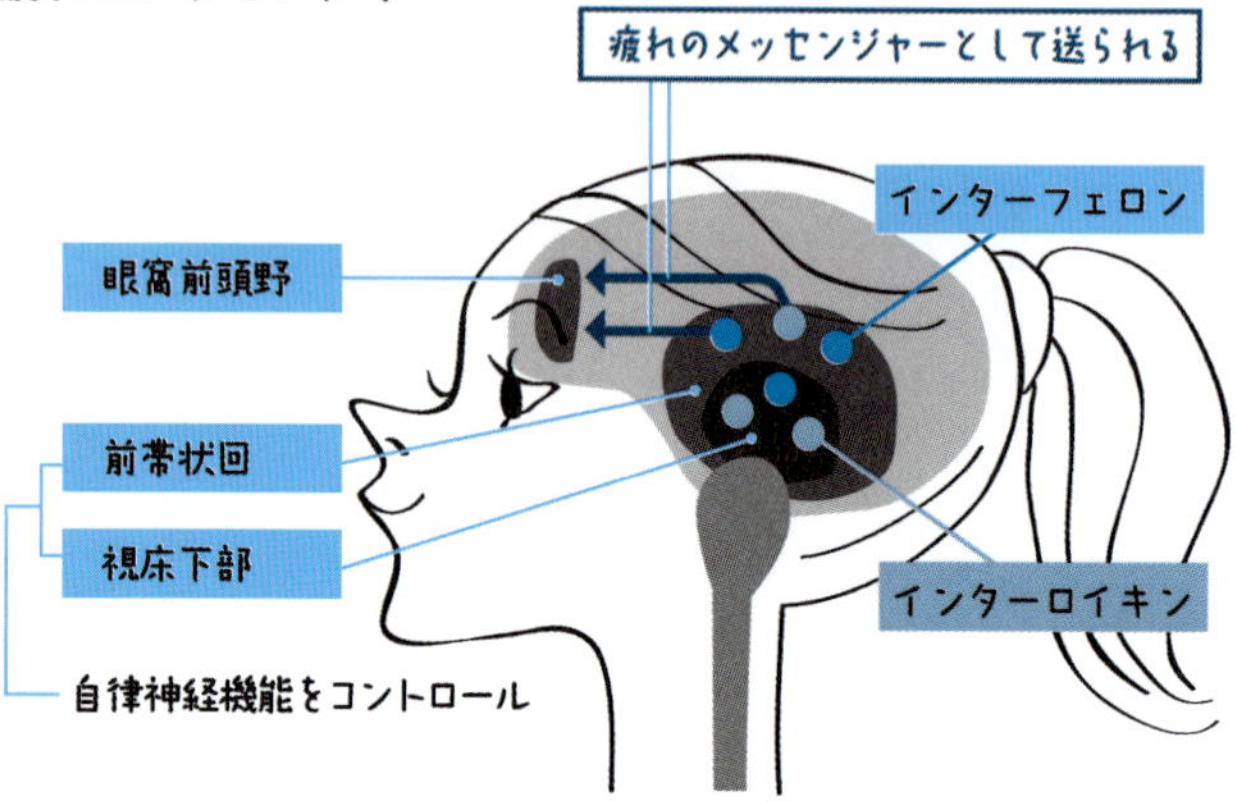

ただ、単に『自律神経が疲れた』というメッセージでは、確実に体を休めることにつながらないため、まだ体を動かしてしまう可能性があるのです」

だからこそ、**体そのものに疲労を感じさせる信号を送ることで、なかば強制的に体を休ませるように仕向ける**のだ。

梶本氏曰く、風邪をひいたときに体がだるくなるメカニズムも、同様だという。

「**ウイルスに感染すると、外界からの異物の侵入に反応して細胞が分泌するタンパク質・インターフェロンが分泌されま**

■ウイルス感染時のインターフェロンの働き

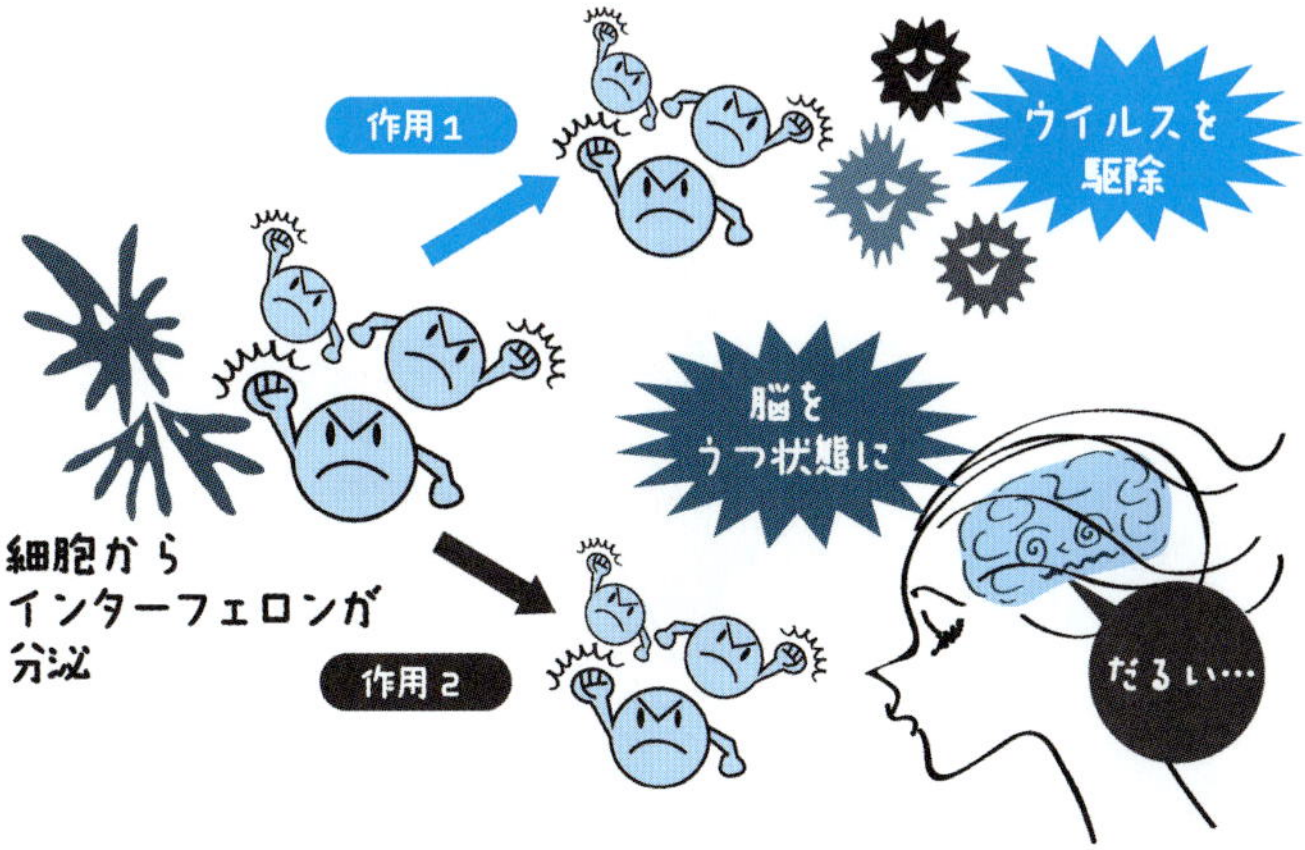

す。このときのインターフェロンには二つの役割があります。一つはウイルスの活動を下げ、死滅させるために体温を上げること。もう一つが、脳をうつ状態にすることです。

脳がうつ状態になれば、当然、活発に動きまわる気分にはなれません。だから、風邪を引くと積極性が低下し、『今日は会社に行きたくない』『ずっと横になっていたい』という気分になるのです。

要するに、**ウイルスと戦っている体を休ませるよう、体に疲労感を味わわせるという脳のメカニズムが作用している**のです」

■活性酸素は細胞を「サビ」させる

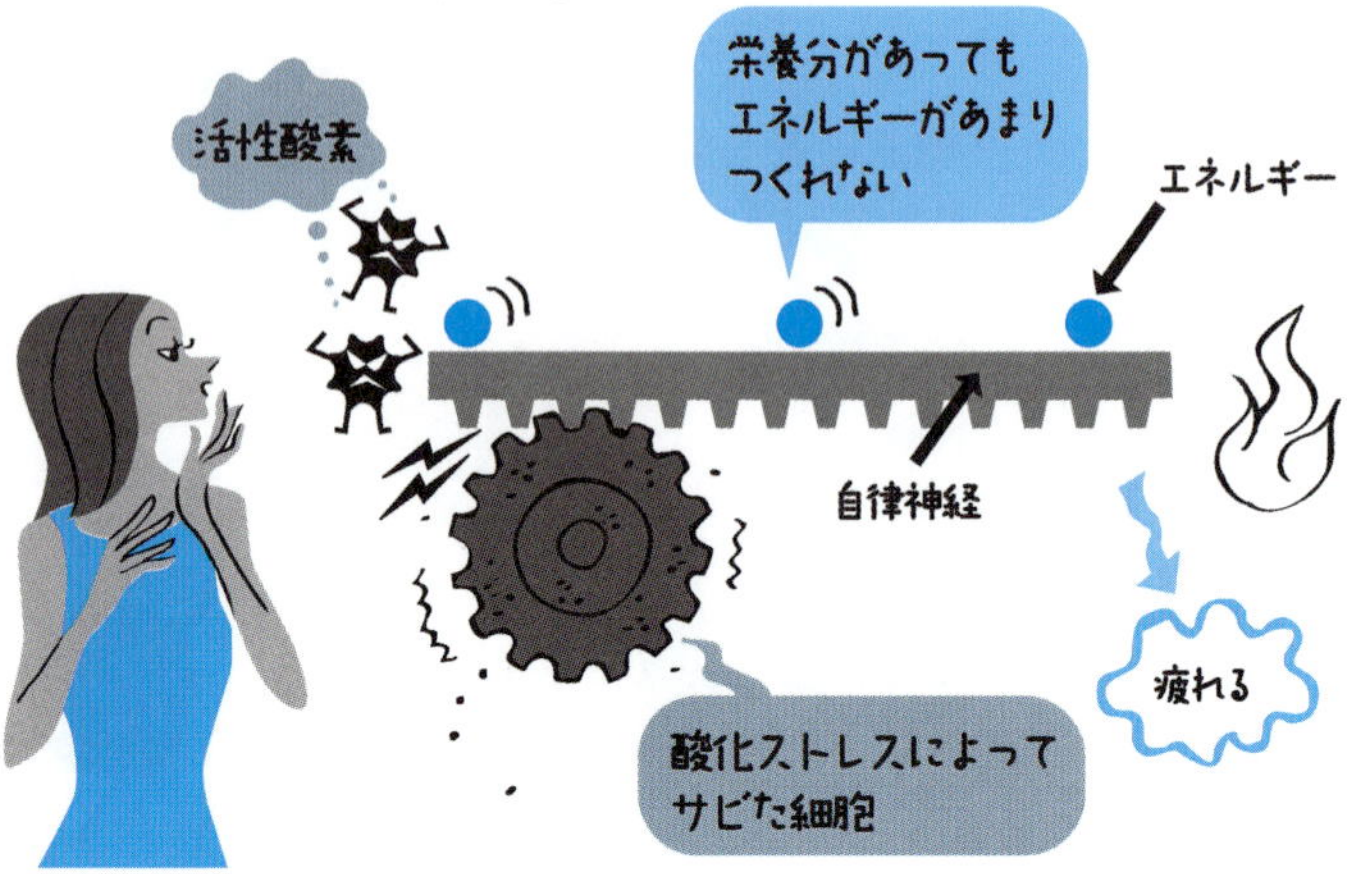

❖自律神経の疲れは、「活性酸素」によって起こる

体に表れる疲労感は、自律神経の疲れのサイン。では、その**自律神経の疲れがいかに生まれるかというと、犯人は活性酸素**だという。

梶本氏曰く、「体を安定した状態に保つために働くとき、自律神経の神経細胞は、大量の酸素を必要とします。そのうち1％程度が活性酸素に変化します。

酸素そのものは自律神経の働きに欠かせないものです。しかし、**自律神経の神経細胞が酸素を大量消費した『副産物』ともいえる活性酸素は、大量に発生する**

と、酸化によってもたらされるストレスで細胞がサビてしまいます。そして栄養源があってもそれを利用する『歯車』が回りにくくなってしまい、エネルギーがあまり作られなくなるのです。

生命を維持するためには、摂取した食物を呼吸でとり入れた酸素を用いて、酸化分解（燃焼）させる必要があります。**食物中の栄養素は体内に消化吸収された後、さまざまな化学反応を経て変化し、糖や脂質などといった、体の構成物質になります。それらの構成物質はさらに化学変化を起こし、最終的には酸素によって燃焼**されます。

炭水化物を燃やすと、二酸化炭素と水になり、熱（エネルギー）が出ます。このエネルギーで体温を保ったり、呼吸をしたり体を動かしたりしているのです。

肉体労働では主に筋肉細胞が、頭脳労働では脳の神経細胞が、前ページの図のような状態になってしまいます。だからこそ、まずは活性酸素を除去することが、疲れにくい体作りの土台となるのです。活性酸素が疲労とどのように関係しているかは、次の図を見ればおわかり頂けるでしょう」。

■自律神経の抗酸化こそが疲労予防の鍵

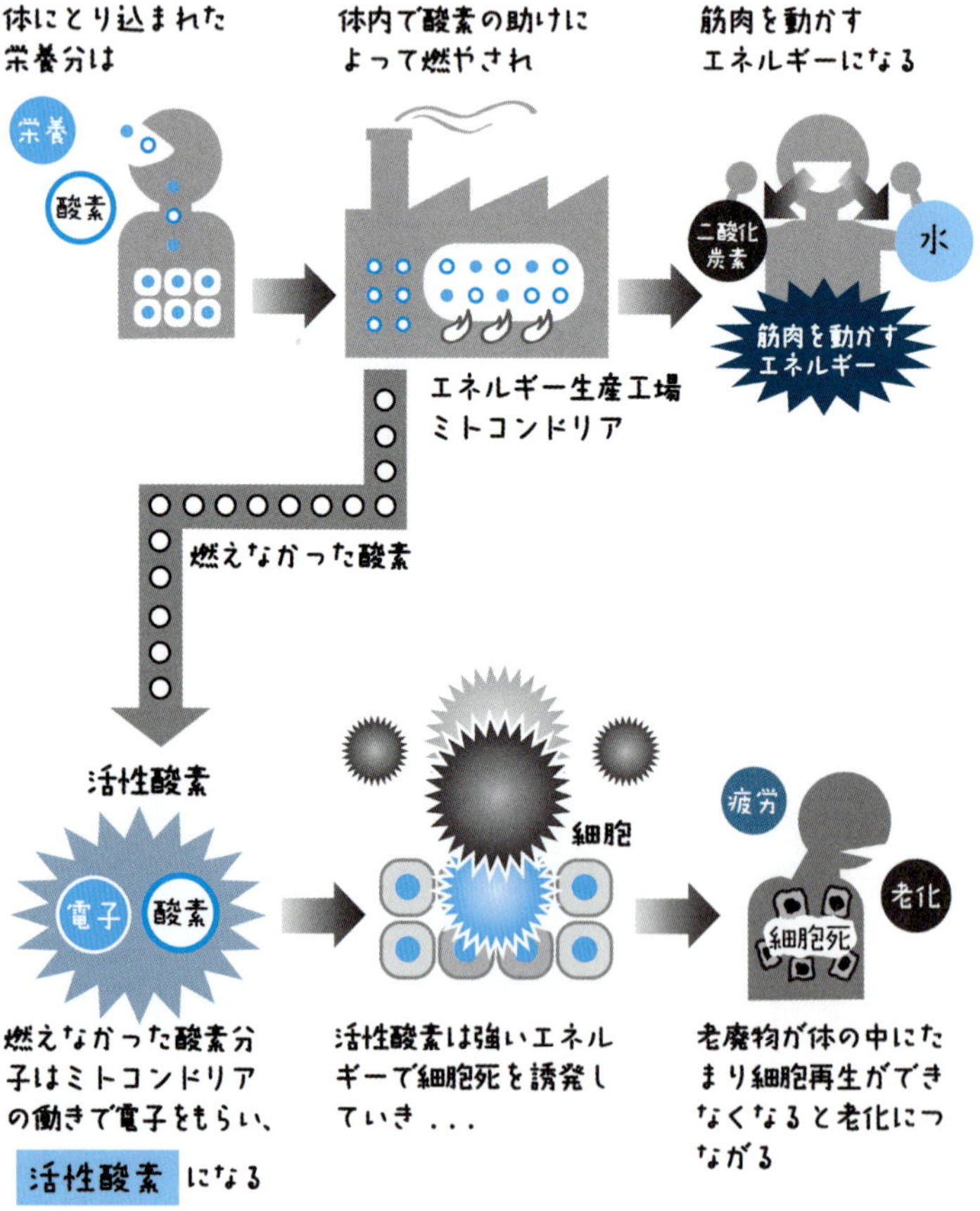

疲労には「仕組み」があり、だからこそ、正しい知識を身につけることで未然に防ぐことも十分可能である。それでは共に、最強の「疲労予防」の極意を見ていこうではないか。

疲労予防

極意1　鶏の胸肉摂取で抗酸化物質「イミダペプチド」を補給しよう

——目指せ、疲れ知らずの渡り鳥！

◆自律神経の抗酸化が、疲れにくい体作りの鍵

疲労は「自律神経の疲れ」のサインであり、**自律神経の疲れの原因は、神経細胞が酸素を大量に消費する際に生じる活性酸素**であることを我々は学んだ。

自律神経が働くには酸素が必要だから、活性酸素の発生そのものは仕方がない。ということは、**発生してしまった活性酸素にうまく対処することが、疲労を予防する鍵**となる。

■疲労を軽減する救世主「イミダペプチド」

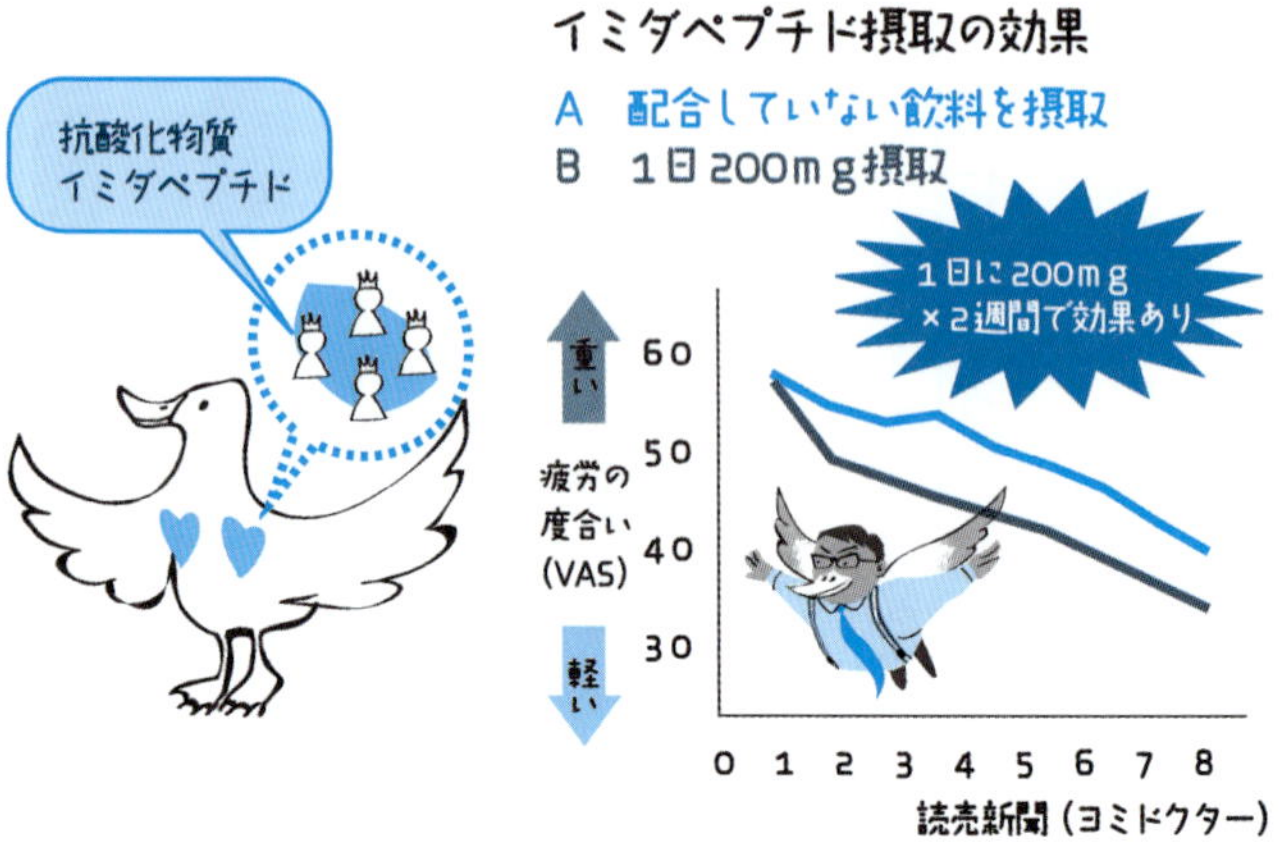

「活性酸素は、細胞を酸化させる（サビさせる）と、自身は消えてなくなります。自律神経が働いている間じゅう、活性酸素が発生しては細胞を酸化させ、消えていく。これが延々と繰り返されているということです。**そこで重要なのは自律神経の抗酸化**です」梶本氏は、このように説明する。

自律神経を酸化から守ってくれる——そんな願ったりかなったりの物質が、果たしてあるのだろうか。

「イミダペプチドという抗酸化物質です。渡り鳥が1100kmもの距離を飛び続けられるのも、このイミダペプチド

のおかげという研究報告があります」と、梶本氏は答える。

渡り鳥の長旅を支える物質とは心強い。是非とも我々人間も、渡り鳥並みのスタミナを身につけたいものだ。

「1日200ミリグラムのイミダペプチドを2週間とり続けると、抗疲労効果が現れることが明らかになっています。鳥は胸のあたりにイミダペプチドの『工場』をもっており、鶏胸肉100グラムで、200ミリグラムのイミダペプチドを補給できます」と、梶本氏は続ける。

極意2「ゆらぎ」のある環境を整えよう
――自律神経に優しいオフィスで、脳の負担を軽減

❖「ゆらぎ」が、自律神経の興奮をなだめる

自律神経は、体を安定した状態に保つために、常に働いている。その負担をなるべく軽くしてあげることも、疲労予防、疲労回復につながることは想像に難くない。実際、**「自律神経に優しい環境を作ることが大事」**と梶本氏は語る。

「ビジネスパーソンはオフィスで仕事をする場合も多いと思いますが、オフィスの環境は、自律神経にとって非常に重要です。一言でいうと、脳は、本能的に『ゆらぎ』のない環境を非常に恐れるものなのです」

自然界は、風が吹いたり雲が動いたりと、常に「ゆらいで」いる。そういった意味

では、体温が変わったり、心拍のスピードが変わったりする我々の体も、同様に「ゆらいで」いるのだ。

「生物にとって、ゆらぎのある状態が最も安心できて、自律神経が興奮しなくていい状態なのです。つまり、オフィス環境に『ゆらぎ』を作れば、働く方にとって自律神経に優しい環境になるといえます」と、梶本氏は続ける。

では、具体的にどのようにすれば「ゆらぎ」のある職場環境を整えることができるのだろうか。

❖オフィスの窓を開け放とう

「たとえば、閉め切った状態では、外気の変化や風といったゆらぎが感じられません。オフィスの窓を開けたりして、風通しをよくすることをおすすめします。同じく、ずっと照明の下で仕事をするのも、ゆらぎがありませんね。少し自然の光をとり入れてみるといいでしょう」

「ゆらぎ」とは、言いかえれば「変化」ということだ。確かに、疲れてくると窓を開けたり、ちょっと場所を移動したくなる。これは無意識のうちに、本能的に「ゆらぎ」を感じようとしていたのだ。**もっと意識的に「ゆらぎ」を生活にとり入れれば、日々、より自律神経に優しい環境に身を置くことができる**だろう。

疲労予防
極意3 「いい休息」をとり、自律神経の疲れを解消しよう
――寝ている間も脳に十分な酸素を送り込もう

❖本当は怖い「いびき」
――寝汗もいびきも、「眠りながら運動をしている」のと同様？

よい睡眠が疲労回復になる。それはわかっていても、「常に、よい睡眠をとっている」と自信をもって言える人は少ないのではないか。

「睡眠の時間は、自律神経が休むべき時間です。ところが**寝汗やいびきがあるという**

■睡眠時の「酸欠」は大病のリスクを高める

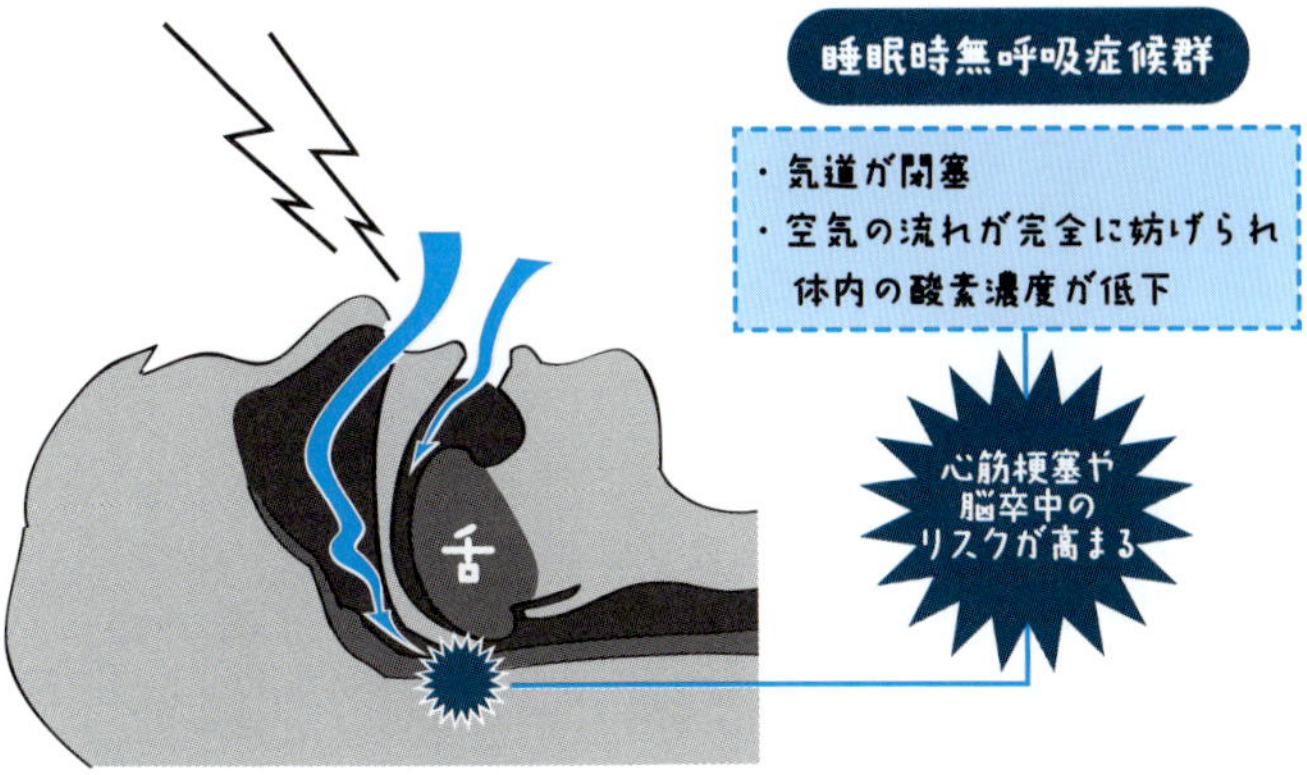

のは、眠っている最中にもあまり休めていないということで、実は運動をしているのと大差ありません」

寝汗もいびきも、眠りながら運動をしているのと同等の疲れっぷりとは、いびきの大きな私としては、残念な限りである。

おまけに、**「深い睡眠だと体内にふんだんに酸素が供給されますが、『睡眠時無呼吸症候群』となると、体は一種の酸欠状態に陥ります」**とのこと。

首回りについた脂肪で気道が狭くなり、激しくいびきをかいた後、ピタッと呼吸が止まる、そんな兆候のある方は、余計に要注意だろう。

❖「酸欠」が心筋梗塞・脳卒中を引き起こす
――自律神経疲労でリスク上昇

「体内の酸素濃度が低くなると、心筋梗塞や脳卒中のリスクが高くなります。酸欠という危機状態に反応して、心臓が痙攣を起こしたような状態になるのが心筋梗塞です。

脳卒中は、酸欠になった脳への酸素供給のために、どんどん血液を送るように自律神経が働くことで起こります。脳の血圧が急に上がり、血管が切れてしまうのです。

本来であれば、脳の血圧が危険レベルに上がると自律神経が調整します。ところが自律神経が疲れていると調整機能がうまく働かず、脳卒中のリスクを高めてしまうのです」

このように質の悪い睡眠をとると、心筋梗塞・脳卒中といった恐ろしい病の原因にもなるのである。是非良質な休息を心がけ、自律神経をたっぷり休ませたいものである。

■睡眠中の酸欠が心筋梗塞・脳卒中につながる

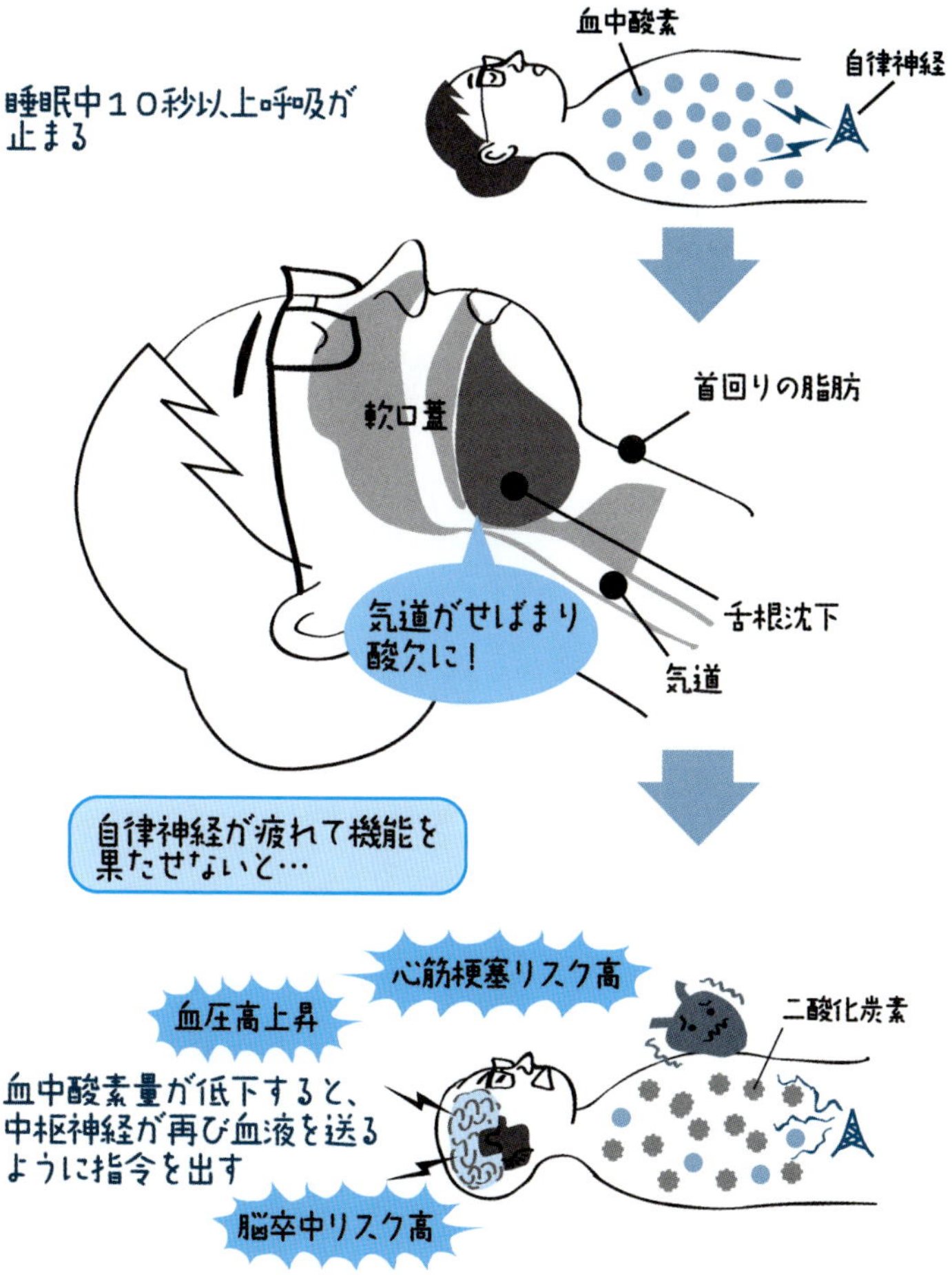

■良質な睡眠のための最強の習慣

NG
夕方以降は強い光を避ける
就寝の
1～2時間前
38～40度のお湯で半身浴
低糖質の質のよい食事
NG
寝る前にお酒とコーヒーを飲まない

◆質のよい睡眠とは「自律神経が休める睡眠」

では、どうしたら自律神経がしっかり休まるような、質のよい睡眠をとれるのだろうか。

たとえば、「夕方以降は強い光を浴びないこと、眠る3時間前までに、低脂肪かつ低糖質の消化のよい食事をすること、就寝の1～2時間前に、38～40度の湯で半身浴をすること、寝る前のコーヒーと飲酒をしないことで、スムーズに入眠できる」という。

以上のことが、睡眠で自律神経を休めるための、重要な基本だと覚えておこう。

column

「疲労」にまつわるよくある誤解

❖コーヒーや栄養ドリンクで疲れはとれない——「疲労を感じさせない物質」と「疲労回復する物質」は違う

栄養ドリンクやコーヒーを飲むと、元気になったり、目が覚めたりした気になるものだ。だが、これらが正しい疲労の対処法かといえば、それは大間違いである。

たとえば、カフェインは疲労を解消してくれる物質ではない、と結論づけられている。栄養ドリンクもカフェインを含むものが多いから、同様に考えてよいだろう。

それにしても、どうして疲れはとれていないのに、とれたような気がするのだろうか。

「**カフェインには、睡眠を誘発する脳内物質であるアデノシンをブロックする働きがあります。**そのため、感覚的には確かに覚醒していても、実際には、自律神経の疲れは解消していないことも多いのです」

column

■「カフェイン」は睡眠物質アデノシンの働きを妨げる

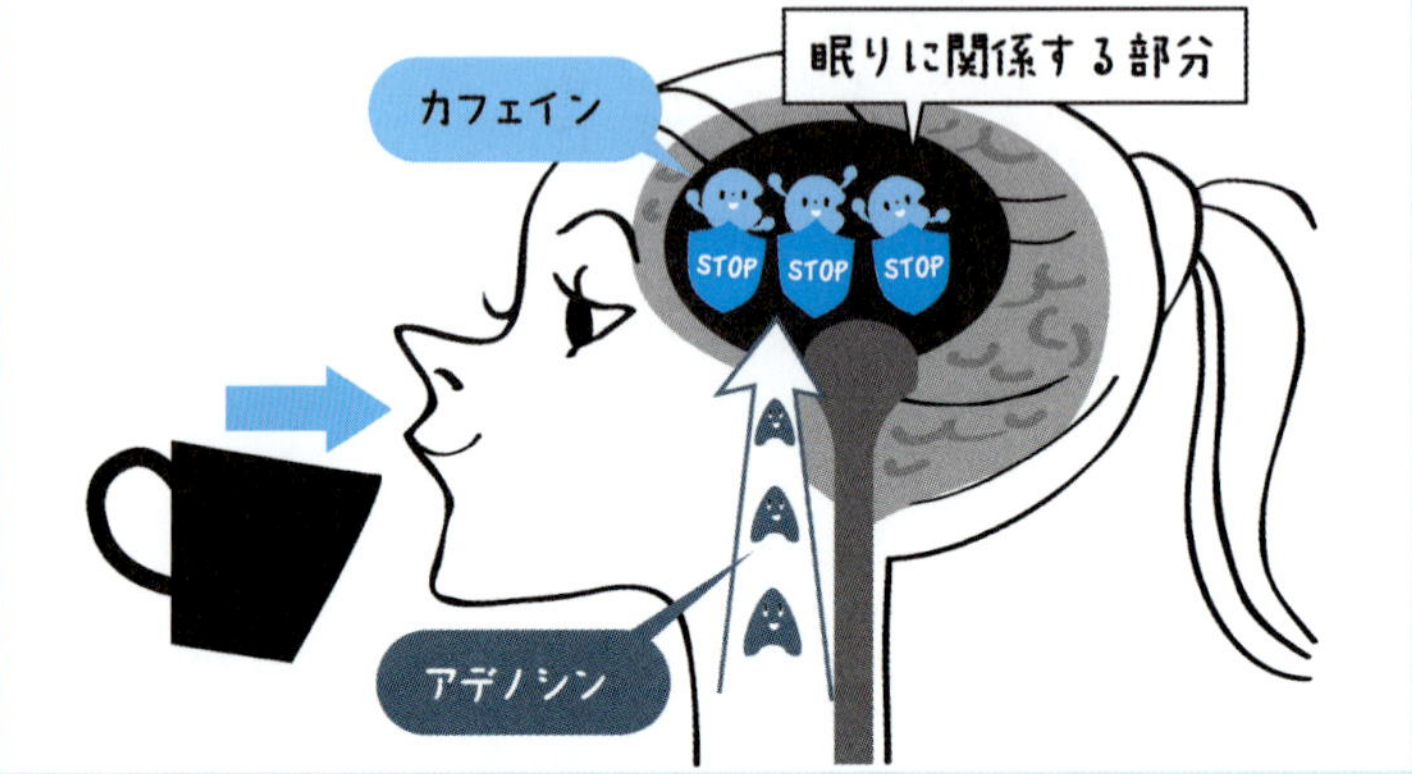

私自身、眠いときにコーヒーをたっぷり飲んで「目が冴えて元気になった」気がしていた。

しかし実はそれは、睡眠を感じさせる脳内物質をブロックしていただけだったのである。

ほっと一息つくにはいいが、「目が冴えた」からといって「疲れがとれた」わけではないと、肝に銘じておきたい。

健康キーワード

【イミダペプチド】活性酸素による細胞のサビを防ぐ効果のある「抗酸化物質」の一つ。自律神経の疲労回復に大きく関わっている。

【恒常性（ホメオスタシス）】生物が外部環境の変化や食物の影響に関係なく、体温・血糖値・血液酸性度などの生理的状態を一定に保つこと、およびその仕組み。

【インターフェロン】動物の体内で病原体や腫瘍細胞などの異物の侵入に反応して細胞が分泌する特殊なタンパク質。ウイルス増殖の阻止や細胞増殖の抑制、免疫系および炎症の調節などの働きをする。

【インターロイキン】「疲れのメッセンジャー」であり、「自律神経が疲れた」という信号を送っている。リンパ球や単球、マクロファージなど免疫担当細胞群によって作られる。免疫反応に関連する細胞間相互作用を媒介するタンパク質の一種。

【活性酸素】自律神経の神経細胞が酸素を大量消費した「副産物」。細胞をサビさせることで疲労の一因となる。

【酸化分解（燃焼）】摂取した食物に含まれる栄養素が消化吸収後、糖や脂質などの構成物質となったのち、呼吸でとり入れた酸素を用いて酸化分解し、熱（エネルギー）を放出すること。生まれたエネルギーにより、体温維持などの活動が行われる。

【ミトコンドリア】ほぼすべての細胞に存在する細胞小器官。「細胞のエネルギー生産工場」とも言われ、糖を原料として「生体のエネルギー通貨」と呼ばれる「アデノシン三リン酸（ATP）」を合成する。

【アデノシン】睡眠を誘発する脳内物質。カフェインによりブロックされる性質をもつ。

ハイライト

- **「疲労」は、自律神経機能を司る神経細胞が、酸化ストレスにさらされることで起こる。**
- **活性酸素によって自律神経の機能低下が起こった状態が、「疲労」である。自律神経の抗酸化こそが、疲れにくい体作りの大元になる。**
- **筋肉痛は、実際に筋肉組織が壊れたことで起こる痛みであり、筋肉痛を伴わない疲れは、自律神経の疲れを体が「疲れた」と認識するために生じる現象である。**
- **炭水化物を燃焼（酸素分解）させると、二酸化炭素と水になる。このとき生じた熱で体温を保つなどの生命維持活動が行われる。**
- **寒いときに体が震えるのも、生命維持活動のための自律神経の働きの一種。寒さから体を守るために、血管を収縮させる際皮膚が震えて縮むので、体がブルブルと震**

え、鳥肌が立つ。

●外部からの異物の侵入に反応して細胞が分泌するタンパク質、インターフェロンには、ウイルスと戦い死滅させる働きと、脳をうつ状態にさせるという二つの働きがある。

●睡眠中に血圧が低下すると酸欠になった脳への酸素供給のために、どんどん血液を送るよう、自律神経が働く。それに伴い血圧が上昇する。

最強の「疲労予防」アクションプラン

①鶏胸肉100グラムなどを目安に、疲労回復物質「イミダペプチド」を補おう

②オフィスの窓を開けて「ゆらぎ」をとり入れよう

③夕方以降は、強い光を避けよう

④入浴時は、熱すぎない38～40度の湯で半身浴を心がけよう

⑤夕食は低脂質・低糖質で消化のよいものを、就寝3時間前までにとろう

⑥睡眠時無呼吸症候群に気をつけ、寝ている間も、脳に十分酸素を送り込んで自律神経を休めよう

疲労回復／藤本靖

「体」をゆるめて、「心」を癒やす

──「神経の疲れ」をとるボディワーク

ボディワーカー。米国 Rolf Institute 認定ロルファー。東京大学大学院身体教育学研究科修了。「神経系の自己調整力」に基づく「快適で自由な心と身体になるためのメソッド」を開発。主著に『「疲れない身体」をいっきに手に入れる本』（講談社）など。

「いわゆるトレーニングは、筋肉を鍛えて強くするものであるのに対して、ボディワークは、筋肉をゆるめることで、心身をリラックスさせる実践法です」

忙しい日々を送るビジネスパーソンにとって、「心身の疲れ」は生活および仕事の質と切っても切り離せない問題だ。現代人の疲れについて、ロルフィング®(重力と調和することを目指す、身体の再教育プログラム)スタジオ「オールブルー」を主宰するボディワーカーの藤本靖氏は次のように述べる。

「疲れには2種類あります。一つはマラソンや山登りなど、体を使うことで生じる疲れ。もう一つはパソコンに向かいっぱなしなど、ストレスによる心の疲れです。言いかえると前者は筋肉の疲れ、後者は神経の疲れです」

こうして並べてみると、現代人で悩んでいる人がより多いのは、後者であろう。

筋肉の疲れをとるのと同じやり方では、神経の疲れはとれないという。そこで藤本氏がすすめるのが、「ボディワーク」だ。

「ボディワークは、神経の疲れをとるための手軽なメソッドです。神経の自己調整力に働きかけることで、心と体の疲れをとるのです」

「疲れにくい体」を作ることは、すべてのビジネスパーソンに共通の命題ではないだろうか。藤本氏が伝える「ボディワーク」は、この神経の疲れをとるのに手軽なメソッドである。

❖重力とうまく付き合うため、神経の疲れをとるボディワーク

藤本氏曰く、「重力のある地球で人が普通に立っていられるのも、神経が適当に筋肉をコントロールしているからです。神経には、本来重力の中で最小限の筋肉の力でバランスを保つことができる機能があり、これがきちんと働いていれば、努力せずとも疲れにくい立ち方、疲れにくい座り方などができるはずなのです。

ところが、忙しかったりすると、私たちは自分の体の感覚を無視します。すると、不自然な姿勢をずっと続けたり、変に力が入ってしまったりして、結果、『ただ座っているだけなのに疲れる』という非常に残念な状態になってしまうのです」ということらしい。

では神経の疲れをとるボディワークとは、一体どのようなものなのだろうか。

「方法はたくさんあるのですが、**ビジネスパーソンの方に特におすすめしたいのは、**

3点座り、耳ひっぱり、水平な目線、ちょうちん袖ワーク、ストロー呼吸の5つのボディワークです」

これらの簡単なメソッドで体の使い方を変えるだけで、同じ時間働いても、疲労度がかなり軽減されるという。では実際に、どのように実践すればいいのだろうか。「ボディワーク」の極意を早速見ていこう。

疲労回復

極意1 腰に負担をかけずに座る

——椅子との付き合い方が、疲労感を左右する

❖本来、人の体は1日中座りっぱなしになるように設計されていない

まず問題なのは、座るということが、多くの人にとって『苦行』になっているということだという。たとえば腰痛もちの人は、座っているより歩いているほうが楽と聞く。座っているほうが楽に見えて、実は体に負担がかかっているのである。

■姿勢別腰への負担度比較

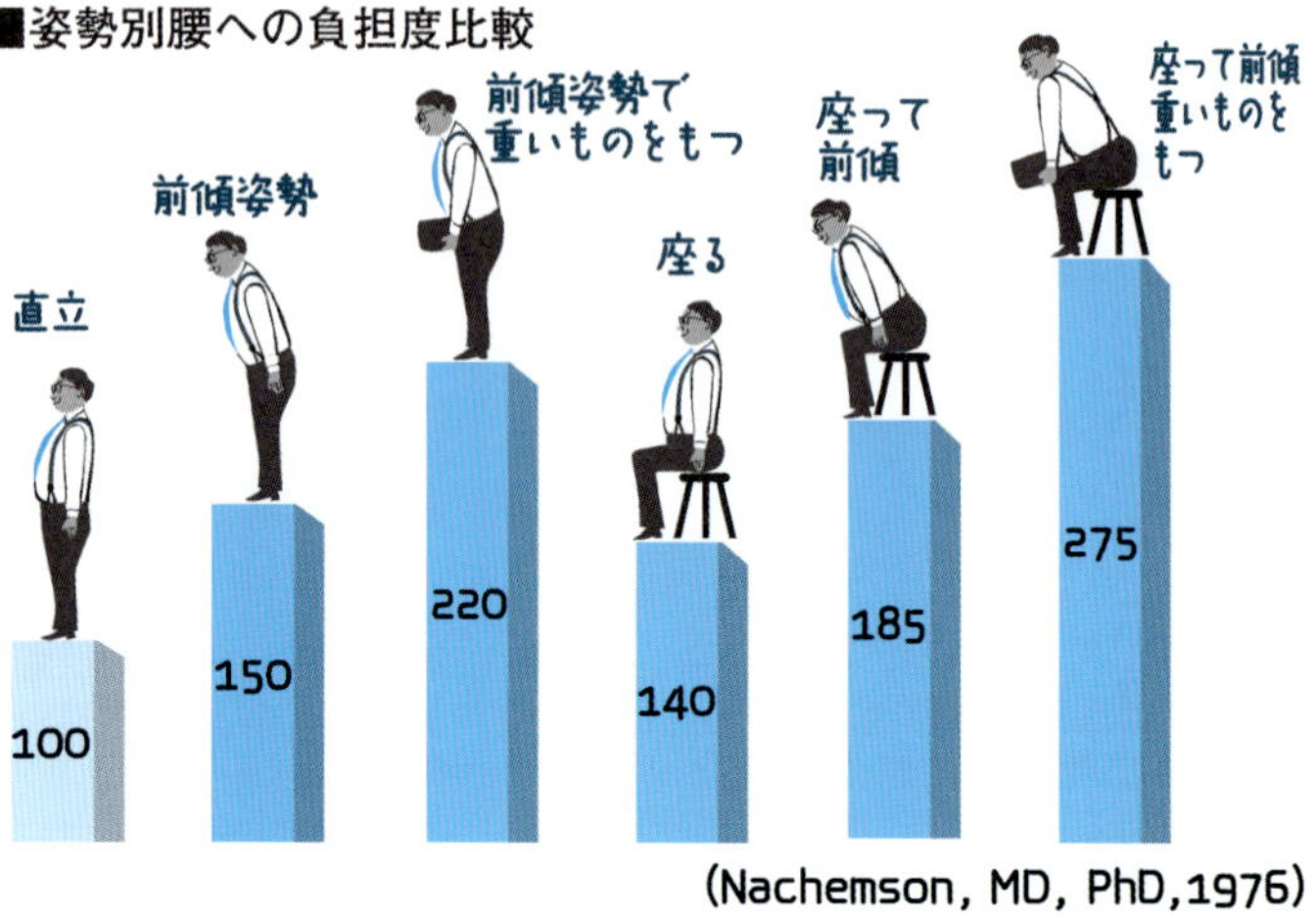

「本来、人間の体は1日中座りっぱなしになるようには設計されておらず、立位で機能的に動けるようになっています。

立っているときは左右の足裏2点で自分の体の重さを支えます。椅子に座るという行為は、足裏2点に加えて、お尻を座面にあずけることができるので、3点で体の重さを支えることになります。

3点で支えることができれば、とても楽に姿勢を維持することができるはずです。しかし、実際はお尻にだけ重さをかけて一点支持になり、腰に負担がかかりやすくなります。さらに、体を支持する感覚を忘れてしまった足が宙に浮いてし

■ラクな座り方

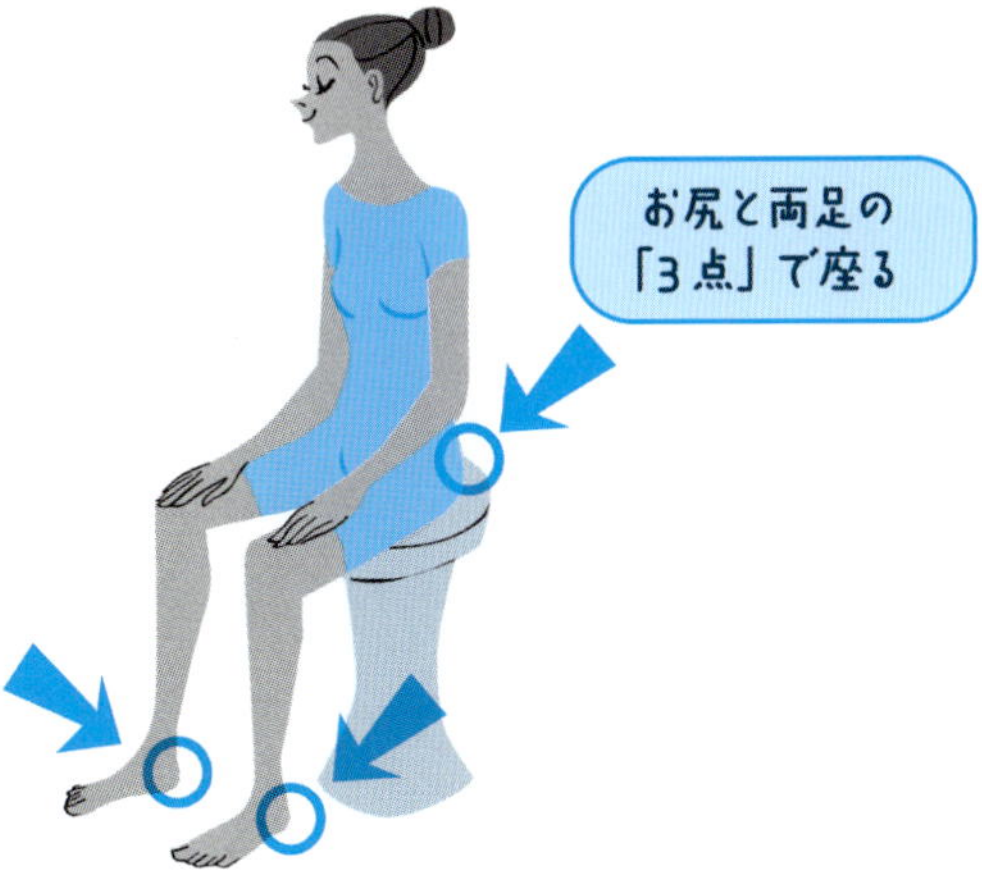

まってどうしたらいいかわからなくなり、貧乏ゆすりをしたくなったり、足を組みたくなったりしてしまいます。こうしてますます腰に負担がかかってしまうのです。座ることへの腰への負担度は、右上の図を見て頂ければ一目瞭然でしょう」

つい貧乏ゆすりをしたり、足を組んだりする理由が、座ることで支点がお尻に移り、足がいわば「手持ち無沙汰」の状態になるからだとは、目からうろこではなかろうか。

藤本氏曰く、座っているときにも2本の足を意識して、お尻と2本の足の3点で支えるように座ることで体にかかる負担が大幅に軽減できるというのだ。

この「疲れにくい座り方のベストポジション」は、石川善樹氏の「座り方」の項目で述べたように、人によってバラエティがあるとは思う。ただ、百聞は一見に如《し》かず。本書をお読みのこの瞬間から「両足」も意識して座って、ご自身へのフィット感を確かめてみよう。

疲労回復

極意2 「耳ひっぱり」で頭のストレスをとる
——筋肉の緊張をゆるめるのが疲労回復の鍵

❖耳を優しく引っぱれば、頭蓋骨のバランスが整う

藤本氏の実践でユニークなのが、この「耳ひっぱり」である。

なぜ耳をひっぱるのかというと、頭蓋骨の周りの筋肉の緊張をゆるめるためだとい

■「耳ひっぱり」で疲労回復

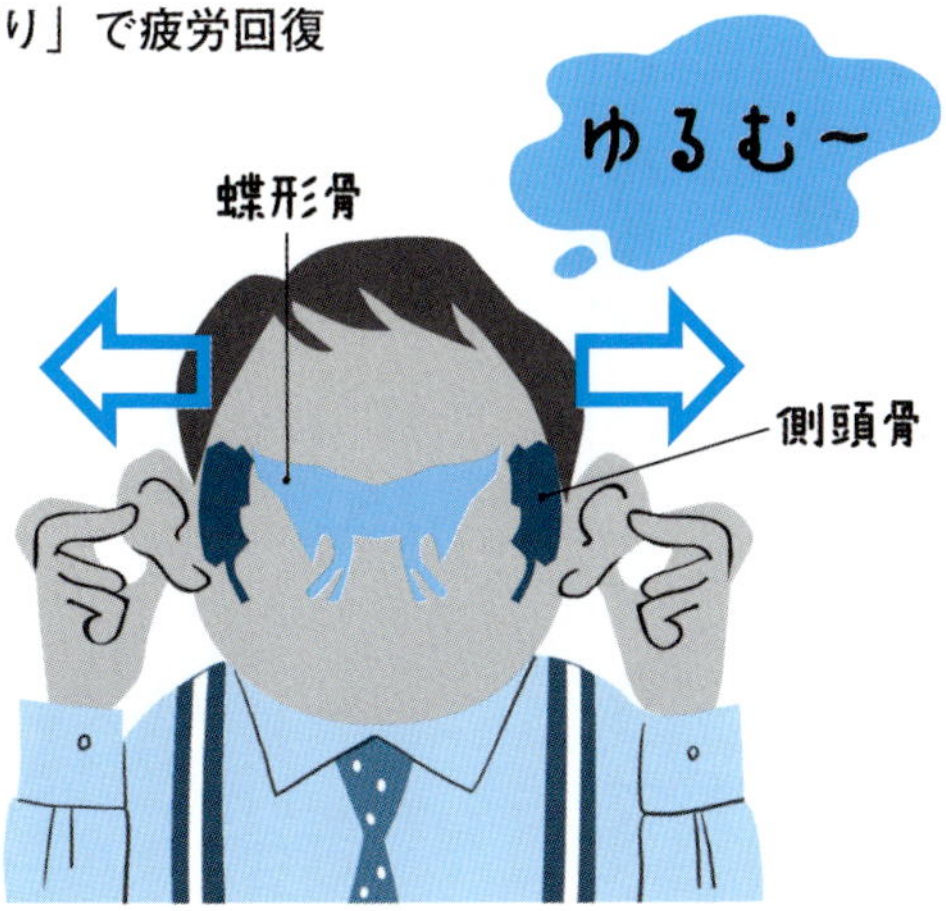

う。耳は側頭骨という骨に付着しており、耳をソフトにひっぱると、自然に、側頭骨の筋肉がゆるむ。そして左右の側頭骨を介して蝶形骨のストレスが解放されて、頭蓋全体のバランスが整うというのがその仕組みである。

耳を通じて頭蓋骨にアプローチする。単純だが、実は奥の深い方法なのである。その効用については次の通りだ。

「頭蓋骨は、二十数枚の骨が寄り集まっています。これが、たとえばあごの緊張などで頭蓋骨周りの筋肉がこわばると圧迫されて、頭蓋骨が包んでいる脳の機能にも影響が出ます。もちろん自律神経系にも影響し、疲れがとれにくくなったりもします。

そこで**頭蓋骨のバランスをとり、緊張・圧迫状態から本来の自然な状態へと戻してあげる。すると自律神経系も機能しやすい状態となり、自己調整能力が元に戻る**のです」

確かに頭蓋骨も脳もじかに触れることはできないが、耳をひっぱると間接的に刺激を送ることができる。すると自動的に頭蓋骨の圧迫もゆるむというわけである。

そう聞くと早速、耳を引っぱってみたくもなるが、「適度なひっぱり方」はあるのだろうか。

「**行う時間はせいぜい30秒、長くても1分程度**と考えてください。

引っぱり加減も大事です。ギュッと耳をひっぱる方法も気持ちはいいのですが、それだと、**最も届いてほしい深部にまで刺激が伝わらず、頭蓋骨全体のバランス調整にになりません。**

コツは視線を水平にして、耳のつけ根をもち、ソフトにひっぱることです。**視線を**

水平にするのは、それが目の奥の筋肉の本来の自然な状態だからです。視線が偏った方向にあると、目の奥の筋肉が緊張した状態になり、目の奥が固まり効果が半減してしまうのです」とのこと。

力任せにひっぱっても効果が出にくいので、このコツを心得て適度に耳をひっぱろう。

疲労回復 極意3 疲れを感じたときは、まっすぐ前を見よう
――水平な目線が頭のストレスを解放する

❖下を向くと、目の奥の筋肉が頭蓋骨を圧迫する

先述のように、**目の奥の筋肉は、目線が水平なときに自然な状態になる。実はこれ自体にも、疲労回復効果が期待できる**という。

「目の奥の筋肉は、『蝶形骨』という頭蓋骨の一部につながっています。下を向いた

りすると、この蝶形骨が引っぱられるかたちになり、これが頭蓋骨の圧迫につながるのです。

ちなみにビジネスパーソンの間では、ノートパソコンよりデスクトップのほうが能率が上がる、と言われますね。これは単にデスクトップのほうが画面が大きいからだけではなく、**目の高さに画面があることで、目が動きやすい、ひいては脳も動きやすい**からなんですよ」

画面の高さの重要性は、前述の石川善樹氏も指摘していたが、**目線は脳の働きまで左右する**のだ。まっすぐ前を見るだけなら、耳を引っぱる以上に手軽にできる。手軽に疲れを軽減させる方法として、合わせて覚えておきたいものである。

❖筋膜を刺激して、神経と筋肉を整えよう

ここで藤本氏の口から、重要なキーワードが飛び出した。**「筋膜」**である。

これについて、藤本氏は次のように説明する。「**筋膜は筋肉の包み紙のようなもの**です。そしてこれは比較的最近の科学的知見ですが、実は筋膜の中には筋肉の6倍か

■筋膜は全身を覆う筋肉の包み紙

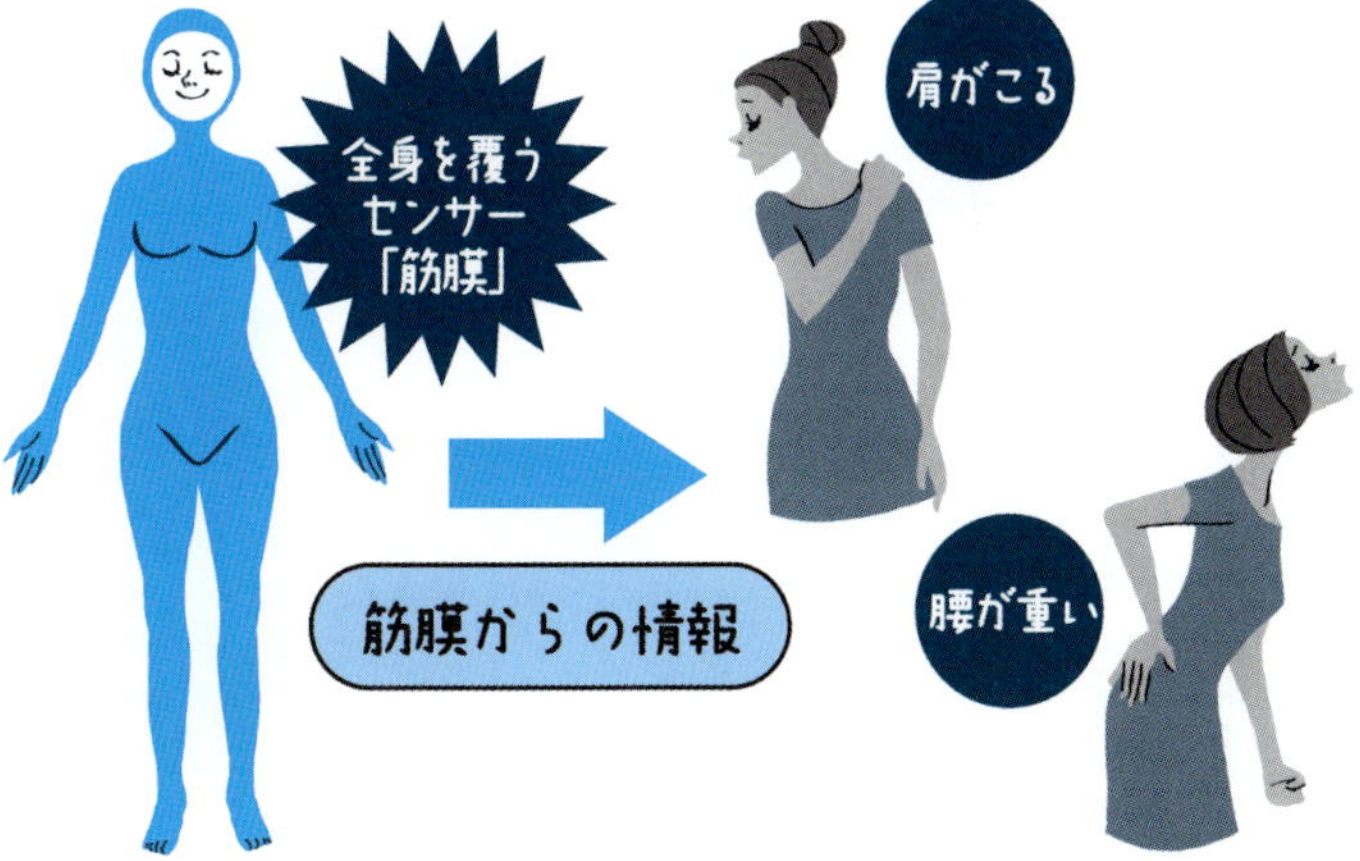

ら10倍近くの高密度で感覚受容器（センサー）が存在すると言います。筋膜そのものが一つの感覚器官であるともいえます。

たとえば私たちが、肩がこるとか腰が重いとか感じるのは、その多くは筋膜からの情報といえるのです」

それと目線には何の関係があるのかというと、これがまた、大いに関係があるのだ。その仕組みについて藤本氏は次のように述べる。

「筋膜は心筋のように、自分の意思ではコントロール不可能ですが、今、体がどういう状態にあるのか、情報を伝える役

割があります。

と同時に、筋膜は自分自身で張りや長さのバランスをとる自己調整力を備えているため、**筋膜をうまく刺激すると、筋膜に包まれている神経や筋肉も本来の状態に整えられる**のです」

■目線を水平にすれば「自己調整力」が整う

筋膜の自己調整能力のスイッチをONに
目線の高さの遠くに水平線があると思ってゆったりと見る

藤本氏によれば、目線をまっすぐにするのも、その一つである。

目線を水平にすることで、まず目の奥の筋肉がニュートラルになりゆるむことができる。筋肉がゆるむことでその周りにある筋膜のストレスが軽減する。筋膜は全身を張り巡らすように広がっているので、目の奥の筋膜がゆるむことで、頭蓋骨のストレスが解放され、さらには全身の歪みやストレスも解放されることになる。これは筋膜のもつ自己調整機能の結果なのだ。

疲労回復 極意4 「ちょうちん袖ワーク」で姿勢を正そう
——横隔膜を圧迫しない歩き方が効果的

❖肩関節が整うと、股関節も自然に整う ——横隔膜を圧迫しない歩き方

そもそもどうして疲れるのかというと、「無理のある姿勢を続けている」からだと藤本氏は話す。

「心身の健康に姿勢が大事ということは誰もがわかっているはず。しかし、猫背を直そうとして、がんばって背筋をのばすような姿勢をとっても、ものの5分もたたないうちに、気がついたら元の猫背に戻ってしまっているという経験をしたことがあるのではないでしょうか」

■「いい姿勢」をつくる
「ちょうちん袖ワーク」

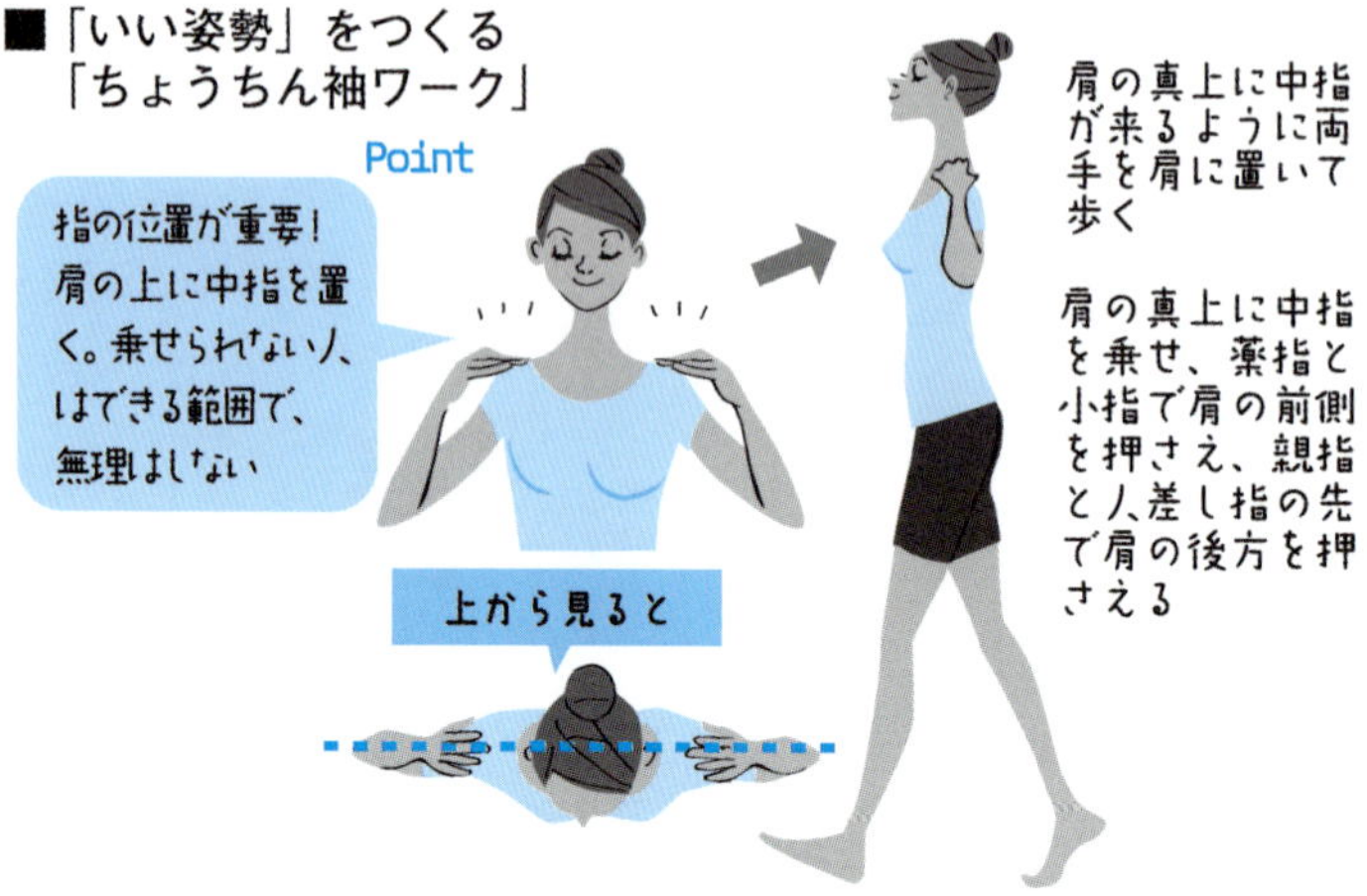
Point
指の位置が重要！
肩の上に中指を置く。乗せられない人はできる範囲で、無理はしない
上から見ると
肩の真上に中指が来るように両手を肩に置いて歩く
肩の真上に中指を乗せ、薬指と小指で肩の前側を押さえ、親指と人差し指の先で肩の後方を押さえる

ピンと胸を張っているのは、いかにも「いい姿勢」という感じがするが、実はそうではないらしい。では正しい姿勢とは、どんなものなのか。どう整えればいいのだろうか。

「胸を張ろうとすると、それだけ背中の筋肉は収縮し、緊張します。同時に、『横隔膜』という呼吸に関係する筋肉が圧迫されて呼吸が苦しくなります。背中は疲れるし、呼吸もしづらいしで、長続きしません。つまり猫背でなければいい、というわけではないのです。

大事なのは、体の力を抜くことによっ

■肩関節と股関節は連動している

肩関節がいい位置にくると、同じ側にある股関節も自然に整う

て自然に姿勢が整うようなバランスを知ること。そこでおすすめなのが『ちょうちん袖ワーク』です。肩のてっぺんを触るとボコッと出ている骨がありますね。これを『肩峰』と言います。

中指を肩峰に置き、小指・薬指は肩の前側に、親指・人差し指は肩の後ろ側に軽く置きます。こうすると、肩に、手でちょうちん袖を作っているようになるでしょう？

肩の位置が整うことで、無理のない姿勢に自然と導かれることになるのです。これがちょうちん袖ワークです」

私自身も実際に藤本氏の指導の下でやってみたところ、確かに背中が丸くならず、しかも反りすぎもしない。これがちょうどいい姿勢ということなのだろうか。

「肩関節と股関節は、実は連動しています。そのため、肩関節がいい位置にくると、股関節も自然といい位置に整うのです。腰痛の人も、ちょうちん袖ワークをやると股関節が整い、腰が軽く感じられるはずです」

離れていても、体の部位は連動している。一つが崩れれば他も崩れるし、逆もまたしかり、ということが、よくわかるのではないだろうか。

疲労回復

極意 5

ストロー呼吸で自律神経系を整えよう
——細く長い呼吸で横隔膜をゆっくり大きく動かす

❖細く長く息を吐けば、心身共に疲れにくくなる

ヨガなどではよく「呼吸が要」といわれるが、ボディワークでも呼吸は大事だと藤

■「ストロー呼吸」でストレス解消

通勤電車で
1. 静かに鼻から息を吸う
2. ストローをくわえた口からゆっくりと息を吐く
リラックスしつつも集中力が高まる
ストローでなくても、口をすぼめて呼吸するだけでできる

本氏は話す。**ここでキーワードとなるのは「横隔膜」だ。「ストロー呼吸」と呼ばれる方法で横隔膜を自由にすることが、疲れにくい体につながる**という。

「ストロー呼吸とは、一言でいえば、息を細く吐くことで、適度に腹圧をかける呼吸法です。ストローから息を吐くことで、吐く息が自然に意識できるようになり、横隔膜がゆるみます。通常の呼吸より腹圧がかかることで、姿勢も整いますし、内臓感覚が生まれることで自律神経系も整います」

そうはいっても、常にストローを使って呼吸できる状況にあるわけではない。

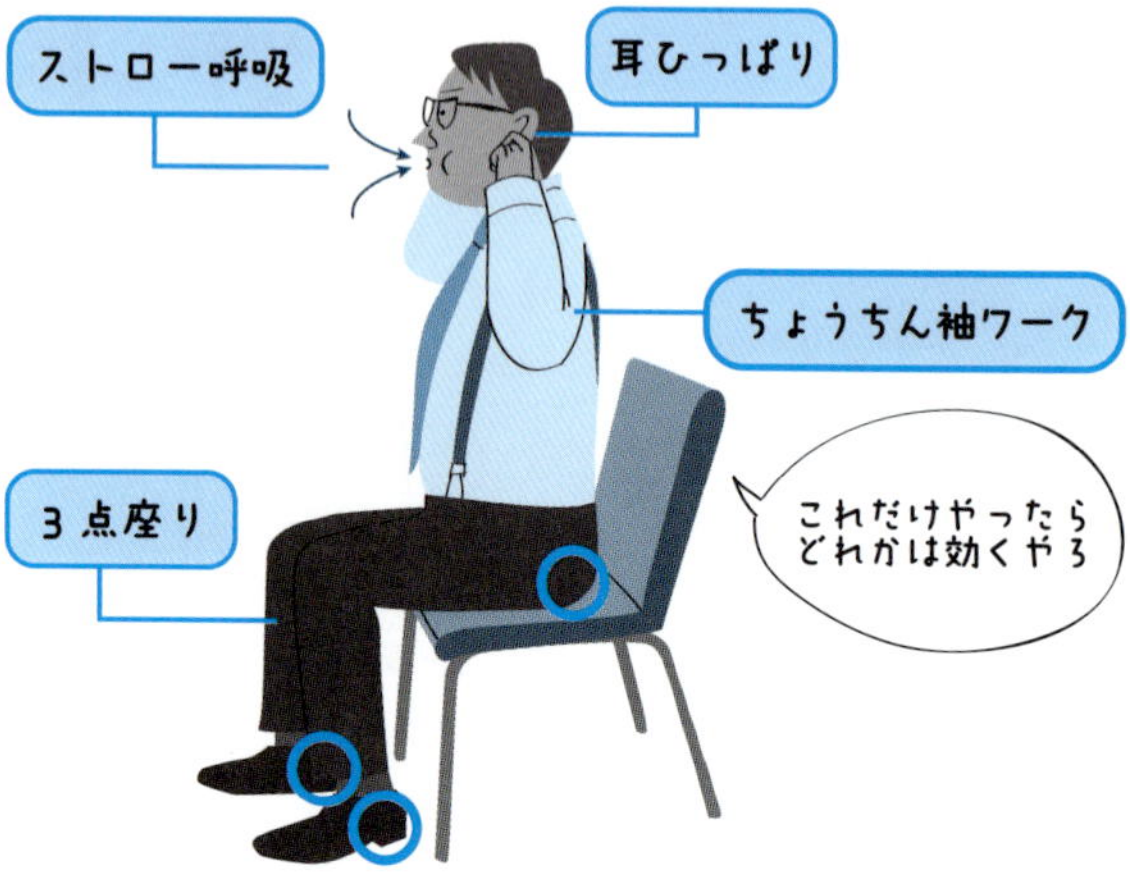

「ストローがないときは、ストローから息を吐くように、口をすぼめて細く息を吐けば大丈夫です」と藤本氏は語る。

「過度なストレスがかかると、心も体もフリーズします。呼吸も浅く短くなりがちです。そんなときに、数回でもストロー呼吸をすると、パニックが収まり、気持ちも落ち着きます」

ここまで、3点で座る、耳ひっぱり、水平に目線を合わせる、ちょうちん袖ワーク、ストロー呼吸など「神経の疲れをとるボディワーク」をご紹介した。

いろいろ試してみて、一つでもご自身にとって合うものを、探してみて頂きたい。

column

皆が行っている方法が正しいとは限らない

◆痛みの原因は人によって千差万別 ――「わかりやすさ」の罠に注意しよう

ジムに行けばトレーナーがいて指導してくれるし、街を歩けば整体院や整骨院を本当に多く目にする。広く定義すれば、藤本氏が指導しているボディワークも、こうした世界に含まれるのだろうが、やはり一流と二流のトレーナーは、プロが見れば悲しいかな、一発でバレてしまうのだろうか。

「**一つのやり方を万人にあてはめようとする実践家は、一流とは言えない**と思います。

たとえば腰痛一つとっても、原因は人それぞれです。それを、何キロのダンベルを1日に何回上げ下げすれば解消できるなどと、ひとくくりにしていいわけがありません。わかりやすいし、取り組みやすいけれど、改善に役立っていないというケースは多いです」

column

わかりやすくて取り組みやすく多くの人が実践しているのに実は間違っているというのが、一番タチが悪い。これは多くの人がハマりやすい落とし穴であろう。

◆科学的根拠《エビデンス》を鵜呑みにするな
――自己流の正当化にあやしげなデータを使う人々

さらに藤本氏は、自らが10年以上神経科学研究に没頭した経験をもつことから**「特に健康情報に関してのエビデンスを鵜呑みにするのは得策ではない」**と指摘する。その真意は、どういうことなのか。

「科学研究は、あくまでも特定の条件の中で行われたものであり、結果として得られるデータが実践の現場と必ずしも一致していないことがあります。特に健康など、人の体に関することは。なぜなら健康な人の体を切り開いて、中がどうなっているかを調べることは基本的にはできないからです」

「一方、健康や医療の現場にいる実践家は、自分が提唱する方法を正当化したいがために、自分にとって都合のよいエビデンスのみを利用し、都合の悪いものは無

視するという傾向があります。これでは、『客観的な公平性』という科学研究の本来の意義が見失われており、信頼に足るものとはいえない場合もあるのです」

人間の体には、今の理論で説明できないこともある。となれば、実践家が一つの実験結果を盲信してもいけませんし、そこで思考停止してもいけません。だから私は、**理論やエビデンスというもの自体にも、『本当にそうなのか？』という問いを常にもち続けるように心がけています**」

人の体は千差万別で、どんな実践法も実験データも、万人に共通ではないのだ。二流の「これさえやれば解決」式の、あやしげな健康法にくれぐれも気をつけて頂きたい。

健康キーワード

【ロルフィング®】重力との調和を取り戻し、人間の体が本来もっている潜在能力や自然な治癒力を引き出すために、アメリカの女性生化学者、アイダ・P・ロルフ博士が開発した身体の調整法。

【筋膜】筋肉や内臓を包む膜の総称。肩がこる、腰が重いといった体の疲れに関する情報を伝える感覚器官としての役割をもつ。

【蝶形骨】頭蓋骨の中央部に位置している。すぐ上に自律神経系の中枢である視床下部があるため、蝶形骨のバランスは自律神経系に大きな影響を与える。

ハイライト

●ただ単に体を休ませるだけでは、神経の疲れはとれない。そのための手軽な実践法の一つが「ボディワーク」である。

●頭蓋骨は、二十数枚の骨が寄り集まっているが、あごの緊張などにより頭蓋骨周りの筋肉がこわばると圧迫されて、頭蓋骨が包んでいる脳の機能にも影響が生じる。

●多忙な日々で体の感覚を見失うと、健康のために重要な神経系の自己調整能力が鈍ってしまう。

●「胸を張る」のは、必ずしもいい姿勢ではない。胸を張ろうとすると、背中の筋肉

は収縮し、緊張するので、横隔膜が自由に動くことができず呼吸が浅くなる。

●実験は、あくまでも特定の制約の中で行われたものである。結果として得られるデータも、その制約に付随して出てきたものなので、各人が実践して同様の成果が得られるかどうかはわからない。

最強の「疲労回復」アクションプラン

①座るときは、「お尻、両足」の3点を意識し、腰に負担をかけないようにしよう

②疲れを感じたら、耳を優しく引っぱり、頭蓋骨のバランスを整えよう

③疲れを感じたら、目線をまっすぐにして、遠くを見よう

④姿勢を整えて、横隔膜が十分動くスペースを確保しよう

⑤口をすぼめて細く長く息を吐き、自律神経系を整えよう

column

「セックスは健康にいい」は医学的に正しい？

◆セックスがもたらす「ストレスの低減」「脳機能の向上」「睡眠導入」効果

セックスは、パートナーとコミュニケーションをとるのに、重要な手段だ。しかし、日本人のビジネスパーソンはセックスの頻度が他国に比べて少ないと言われており、回数的には世界最低水準である。

女性誌などでよく、その健康増進効果が特集されるが、実際はどうなのだろうか？

セックスがもたらす健康増進効果として挙げられる代表的なものは「ストレスの軽減」「脳機能の向上」「睡眠導入」効果だ。

まず、一つ目の「ストレスの軽減」について、イギリスの西スコットランド大学ペイズリー校から2006年に発表された研究によると、**日常的にセックスをしている人は仕事上のストレスにうまく対処できている**というのだ。

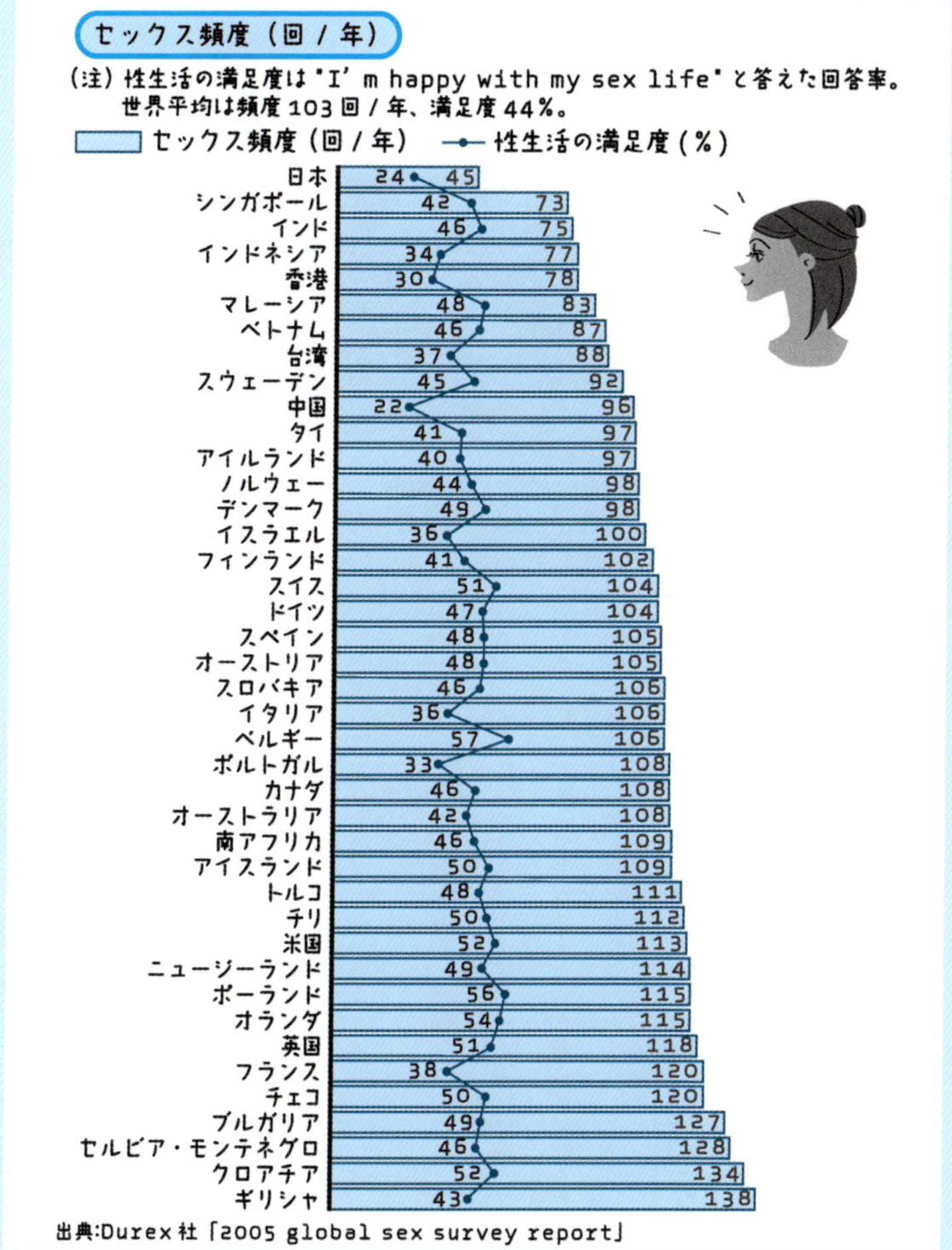
セックス頻度(回/年)
(注)性生活の満足度は"I' m happy with my sex life"と答えた回答率。
世界平均は頻度103回/年、満足度44%。
セックス頻度(回/年)
性生活の満足度(%)
日本 24 45
シンガポール 42 73
インド 46 75
インドネシア 34 77
香港 30 78
マレーシア 48 83
ベトナム 46 87
台湾 37 88
スウェーデン 45 92
中国 22 96
タイ 41 97
アイルランド 40 97
ノルウェー 44 98
デンマーク 49 98
イスラエル 36 100
フィンランド 41 102
スイス 51 104
ドイツ 47 104
スペイン 48 105
オーストリア 48 105
スロバキア 46 106
イタリア 36 106
ベルギー 57 106
ポルトガル 33 108
カナダ 46 108
オーストラリア 42 108
南アフリカ 46 109
アイスランド 50 109
トルコ 48 111
チリ 50 112
米国 52 113
ニュージーランド 49 114
ポーランド 56 115
オランダ 54 115
英国 51 118
フランス 38 120
チェコ 50 120
ブルガリア 49 127
セルビア・モンテネグロ 46 128
クロアチア 52 134
ギリシャ 43 138
出典:Durex社「2005 global sex survey report」

column

■セックスがもたらす3つの効用

具体的には、日常的にセックスを行っているグループのほうが、**公衆の面前でのスピーチなどのストレスフルな状況下において、血圧の上昇が低く抑えられている傾向がある**という。

「脳機能の向上」効果については、イタリア・パヴィア大学の研究チームが2013年に発表した研究レポートがある。

それによると、**日常的にセックスを行う者は、意識の明瞭さにつながる脳神経が増えている傾向にある**というのである。

また、米・プリンストン大学で行われたマウスを使った実験でも、**セックスをしているマウスのほうがしていない(させない)マウスよりも脳神経が発達している**ことがわかっている。

そして三つ目の「睡眠導入効果」である。ストレス社会で、不眠症に悩む現代人も数多く存在する。そうした中で、セックスはより**深い睡眠へいざなってくれるという意味で、不眠症解消にも効果がある**という主張もある。

しかし、順天堂大学大学院の男性医療の権威である堀江重郎氏は、以下のように警鐘を鳴らす。

「人の健康にセックスが『よい』とは言い切れない部分もあります。たとえば、世界で一番セックスをしているのはロシア、ギリシアですが、**ロシアは著しく男性は短命で、セックスが世界でも最も少ない日本人が長寿であることを考えると、セックスと長寿の関係は一概には言い切れないと思います。複数の人とセックスを多くすると、性病や前立腺がんの確率も高まるという、データが存在するのも事実**

column

です」

これらを総合的に判断すると、別にセックスだけで寿命がのびるわけではないが、他の条件（年収・生活水準・医療水準など）が一定なら、脳神経やストレス対策、深い睡眠には効果があるということだろう。

また、性病のリスクを考えれば、やはり信頼できる大切な人との行為が重要なのは、言うまでもないことである。

column

性欲が高まるタイミングは、男女で真逆?

メンタリストDaiGo

「メンタリスト」として知られる。慶應義塾大学理工学部物理情報工学科卒業。英国発祥のメンタリズム(人の心を読み、操る技術)を日本のメディアで紹介。主著に『人生を思い通りに操る　片づけの心理法則』(学研プラス)など。

「ムーギーさん、性欲が高まるタイミングが男女で違うって知っていましたか?」

これは「集中力」の項目でご登場頂いたメンタリストDaiGo氏の言葉である。**たいていの場合、性行為は男女で行うのに、「したい」と思うタイミングが異なる**とは驚きではないか。

「**男性は、どちらかというと食欲や睡眠欲が満たされていないときに性欲を感じますよね。ところが女性は逆。つまり、おなかがいっぱいで、たっぷり眠った後に高まる**のです」

なぜ、このような正反対のことが起こるのだろう。それは、男女の体の違い、さらには性別による役割の違いに関係しているようだ。

「女性の場合は、満腹中枢が働く視床下部副内側核という脳領域と、性中枢が隣同士になっています。そのため満腹中枢が刺激されると隣の性中枢も刺激されるんですね。これが、女性は満腹になると性欲が高くなりやすい理由です」

男女の脳の違いが性欲の起こり方にも影響しているとは大変興味深いが、考えてみれば、オスは種を残すこと、メスは種を宿して子どもを産み育てるのが生物としての役割の一つである。

「オスは危機的状況になるほど、自分の種を残そうと必死になります。一方、メスは、なるべく健康な状態で妊娠に備えたいものでしょう。

人間の男性が食欲、睡眠欲が満たされていないという、身体的な欠乏状態で性欲が高まるのも、女性が食欲、睡眠欲共に満たされた状態で性欲が高まるのも、いってみれば自然の摂理と言えるのではないでしょうか」

ＤａｉＧｏ氏によると、「女性は1時間、朝寝坊すると性欲が有意に上昇するという研究もある」という。また意中の女性には、おいしいものをたくさんご馳走し、さらには寝たいだけ寝させてあげると、恋愛成就率も高まるという。

何だかダメ男の下心みたいだが、まあ常識的に考えて「ごはんをおごらず、少しも寝かせない」よりは、女性に好かれる可能性は高いだろう。

❖おなかにつく脂肪は「オメガ6」、バストとヒップにつく脂肪は「オメガ3」

ちなみに、男女の話でいえば、ＤａｉＧｏ氏曰く、「男性がナイスバディな女性を選ぶのには理由がある」という。どういうことだろうか。

「実は、おなかにつくよくない脂肪は『オメガ6』、女性のバストとヒップにつく脂肪は『オメガ3』なんですよ。人間の体はほとんど水分でできているのですが、脳は多くの部分がオメガ3の脂肪でできています。

column

■脂肪の良しあしは「つく場所」によって違う

いわゆる『ナイスバディ』な女性と結婚して生まれた子どもは、脳にもたくさんオメガ3が蓄えられているという説があります」

特定部位の見た目で女性に惹かれることには、オメガ3が一因になっているというわけである。

この、女性のプロポーションについては、進化心理学者のデベンドラ・シンという方の研究で、大変興味深い結果が出ている。

「多くの男性が魅力的と感じる女性の特徴を調べるべく、アメリカの

『プレイボーイ』誌に出てくる人気モデル３００人のスリーサイズを測ったところ、グラマラスな人もスレンダーな人も、バストとヒップの比率が同じだったそうです。オメガ３のバランスという見地からいえば、**女性の理想的なプロポーションの黄金比率はウエスト対ヒップ率（ウエスト÷ヒップ）が０・７。このかたちに近づくほど、魅力的に見える**のです」

ということは、もしかすると、どれだけ太っていても、それを上回るバスケットボールか晩白柚《ばんぺいゆ》のようなサイズのバストがあれば、まだまだ魅力的に映るのだろうか。

当然、人によって惹かれる外見もさまざまで、外見よりも中身を重視する人もたくさん存在する。ふくよかな体型が好きな方も、極端な細身を好きな方もいらっしゃるので、この「黄金比率」を真に受けて、無理なダイエットはくれぐれもなさらないで頂きたい。

とはいえ、私もそろそろおなか周りの「オメガ６」を減らして、魅力的な「オメガ３」へと、少しは近づきたいものである。

健康キーワード

【オメガ6】紅花油、大豆油、コーン油などに多く含まれる脂肪のもととなる油。おなか周りにつく脂肪の主成分でもある。

【オメガ3】魚やオリーブオイルなどに含まれる、善玉コレステロールを増やし、悪玉コレステロールを抑制するといった健康増進効果が期待できる油。女性のバストとヒップにつく脂肪の主成分でもある。

ハイライト

●セックスには「ストレス軽減」「脳機能向上」「睡眠導入」などの健康増進効果があるといわれている。しかし、世界各国のセックス回数と寿命の相関は確認されていない。

●男性は、食欲や睡眠欲が満たされていないときに性欲が高まるのに対し、女性は真逆という説がある。

●おなかにつく脂肪は「オメガ6」中心で、女性のバストとヒップにつく脂肪は「オメガ3」である。

最強の「セックス」アクションプラン

①「健康長寿」のためのセックスなど存在しない。性病リスク管理のためにも、信頼できるパートナーとの行為を大切にしよう

column

実は知らない、正しい入浴法

1日の終わりに誰もが行う「入浴」。毎日かかさず湯船に浸かっている人もいれば、多忙な日にはシャワーで済ませてしまう人もいるかもしれない。

私自身は入浴が大好きで、「じっくり1時間くらい湯船に浸かる派」の代表選手である。しかし人それぞれ生活環境が違うため、生活様式もさまざまなのは当然だ。毎日寝る前にほぼ絶対入るのだから、どうせなら、体にメリットの大きい「最強の入浴法」を習得したいものである。

ここでは、各専門家に伺った、「いい入浴」「悪い入浴」についてご紹介しよう。

◆いい入浴の基本とは?——「ゴシゴシ洗い」で皮膚を損傷しない

「ムーギーさん、頭や体を力いっぱいゴシゴシ洗っているんですか? 皮膚に負担をかけますから、やめたほうがいいですよ」

まず、「体の洗い方」について効果を語るのは、東京女子医大准教授で皮膚の専門である、常深《つねみ》祐一郎氏だ。堅めの垢すりを使ってゴシゴシ洗うと、たまった垢がきれいにはがれそうな感じがするし、何より気持ちがいい。しかしこれが大きな間違いなのである。

ここではまず、角質層には皮膚を保護する成分がたくさん含まれていることを覚えておきたい。

「そもそも、**垢はたまるものではありません**。もちろん、ずっと入浴をしなければ垢は積み重なります。しかし、**日々普通にお風呂に入っていれば、角質はひとりでにはがれる性質をもっている**のです。

背中は届かないから、何か道具が必要かもしれませんが、**手が届くところは、洗浄料をよく泡立てて手のひらでなでるだけで十分**です。**強くこすると、皮膚の表面は傷だらけになり、かゆみの原因**になります」

「垢はたまらない」。驚きの真実ではないか。**サウナの垢すり店などにいくと、いかにも力強そうなおばちゃんが体をこすって、「ゴシゴシ」垢を落としてくれる**

column

が、これは皮膚の大切な保護成分を含む角質層を傷つけてしまっていたのである。

❖ぬるま湯のすすめ
——熱い湯に浸かると皮膚を保護する物質が流出する

また、湯船の浸かり方に関し、同じく常深氏が教えてくれた。

「湯船に浸かるときには、『ぬるま湯』を心がけてください。食器をお湯で洗うと油汚れはよく落ちますよね。人間の体も同様です。あまり**『熱いお湯』に浸かってしまうと、皮膚の保護に必要な成分が流れ出してしまう**のです」

44度くらいの熱めのお湯に浸かるとそれはそれは気持ちがいいが、皮膚にとっては悪しき習慣なのだ。

38度くらいのお湯に浸かり、こすらずに泡でなでて洗い、体をタオルで拭くときもこすらず、押さえるように拭く。そしてすぐに保湿剤を塗る。これが常深氏のすすめる正しい入浴法の基本なのである。

❖温泉に浸かっても、疲れはとれない？

ちなみに私は、大の「温泉好き」でもある。しかし何と、温泉に入った後によく眠れるのも、先にご紹介差し上げた疲労回復の専門家・梶本修身氏によれば、**「疲れがとれてよく眠れたのではなく、温泉で余計に疲れたから、いつもよりよく眠っただけ」**という。温泉好きにとっては、かなり残念な驚きである。

なお**「半身浴」はいいが、額から汗が出るほど高温となると温泉と同様、疲れが増す**ことになるという。

「人体の深部の温度は、平均37℃強くらい。温泉の温度は41℃から43℃くらいです。ということは、**熱い温泉に入ると、自律神経は体温をコントロールする必要がある。だから汗をいっぱいかきます。つまり、温泉に入ることは、運動をしているのと同じ**なのです」と、梶本氏は続ける。

実は温泉で疲れはとれない。温泉の疲労回復効果を過信せず、くれぐれもゴシゴシこすらず、ぬるま湯に浸かって自律神経を休ませることが大切なのである。

column

❖入浴の入眠効果
——上昇した脳の温度を低下させることで寝つきがよくなる

なお、「寝る90分前に入浴を済ますことで、寝るまでの時間で体の深部の体温が下がっていき、皮膚温度との差も縮まってスムーズに入眠できる」という説を唱える専門家もいる。入浴の睡眠促進効果について、本書の「不眠」の項目でご登場いただく、国立精神・神経医療研究センターの三島和夫氏は次のように語る。

「入浴に入眠効果があることは事実です。ただ、一点勘違いしやすいのは、放熱で脳の温が下がるから眠れるのではなく、入浴で上昇する脳の温度を正常値まで下げる働きに伴って睡眠が誘発されるということです」

実際、入浴後の脳の温は入浴していない夜よりも若干高止まりするという。**体温が下がること自体に入眠効果があるのではなく、入浴後上昇した脳の温度を下げる働きによって寝つきがよくなる**、ということなのである。

column

本当は怖い、「熱すぎるお湯」——脳出血や脳梗塞、心筋梗塞の引き金となる「ヒートショック」

◆急激な温度差を体感すると血圧が急上昇する

湯船に浸かる際には「ぬるま湯」が適切というのは何も、「皮膚を保護する物質の流出を防ぐ」ためだけではない。

熱い湯に浸かると、急激な温度変化による血圧が急変動する。これを「ヒートショック」と言うが、これは、我々の体に深刻な影響をおよぼす一因となるのだ。

お風呂に入る際に、我々は脱衣所から風呂場に移動したり、湯船と洗い場を行き来したりと、さまざまな温度差を体感している。

「こうした血圧の変化は、特に高齢者や血圧の高い人にとって、脳出血や脳梗塞、心筋梗塞などの原因にもなります」と、「疲労回復」の項目でご紹介した梶本氏は警鐘を鳴らす。

column

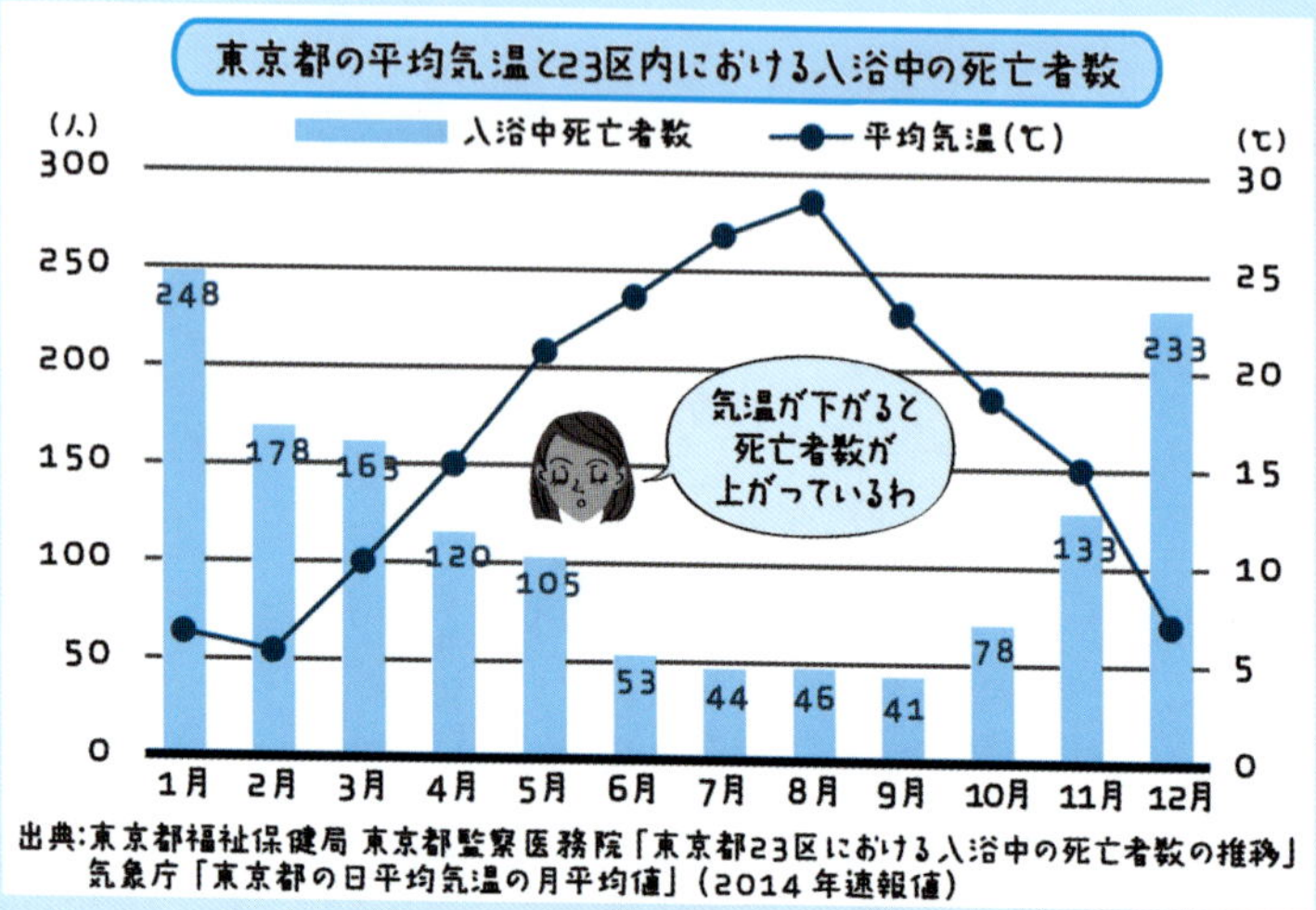

統計によれば、**日本では1年間で、全国で19000人もの人がヒートショックに関連した入浴中の事故で急死**したとされる。上記のグラフを見て頂くとおわかりになるように、**そうした「事故」の大半が発生するのは「冬場」であり、気温が下がると死亡者数が上がっている**ことが伺える。

全日本交通安全協会の調査によると、この**「入浴中のヒートショック」による死亡者数は、交通事故による死亡者数の4倍**。こう聞くと、その恐ろしさが腑に落ちるのではなかろうか。

「大の風呂好き」の私のように、寒い日に熱い湯に浸かって「ハァ〜」なんて言いながら、1日の疲れを癒やしていた方々も多いことだろう。

しかし熱い湯が寿命を縮めかねないという事実を是非とも心にとめて、ヒートショックを避けるべく、「ぬるま湯に浸かる入浴習慣」を大切にしたいものである。

ハイライト

●日々普通に入浴していれば、角質ははがれていく。
●温泉で疲れはとれない。入浴後よく眠れるのは、疲労が入浴前より増えたのが原因である。
●熱い湯に浸かると、外気との温度差により血圧が急上昇する「ヒートショック」が起こりやすくなり、脳出血や脳梗塞、心筋梗塞などの原因になる。

最強の「入浴」アクションプラン

①皮膚の保護成分を含む角質層を傷つけないよう、頭や体は強くこすらず、「手でなでるように」洗おう

②熱い湯に浸かると皮膚を保護する成分が流れてしまうので、38度程度のぬるま湯に浸ろう

③入浴時は、急な温度変化によるヒートショックに気をつけよう

水虫／常深祐一郎

水虫は予防・治療の「正しい知識」で対処しよう
――水虫は予防・治療共に可能

東京女子医科大学皮膚科准教授。東京大学大学院卒業。東京大学皮膚科医員、助教を経て、２０１０年東京女子医科大学皮膚科講師、２０１４年より現職。専門は、皮膚真菌症、乾癬、アトピー性皮膚炎、疥癬など。著書は『毎日診ている皮膚真菌症』（南山堂）など多数。

「意外かもしれませんが、お風呂場などでうつってしまい、水虫になっている日本人はたくさんいます。どんな調査結果を見ても、**だいたい４～５人に１人は水虫です。しかも男女比も、男性のほうがやや多いという程度で、実は水虫になっている女性も多い**のです」

こう話すのは、「入浴」の項目でもご登場頂いた東京女子医科大学皮膚科学教室准教授の常深祐一郎氏だ。命に関わるというわけではないが、何といっても不快な水虫。いつの間にか足のかゆみなどに悩まされるようになり、人にも言えず地味に苦しんでいる人も多いことだろう。

「**水虫は一種の感染症。正確な知識をもって気をつければ予防できるし、かかってしまったとしても、ちゃんと一定期間治療をすれば完治します。**ところが予防についてはおろか、治療についても正しく理解され、行われていないというのが実態です」

たかが水虫、されど水虫。どのように予防し、あるいは治療していけばいいのだろうか。

「**予防の鍵は、他人の水虫菌をもらわないようにすること。そのためには銭湯や温泉、プールなど、床を介して他人の菌と触れたときに、しっかり『事後処理』をすること**です。そして水虫になってしまった場合は、塗り薬と飲み薬を正しく使うことで、完治できます」

かゆみなどの不快な症状は、生死には関わらなくても仕事の時間を含めた生活の質を著しく低下させる。これから水虫の正しい予防法と治療法を知り、かゆすぎる不快感に煩わされずに済む、快適な足の裏を作っていこう。

専門家が簡単解説！
「水虫」の仕組み

❖水虫の正体は「カビ」――皮膚のかけらに付着して、待ち構えている強敵

水虫は、「白癬菌《はくせんきん》」というカビの一種が足の皮膚の角質層に侵入することで起こる感染症である。感染経路は先にも触れた通り、銭湯や温泉、プールなどである。使用者の中に水虫の人がいると、白癬菌がついた角質が床にポロポロと落ちる。**裸足で歩き回った際に、それを踏んづけることで白癬菌が自分の足にもくっついてしまう**のだ。

■白癬菌の生存戦略

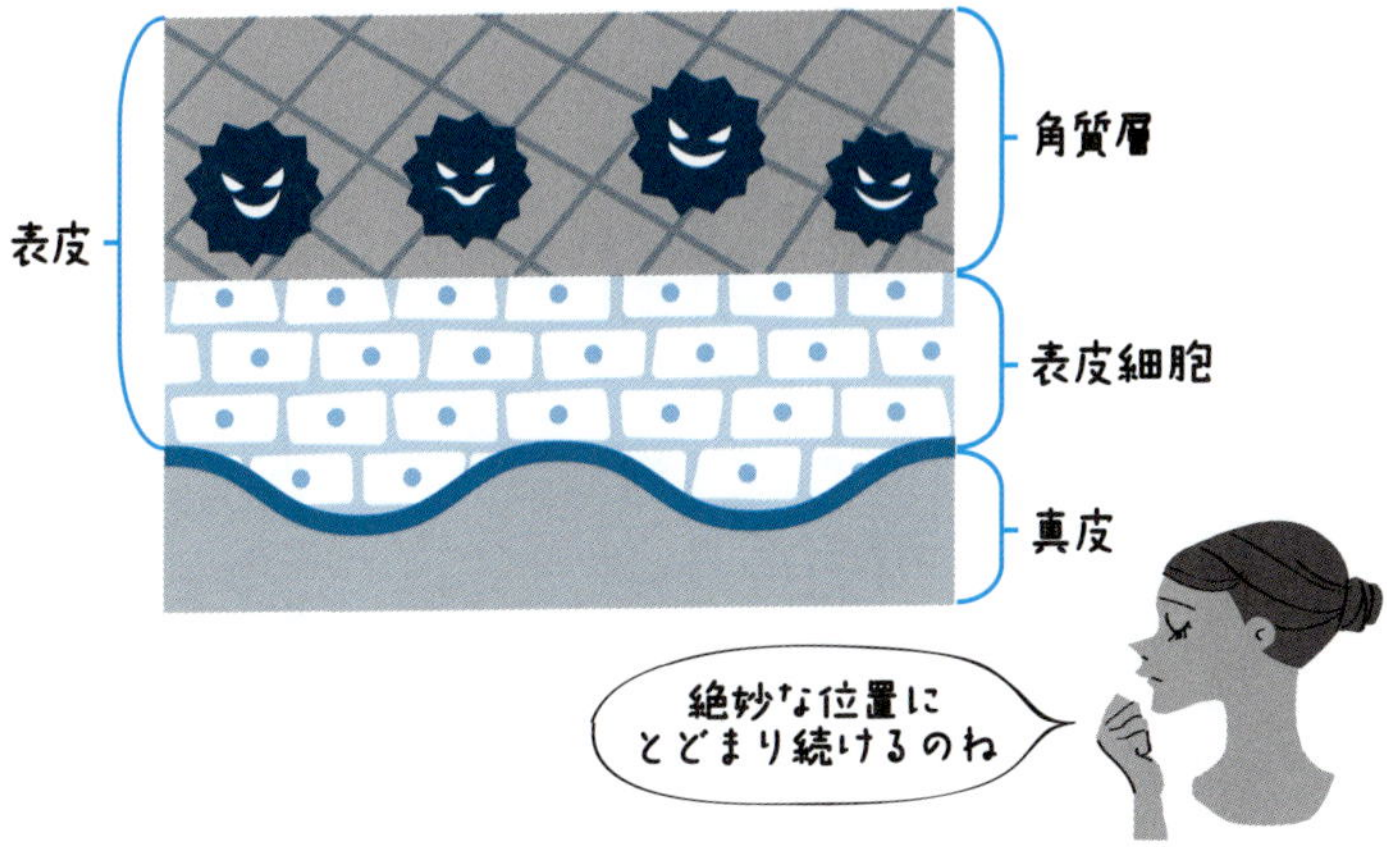

しかし、踏んづけてすぐに感染するわけではない。角質層に入り込むには時間がかかる。**本来、菌というものは、それ単体では寿命が短い。しかし白癬菌は、栄養源の角質にくっついているために寿命が長くなる。**

図らずも菌が増殖しやすい高温多湿の靴の中に置かれることで角質層に入り込みやすくなり、やがて水虫の症状が出はじめるのだ。

菌が増殖しやすい高温多湿の状態とは、たとえば靴下を履いて通気性の低い革靴を履いて1日を過ごす、といったことである。

これらは日常的に、私たちが皆やっていることではなかろうか。

つまり、ひとたび白癬菌をくっつけてしまうと、**現代のビジネスパーソンのライフスタイルは、菌にとっては絶好の増殖のチャンスを与えてしまう**のだ。

では水虫を放置すると、白癬菌が足から体内へと浸潤してくるのかというと、そうでもない。水虫は足の角質層にとどまる性質をもっているのである。常深氏曰く、**皮膚の新陳代謝で垢と一緒にはがれ落ちないよう、まるで「エスカレーターを逆行する」ように皮膚の層の内側へとさかのぼりつつ、さりとて内部には行きすぎないよう、絶妙な位置にとどまり続ける。**

しつこい上に賢いとは、何とも敵ながらあっぱれではないか。

❖「角質にとどまる」という、白癬菌の生存戦略

もし水虫が皮膚からさらに奥へと侵入しようとすれば、体の免疫が反応して追い出そうとする。**角質にとどまるというのは、白癬菌にとっては、宿主の体により長く寄生し続けるための生存戦略**なのである。

しかしその結果として、水虫に感染した宿主にはかゆみなどの不快症状が現れてしまう。それではいざ感染してしまったら、どのように防ぎ、治していけばいいのだろうか。万年足の裏がかゆすぎるという不幸な事態に陥らないためにも、「水虫対処」の極意を学んでいこう。

水虫対処 極意1 公衆浴場、プールの後は、足を洗おう
——水虫保持者の角質からの感染を予防

◆銭湯、温泉、プールの後は足をきちんと洗浄

水虫は感染症である以上、菌を防げば予防できる。それには、水虫になっている人の角質をくっつけないようにすることに尽きるが、銭湯や温泉、プールでは、どうしても裸足で他人と床を共有することになる。

もちろん家族に水虫もちがいれば、家の風呂の床だって感染経路になりうる。

では、どうすればいいかといえば、当然のことながら**銭湯や温泉、プールに行った後には足を洗うことが大切**になる。銭湯や温泉では、お風呂に入った後にわざわざ足を洗うというのは奇妙に思えるかもしれないが、常深氏はこう話す。

「日中をずっと裸足で過ごし、出かけるときには草履を履き、なんていうビジネスパーソンは日本にはいないですよね。となると、**入浴から次の入浴までの24時間の間、靴下と靴を履いて過ごすうちに、足にくっついた白癬菌が増殖、定着し、水虫になる危険がある**のです」

体を洗ったのだから清潔……と思ったら大間違い。銭湯や温泉、プールで、裸足の足は菌がウヨウヨいるかもしれない床と接しているのである。これからは**銭湯、温泉、プールの後は必ず「再度足を洗うこと」を心がけよう。**

水虫対処

極意2 薬はケチらず「足全体にしっかり」塗ろう

——薬の種類よりも「塗り方」が重要

❖治らない人は「薬の塗り方」が間違っている ——試験管の中と現実は違う

水虫を予防するには、裸足で他人と床を共有したときには、足をきれいに洗う。しかしそれでも水虫になってしまった人、あるいはすでに水虫になっている人には、薬による根気強い治療が必要だ。

「よくCMでは、塗り薬によって菌が死滅させられるかのような描写がされていますが、実際には違います。**試験管の中で菌に直接、薬を振りかければ菌は死にますが、皮膚に塗ると、皮膚のタンパク質が薬の浸透を阻害してしまう**のです。

では塗り薬の効果は何かと言うと、菌を殺さないまでも、活動できなくすることです。その間に肌の新陳代謝が進んで、菌が垢と一緒にはがれ落ちることで、菌がいなくなる。これが塗り薬による治療のメカニズムです」

ちなみに常深氏によると、**「塗り薬は、今では病院の処方薬も市販薬も有効な成分はあまり変わらない」が、それ以上に重要なのは「塗り方」**だという。

「薬を塗っても一向に水虫がよくならない、という人がいますが、たいていは塗り方が間違っているからです。塗り薬は、**かゆみのある場所や皮膚がむけているところだけではなく、足全体に塗らなくては意味がありません。**症状が出ているのは狭い範囲でも、感染は足全体と考えられるからです」

素人判断だと、蚊に刺されたときのように、かゆい部分にだけ薬を塗ってしまいがちである。しかし足全体に菌がいるのなら、一箇所だけに薬を塗り続けても、菌の活動を封じることはできないのだ。

薬代もバカにならないと思うかもしれないが、治らないような塗り方をして治療を長期化させるほうが、結局はコスト高となる。塗り薬はケチらず、毎日きちんと足全体に塗る。そうしていれば、1～数カ月で治るという。

ちなみに、**「水虫の菌は角質にいる」といっても、軽石などで無理やり角質を削ろうとするのは、かえって逆効果になる**ようだ。

「足の皮膚に傷があると感染しやすくなります。軽石でゴシゴシ削ると無数の傷が足にできるため、わざわざ菌が入り込む余地を作り出しているようなものなのです」

塗り薬で菌の動きを封じたら、後は自然の新陳代謝に任せて、肌が入れ替わるのを待つ。これで水虫は治せるのだ。

ちなみに塗り薬と合わせて、飲み薬を服用するという手もある。「内側と外側の両方から菌にアプローチすることになるので、より強い効果が期待できる」というが、一方で「肝臓への影響に注意が必要」とも常深氏は指摘する。内服薬は体内の解毒器官である肝臓に負担をかけるため、「2カ月に一度くらいは採血し、肝機能をチェックしたほうがいい」という。

◆爪の水虫「爪白癬」には、飲み薬が必須

塗り薬だけにするか、飲み薬と併用するか。通常の水虫だったら市販の塗り薬だけでも十分治療可能だが、**白癬菌が爪に侵入している「爪白癬」の場合は、飲み薬が必須**だという。

「爪白癬になると、爪の色やかたちが変わったりします。それを『歳のせい』『過去に足を踏まれて爪が変形した』などと誤解し、水虫であることに気づきにくいのですが、**実は日本人の1割は爪白癬になっている**と考えられます」

爪白癬には、通常の水虫薬ではなく、専用の塗り薬を使う。しかし塗り薬だけだと根治率は2割程度。以前よりはかなり進歩したので、軽症なら塗り薬でもいいが、中等以上の症状をしっかり根治するには飲み薬が必要だという。

爪が完全に入れ替わるには1年以上かかるため、爪白癬の治療には、最低でも1年を見たほうがいい、と常深氏は説明する。

◆足を見せたとたんに「水虫です」という医師は疑おう

皮膚科の専門医から見た場合、注意すべき医師とは、どんな医師だろうか。常深氏は**「水虫の診断が早い医師はあやしい」**という。診断が早いほうがあやしいとは意外だが、その理由は、**「水虫はパッと見てわかるものではないから」**だという。

「足の皮膚がむけている、かゆみがある、あるいは爪が濁っている、これだけで水虫だと診断することはできません。水虫はカビ感染ですから、皮膚片を採取して顕微鏡をのぞいてカビを見つけます。実際、『水虫になった』といって皮膚科を訪れる**『自称・水虫さん』の3分の1から半分は、水虫でない**と言われているくらいです」

水虫に似た症状が出る皮膚病は他にもあるため、症状だけを見て水虫と断じることはできない。だからこそ、パッと見てすぐに水虫との診断を下し、薬を出す医師はあやしいのである。

健康キーワード

【白癬菌】水虫の原因となるカビの一種。水虫を治療せずに放置すると白癬菌が他の部分にも感染してしまい、治療が困難となる。可能な限り足を乾燥させ、清潔な状態を維持することが重要である。

【爪白癬】手足の水虫が進行し、爪の中に白癬菌が侵食して、爪自体が感染した状態となっている水虫。足の皮膚にできた水虫よりも治りにくく、「塗り薬」「飲み薬」の長期併用が必要となる。

ハイライト

- 水虫は、裸足で歩き回った際に、保菌者の足からはがれ落ちた菌のいる角質を踏み、白癬菌が自分の足にくっついてしまうことが感染の原因。
- 革靴を1日中履いて過ごす現代のビジネスパーソンの生活様式は、白癬菌にとって快適な環境を作ってしまっている。
- 水虫は、皮膚の新陳代謝で垢と一緒にはがれ落ちないよう、足の角質層の絶妙な位置にとどまり続ける性質をもっており、これが治りにくさの一因である。
- 市販の薬も病院でもらえる薬もその効能に大差なく、大切なのは「塗り方」である。

●爪水虫には「飲み薬」の服用が重要となる。

最強の「水虫予防」アクションプラン

①皮をむいたり、軽石で強くこすったりして皮膚をはがすのは、逆に菌を入りやすくする環境を作ってしまうので控えよう

②銭湯、温泉、プールなどで、他人と同じ床を踏んだら足を洗おう

③水虫になったら、塗り薬は足全体にたっぷりと塗ろう

④「爪白癬」をきちんと治すには、飲み薬を使おう

睡眠／櫻井武

筑波大学医学医療系および国際統合睡眠医科学研究機構教授。筑波大学大学院医学研究科修了。１９９８年、覚醒を制御する神経ペプチド「オレキシン」を発見。睡眠研究の第一人者。主著に『睡眠の科学』（講談社）など。

脳機能の強化とゴミ処理には睡眠が必要

――睡眠は、時間ではなく質にこだわろう

「睡眠は体を休めるために必要なもの。そして何より、人体に内蔵されている精密コンピュータ、『脳』のメンテナンスのために欠かせないものです。つまり睡眠は、次の覚醒のためにある、そう言っていいでしょう」

■睡眠中にシナプスは整理される

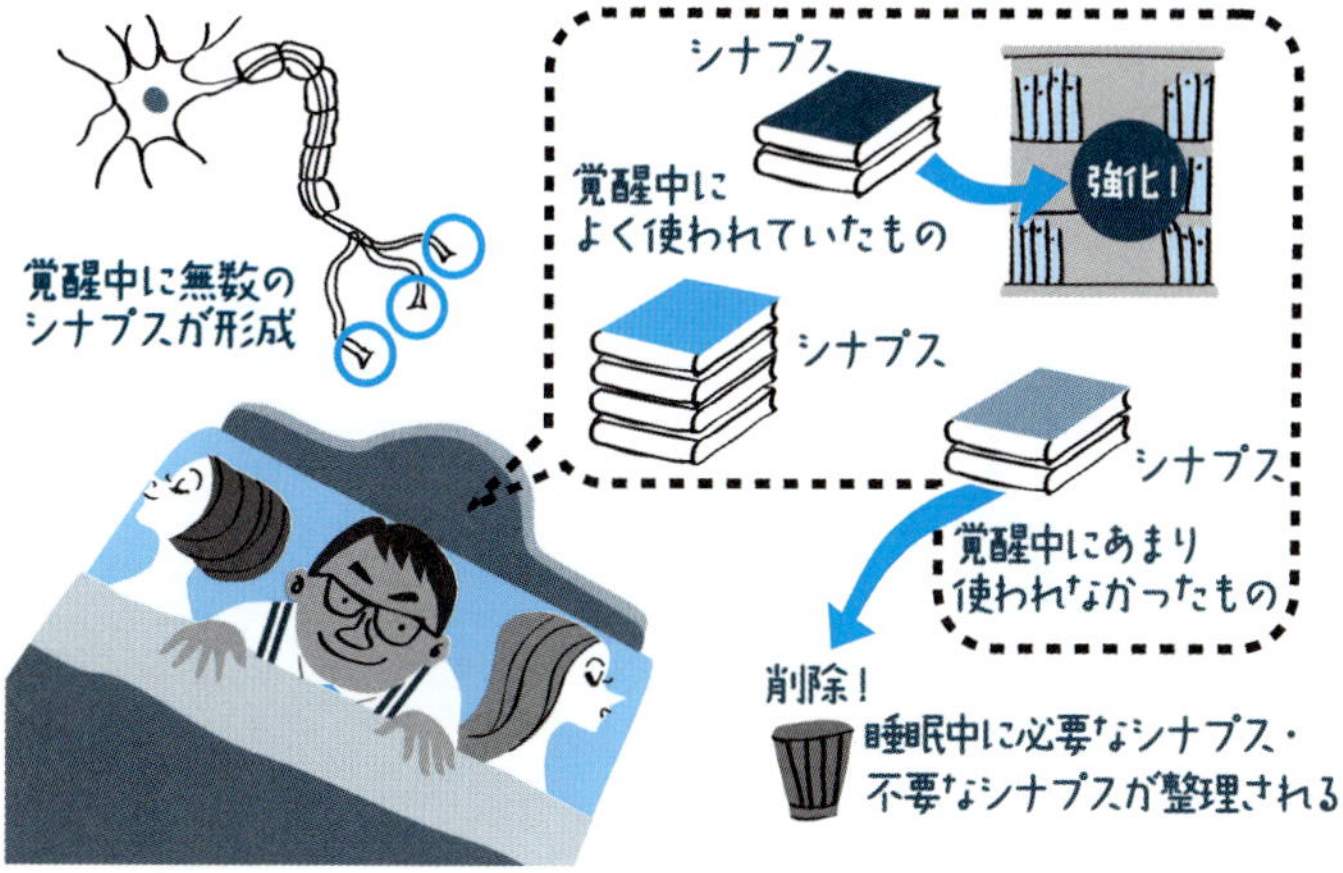

あまり寝なくても大丈夫な人、毎晩たっぷり10時間は寝るという人、本当はもっと寝たいのに寝られない人、睡眠時間は人それぞれだろう。

だが**「脳にとって睡眠が不可欠である以上、一切眠らずに済む人というのはいない」**――こう話すのは、筑波大学教授であり、睡眠研究の第一人者であり、ノーベル賞の有力候補者ともいわれている、櫻井武氏だ。

覚醒時における私たちの活動は、いかに「よい睡眠」をとれるかにかかっているのである。

ビジネスパーソンのみならず、誰し

もにとって不可欠な、「最強の睡眠」のとり方について、共に学んでいこう。

専門家が簡単解説！
「睡眠」の仕組み

❖シナプスの整理、削除、連結強化は睡眠中に行われる

我々の脳内では、睡眠中どのようなことが起こっているのだろうか。

覚醒中、人の脳は絶えず膨大な情報処理をしている。神経細胞は「シナプス」と呼ばれる接合部位で情報を伝達するが、覚醒時にはその効率が上昇したり、新たなシナプスが形成されて記憶を形成したりする。それらを整理したり、不要なものを削除したりするということが、実は睡眠中に行われているという。

「脳の神経と神経のつなぎ目にシナプスというものがあります。**覚醒中によく使われ**

■インプットは「覚醒中」記憶の強化は「睡眠中」

ていたシナプスほど強化され、脳内での情報の伝達効率が上がります。もっと長く使っていくと、そのシナプスの構造が変化し、増加もします。そうなると、同じ神経細胞同士の連結がどんどん強くなっていく性質があるのです。

ちなみに櫻井氏は、脳を「コンピュータ」にたとえる。**コンピュータの容量が有限であるように、脳一つの神経細胞が扱える情報量にも限界がある、**というわけである。

「だからこそ、**蓄積された情報を整理して、重要な情報を残し、不必要な情報を削除して、次の情報処理に備えていく必

要があります。その働きを司っているのが、『睡眠』というわけです」

「コンピュータの重要な部分を書き換えるアップデートする際には、いったん電源をオフにする必要がありますよね。それと同様、脳のメンテナンスでもいったん覚醒状態をオフにする、つまり眠ることが必要なのです。**情報処理をするのは覚醒中ですが、記憶が強化されるのは睡眠中**なのです」

❖脳の「ゴミ処理」も睡眠中に行われている

さらに、**脳の神経細胞も「細胞」である以上、「代謝」をしているという。すると代謝産物として老廃物、いわばゴミが発生する。そのゴミの処理をするのも睡眠中**だという。

「**脳は活動に伴ってさまざまな老廃物やアミロイドベータを放出します。これが脳内に蓄積するとアルツハイマー型認知症を引き起こします。**老廃物を排出するのは本来、リンパ系の役割なのですが、**脳にはリンパ管がありません。そこでグリア細胞という、動脈を介してやってくる神経細胞のサポートをしている細胞が脳内にゴミを流**

■脳の掃除は夜勤体制

情報処理の老廃物として
「アミロイドベータ」などの
老廃物が蓄積
認知症の
原因に
神経細胞
眠ると老廃物
の流出増加
動脈
老廃物
グリア細胞が作った
「水路」が洗い流す
静脈

す『水路』のようなものを作り、静脈へとゴミを洗い流すように処理しているという説があります」

「覚醒時、膨大な量の情報処理をしている間に、その清掃作業を行ってしまうと、神経細胞の機能調整に必要なものまで流されて神経細胞の機能がおかしくなります。ですから、やはりいったん脳機能を低下させている間、つまり睡眠中でなくては、老廃物の処理もできないのです」

脳の「アップデート」も「掃除」も、膨大な情報処理に忙しい覚醒中でなく、睡眠中に行われているのである。

❖記憶と情動を結びつける「レム睡眠」、脳と体を休める「ノンレム睡眠」

ところで睡眠というと、レム睡眠とノンレム睡眠の二つの状態があるというのは、何となく聞いたことがあるだろう。櫻井氏によると、**レム睡眠は脳が比較的活発に働いている状態**だが、体が動いてしまわないように、体の筋肉への指令は遮断されている。

■「レム睡眠」と「ノンレム睡眠」

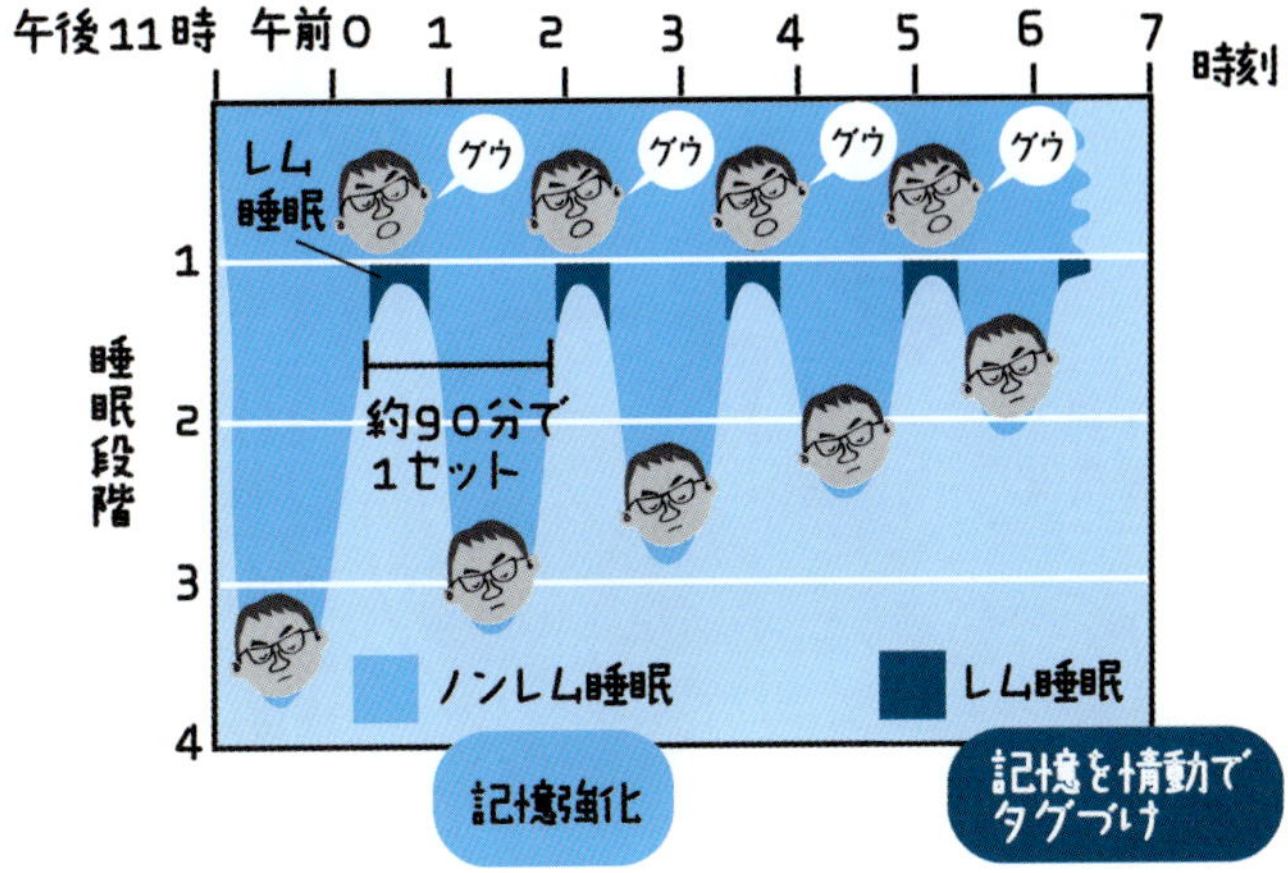

「そうでないと、睡眠中に動きまわってしまうことになります。実際、レム睡眠行動障害という病気では、レム睡眠中に動きを遮断する機構が壊れていて動いてしまうのですが、健常人では、レム睡眠中の脳の動きは、筋肉には伝わらないようになっています」

一方、**ノンレム睡眠では、体も脳も深い休息状態**になる。**かつて記憶が強化されるのはレム睡眠時だと言われていたが、今ではノンレム睡眠時だというのが定説**になっているという。

ただし、だからといって、**睡眠の質を高めるためにはノンレム睡眠の割合を増やせばいいかというと、一概にそうとは**

■レム睡眠が記憶と情動を結びつける

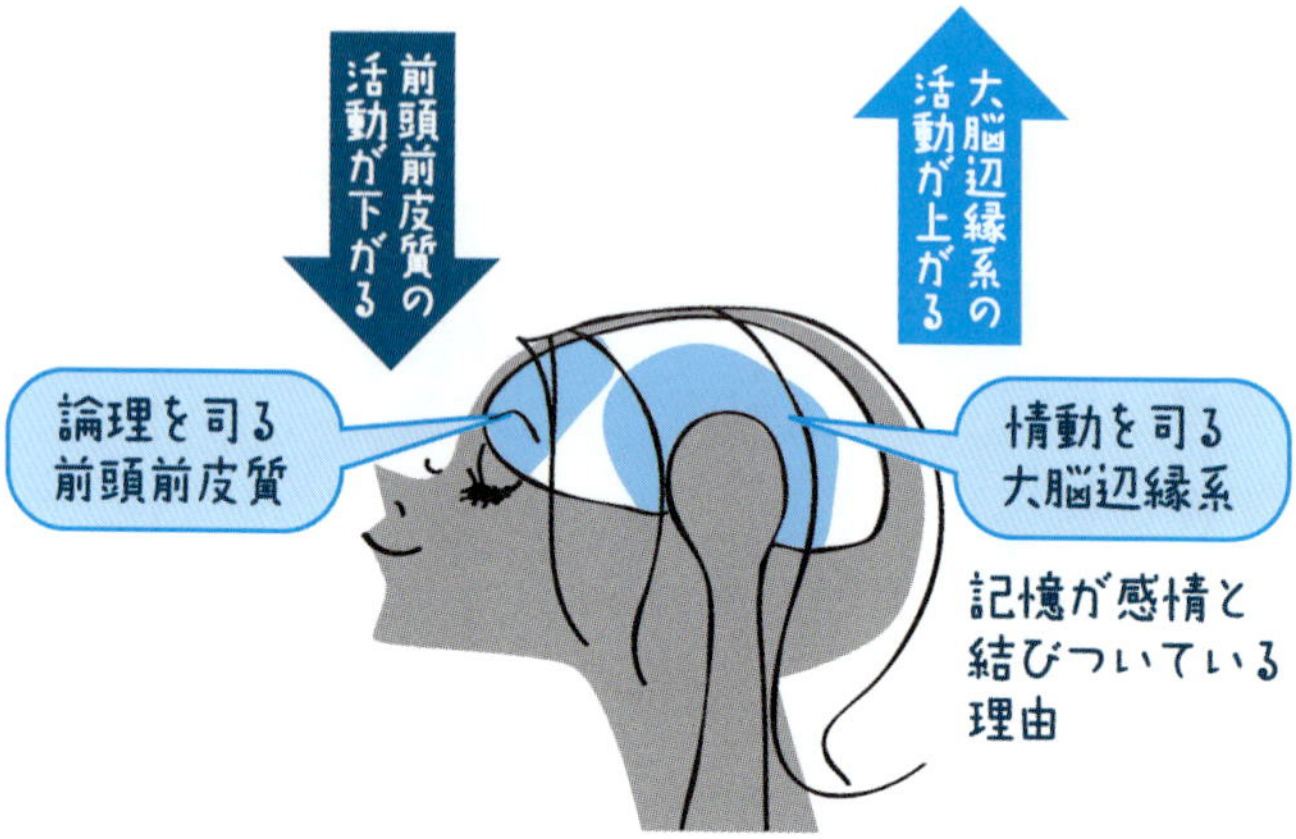

決めつけないほうがいいようだ。

「ではレム睡眠にはどんな役割、意味があるのかというと、いまだに解明途中なのですが、一ついえるのは、**レム睡眠時に、脳は記憶を情動と結びつけることで、記憶を定着させている**のではないか、ということです」

「というのも、**レム睡眠時には、論理を司る前頭前皮質の活動が下がり、情動を司る大脳辺縁系の活動が上がる**のです。

考えてみると、記憶って、感情と結びつけられていることが多いと思いませんか？　**レム睡眠中は、いわば論理ではなく情動によって記憶を『タグづけ』して**

いるのではないかとも考えられます」

単に疲労回復のためだけではなく、必要・不必要な情報の整理整頓など多様な役割を担っている睡眠。どうせ毎日眠るのならば、是非効果的な睡眠を習慣化したいものである。ここから、最強の「睡眠」の極意を見ていこう。

睡眠

極意1 睡眠は「時間」ではなく「質」にこだわろう
――寝だめはむしろ逆効果

❖覚醒が次の睡眠の質を左右する
――神経回路の組み換えには、十分な睡眠が必要

睡眠中はレム睡眠とノンレム睡眠を繰り返しており、それぞれに役割がある。となると理想の睡眠時間は何時間くらいなのだろうか。それとも、必要な睡眠時間は人それぞれなのだろうか。

「よく、睡眠は7時間とることが理想とはいわれますが、体質、つまり遺伝子によって、個々の顔や体型、性格が異なるように、必要な睡眠時間も異なります」

「ただ、程度には個人差があるものの、**歳をとるにつれて睡眠時間が少なくなるというのは共通した傾向**です。**脳の発達段階にある子どもは、それだけ多く神経回路の組み換えをする必要があり、大人よりたくさん眠る必要**がありますが、ある程度、成長し、脳が発達しきるにつれて、その必要はどんどん低下していき、睡眠も短くてよくなっていくのです」

私は最近、睡眠時間が随分減っているのだが、これは、ひょっとして私が何も学ばず、神経回路の組み換えをしていないからだろうか。

「ただ、歳をとると代謝が落ちて太りやすくなったり、老眼になったりしますが、そうなってくる年齢は人によってバラバラですよね。睡眠が短くなっていくスピードも程度も、やはり人それぞれです」

必要な睡眠時間の長短は人それぞれだし、傾向としては歳をとるにつれて睡眠時間が短くなる。とはいえ、脳をしっかりメンテナンスするには、睡眠時間の長短にかかわらず、やはり質のよい睡眠が不可欠なのだ。

櫻井氏は、**「睡眠は次の覚醒のためにあり、覚醒は次の睡眠の質を左右する」**と語る。

そのココロは、**質の高い睡眠をとった翌日はパフォーマンスが上がりやすくなり、より高いパフォーマンスを発揮する活動的な1日を過ごすと、その夜の睡眠の質が高くなる**ということだという。

昨日はよく眠れなかったなどと眠りを評価するのではなく、覚醒時の質を評価した方がよいのである。

❖「休日に寝だめ」では体内時計に狂いが生じる

平日は睡眠不足気味だから、休日にたっぷり眠って、平日の睡眠不足を補う。こんな習慣をもっている人もいるかもしれないが、睡眠は、前もって多めにとっておくことはできないが、後から取り戻す必要があるものなので、睡眠不足があると眠ると

■長時間睡眠は疲労の原因

きに取り戻そうとする。しかし、それは適切な睡眠法ではないという。

「理想は、やはり毎晩、十分な睡眠を確保することです。睡眠が足りないことを『睡眠負債』と呼びますが、まず、その負債がゼロになるような質と量の睡眠をとることです。

この『睡眠負債』を後でまとめて返そう、などというやり方はよくありません。週末の長時間睡眠によって就寝時刻や起床時刻が変わると、夜になると眠くなり、朝になると目が覚めるという自然な睡眠リズムが乱れてしまいます。

すると、睡眠リズムをコントロールし

ている『体内時計』が乱れ、睡眠の質が下がり、疲れがとれないのです」

多忙な日々を送るビジネスパーソンは、平日の寝不足を休日にまとめて返済しようとしてしまいがちである。くれぐれも、規則正しい睡眠の確保を日頃から心がけたいものである。

睡眠

極意2　日中、しっかり日光を浴びよう

――体内時計の正常化が質のよい睡眠の鍵

❖睡眠リズムは「朝日」を浴びることで整う――睡眠禁止帯とは？

「人の体は、朝、日光を浴びることで、夜にちゃんと眠くなるように体内時計が整えられます。それが休日に寝だめをしようと昼すぎまで寝ていると、起きて日光を浴びるのが、昼すぎになってしまうのです。この数時間のズレが夜に響き、真夜中になっ

ても眠れない、そして朝には起きられない、という悪循環が生まれてしまいます」

「**私たちの体は、夜に強い光を浴びるようには作られていません。**それなのに、夜も明かりをともし、寝る直前までテレビやスマホ、パソコンの強い光を浴びている。これは好ましくありません」

1日のどのタイミングで光を浴びるかが、睡眠の質を高めるキーポイントということである。朝に光を浴びれば、夜にはちゃんと眠くなる。ということは、私たちの体は、朝から時間がたつにつれて、眠くなっていくようにできているのだろうか。

「朝に覚醒し、夜に眠くなるのが正常な生体リズムですが、徐々に眠くなるわけではありません。**日中で最も覚醒度が高いのは、実は寝る3時間くらい前**なのです。昼食を食べた直後に眠くなる人は多いと思いますが、夕食の直後って、大して眠くならないと思いませんか？」

寝る前の時間帯は、「睡眠禁止帯」と呼ばれているという。たとえば「明日早いから、早めに寝よう」と思って寝床に入ったのに、なかなか寝つけなかった、という経験はないだろうか。これも、無理やり寝ようとしている時間帯が「睡眠禁止帯」だからなのだ。

「『睡眠禁止帯』も、体内時計でコントロールされています。よく、昔の人は日の出と共に起き、日の入りと共に眠った、なんて言われていますが、文明と隔絶された民族を使った研究では、彼らは夜の11時くらいまで、つまり暗くなってからも起きていたと言われています。つまり、**朝の7時くらいに起きれば、夜の11時くらいまでは眠気が起こらない。**それが私たちの生体リズムなのです」

❖快眠グッズは「おまじない」「プラシーボ効果」——気合を入れて寝てはいけない

なお、健康器具売り場に行くと、アイマスクなどの「快眠グッズ」も多く見かける。それだけ現代人にとって「よく眠りたい」というのは大きな課題なのだろうが、櫻井氏から見ると、快眠グッズの効果のほどはどうなのだろうか。

この質問に対し、まず櫻井氏は**「そもそも睡眠にこだわる人ほど、睡眠に問題を抱えやすい」**と指摘する。睡眠にこだわり、「よし、今日こそ、よく寝てやろう」と意識すればするほど、眠れなくなってしまうのだ。そういう人が、快眠グッズに走るのだろう。ただし、櫻井氏はそれを一概に否定してはいない。

「快眠グッズは、効果があるという科学的根拠には乏しいものが多いと思いますが、効果は個々の感覚で判断すればいいと思います。『これを使うとよく眠れる気がする』というグッズがあるのなら、それはそれでけっこうなことですね」

「『眠れないのではないか』という不安にかられれば、やはり眠れなくなってしまいます。そういう意味では、おまじない的な効果、プラシーボ効果としての安心感をもたらすものとして、快眠グッズを利用するのもいいでしょう」

科学的根拠はなくても、信じることで安眠できる。「信じる者は報われる」ではないが「信じる者はよく眠れる」のである。

健康キーワード

【睡眠負債】 睡眠不足が積み重なった状態。常態化すれば、うっかりミスが増え、仕事の効率が下がるだけでなく、不眠症やうつ病などさまざまな病気にかかるリスクが上がる。

【アミロイドベータ】 脳の老廃物。蓄積すると、アルツハイマー型認知症の一因となる。

【グリア細胞】 神経細胞の固定、神経細胞への栄養の運搬などといった役割を担っている細胞。リンパ液の代わりに、脳内の老廃物やアミロイドベータを静脈へと流す働きを担っている。

【レム睡眠】 脳は比較的活発に動いているが、体が動かないよう、体の筋肉への指令は遮断されている睡眠。レム睡眠中は、論理を司る前頭前皮質の活動が下がり、情動を司る大脳辺縁系の活動が高まっているため、記憶を情動と結びつけることで、記憶を強化させていると考えられている。

【ノンレム睡眠】 深い眠りで、脳も体も休んでいる睡眠。

【睡眠禁止帯】 「寝る前の3時間」を中心とする、眠ろうとしてもなかなか寝つくことができない覚醒度の高い時間帯。

【プラシーボ効果】 実際には効果のないはずの実践法にもかかわらず、安心感などによってよい効果が現れること。「快眠グッズ」はその一例である。

ハイライト

- 覚醒時には、脳内で情報伝達を担う神経細胞の接合部分である、シナプスが新たに形成されて記憶を形成する。それらの整理整頓は、睡眠中に行われる。
- 覚醒中に脳内に蓄積された情報を、整理整頓するのが「睡眠」の役割である。記憶も睡眠中に強化される。
- 脳は活動に伴ってさまざまな老廃物やアミロイドベータを放出する。これが脳内に蓄積するとアルツハイマー型認知症の一因となる。
- 脳の神経細胞も「細胞」であるため、「代謝」を行う。その結果生じた老廃物の処理も睡眠の役割である。
- レム睡眠時には、記憶が情動と結びつけられている。
- 睡眠を、覚醒への準備段階としてワンセットでとらえることが、良質な睡眠の鍵を握る。
- 日中で最も覚醒度が高いのは「寝る3時間前」くらいである。
- 適正な睡眠時間は人によって異なる。
- 脳の発達段階にある子供は、神経回路の組み換えをする必要があるため、大人より

たくさん眠る必要があるが、加齢に伴い脳が十分発達すると、次第に睡眠時間は短くなっていく。

最強の「睡眠」アクションプラン

①体内時計を狂わせる「寝だめ」はやめよう

②「睡眠」を評価するのではなく、よい「覚醒」ができているかを判断しよう

③大半の快眠グッズは「プラシーボ効果」だと心得よう

④朝は日光を十分に浴び、夜は強い光を避けよう

⑤気合を入れて無理やり寝ないようにしよう

不眠／三島和夫

「深い眠り」と「浅い眠り」で脳を十分休ませよう

――眠れないことを必要以上に気にしない

国立精神・神経医療研究センター部長。秋田大学医学部医学科卒業。睡眠薬の臨床試験ガイドライン、同適正使用と休薬ガイドラインなどに関する厚生労働省研究班の主任研究者を歴任。主著に『やってはいけない眠り方』（青春出版社）など。

「睡眠とは、日中に活動して疲労が蓄積した脳と体を、いったんクールダウンし、その間に、さまざまな体内調整を行うためのものです。何らかの理由で睡眠が足りなくなれば、体と脳は疲労回復と調整の機会を奪われ、それが続けば、認知症、糖尿病といった脳や体の病気を招きます」

こう話すのは、国立精神・神経医療研究センター精神保健研究所、精神生理研究部で部長を務める医学博士、三島和夫氏である。

前項で櫻井氏も言及していたが、睡眠中には、**「記憶の固定、感情の調節、脳の老廃物の排泄など脳機能に関するもの、さらには、糖代謝など代謝活動の調節や免疫機能の調節、皮膚の細胞の修復なども行われています。ただし、睡眠不足が恒常化すると眠気を感じなくなり、自身で気づけないこともあるので注意が必要です」**と、三島氏も同様に語る。

忙しいビジネスパーソンにとって、睡眠は大きな関心事であろう。「最近、睡眠時間が十分にとれない」「寝つきが悪く、翌日に差し支える」……こうした悩みを、もっていらっしゃる方は多いのではなかろうか。

かくいう私も、最近「短眠化」が進んできており、非常に気にかかるテーマである。

ただ、世間的な関心が高いせいもあるのか、睡眠については、あらゆる説が飛び交っている。適切な睡眠時間についても諸説あるし、早起きがいい、睡眠は短時間でいいなどと、一体何を信じたらいいのかわからない、というのが、多くの方々の疑問ではなかろうか。

「まず前提として知っておいて頂きたいのは、**睡眠は『何時間寝るべきか』といったものさしでとらえるものではない**、ということです。**問題とすべきは、睡眠のとり具合が、日中のパフォーマンスに、どう影響しているか**です。

仮に短い睡眠時間でも、日中のパフォーマンスが高ければさほど問題ないということになりますし、日中のパフォーマンスが落ちていれば、何らかの睡眠障害と見なし、対処したほうがいいといえるでしょう。ただし、**睡眠不足が恒常化すると眠気を感じなくなり、自身で気づかないこともある**ので、これには注意が必要です」

もちろん、三島氏が冒頭でも指摘したように、3時間や4時間など極端に睡眠時間が短い状態が続けば、脳や体の病気リスクが高まる。ただし、**万人向けに「睡眠は何時間とるべし」といえるような、単純な話ではない**ということである。

睡眠障害にしても、症状の現れ方から対処法まで、多岐にわたるという。

「いわゆる**『睡眠障害』には、主要なものだけでも約80種類**あります。たとえば、一口にがんといっても胃がん、肺がん、肝臓がん……とさまざまであり、それぞれ対処法が違いますね。睡眠障害も同様で、すべてを一様にして考えることはできません」

主な睡眠障害だけでも80種類とは大変な驚きだが、本項ではその中でも悩まされている方が特に多い「睡眠不足」と「不眠症」について、最強の予防・対処の心得を学んでいこう。

❖不眠症は「感じ方」の主観的な問題であることが多い
――羊を数えてはいけない

「『睡眠不足』と『不眠症』を同じようにとらえている方は非常に多いですが、まったく別物です。**前者は、睡眠のために寝床に入る時間が確保できないという問題**です。

一方、**後者は、睡眠時間は確保できるが寝床に入っても眠れない状態**です。**不眠症**

■不眠症は３種類

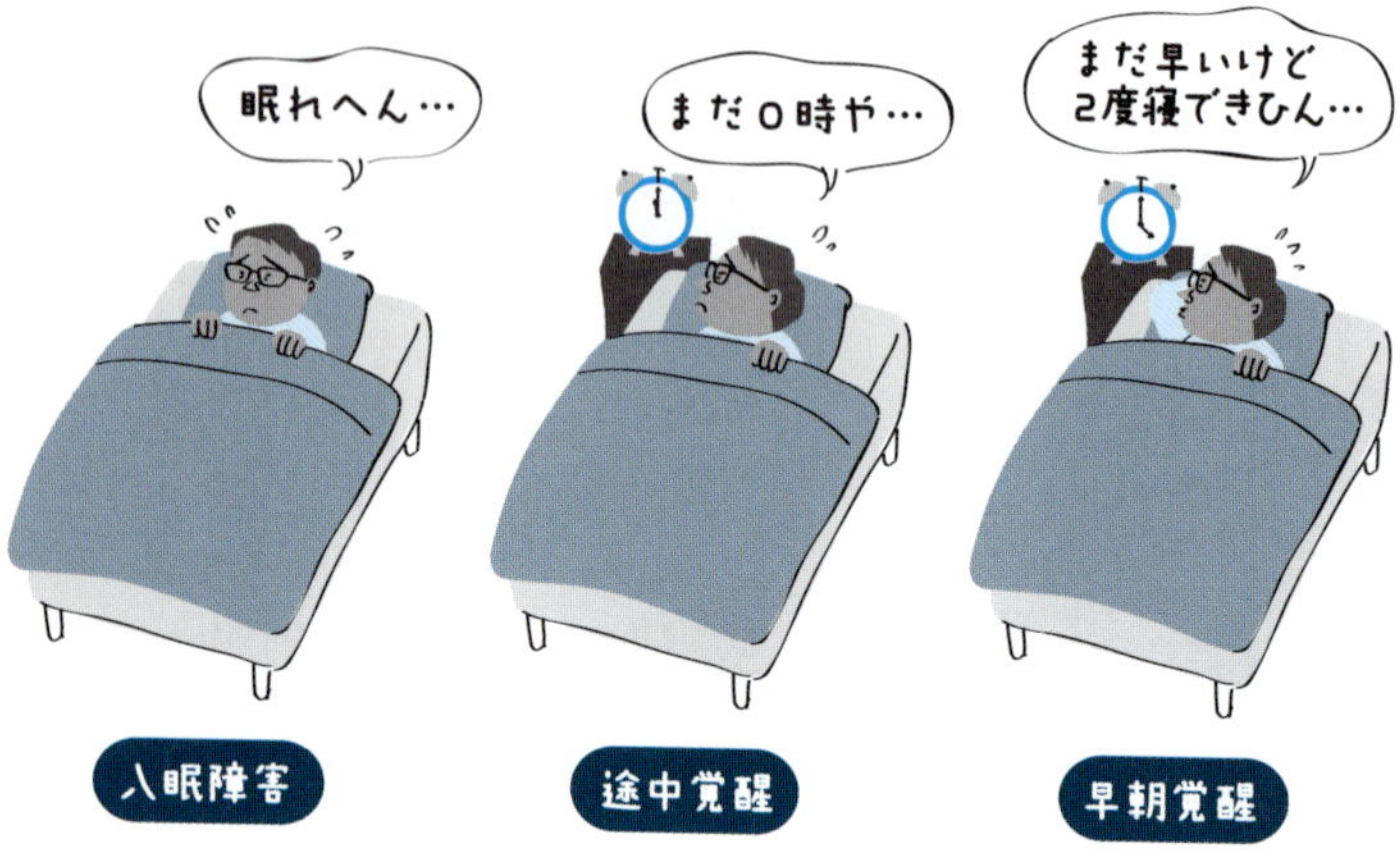

状には、大きく寝つきが悪い『入眠障害』、夜中に目が覚める『途中覚醒』、早朝に目覚めて二度寝ができない『早朝覚醒』の三つの症状がありますが、それぞれ数値的な国際基準はありません。

つまり**本人が、たとえば『寝つきが悪くて苦しい』と苦痛を感じていれば、それが『入眠障害』**なのです。

ちなみに、寝つきが悪いときに『羊を数える』というのがありますが、**羊が何匹になったかを気にしはじめると、自分の不眠がどれだけ重症であるか毎晩確認する作業を行っているのと同じ**で、逆に、ますます眠れなくなってしまいます」

一般的に、不眠症は「眠る力が衰える病気」と思われがちだが、「厳密には違う」と三島氏は指摘する。

「確かに不眠症は大きなストレス、痛みやかゆみ、うつ病など原因があって起こることが多いですが、大部分の患者さんではレジリエンス（回復力）が働いて眠る力が戻ってきます」

基本的に眠る力はあるのだが、それを上回る覚醒力が働いている状態が慢性不眠症。この覚醒力はストレスや不安で高まることがわかっている。**実際、不眠症患者の大部分は毎日眠れないのではなく、眠れる夜と眠れない夜が混在している**という。

ところが、いったん不眠を経験すると、眠れない夜に注意が向いて強い恐怖を感じ、覚醒力が高まることでさらに不眠症が悪化してしまう。その意味では、不眠症は**「眠れない病気」ではなく、「眠れないことを気に病む病気」**といえるという。

「仮に、『床について寝つくまでに1時間かかった』という場合、それでも翌朝、『よく眠れた』と感じ、日中のパフォーマンスにも悪影響がなければ、不眠症とは言えません。逆に『寝つくまでに1時間もかかってしまった。全然、眠れていない』と苦痛に感じ、日中のパフォーマンスも低下していたら、不眠症ということです」

「床についてから何時間も寝つけなかった」という訴えをよく聞くが、そもそもそれが事実ではないことも多いという。

「いくら寝つけないといっても、ずっと時計を睨んでいるはずはありませんよね。ベッドに入ってしばらくたち、ふと時計を見たら何時間もたっていた。しかし実際には、その間のどこかで寝落ちしている時間帯があるものです。

実際に脳波を測定しながら不眠症の人に寝てもらい、翌日に寝つきにかかった時間や睡眠時間を聞くと、自分で感じている睡眠時間と脳波測定の結果が2、3時間ずれていることも稀ではありません。このような状態を専門用語で**『睡眠状態誤認』**と呼びます」

実際には眠れていないわけではないが、本人は「眠れていない」と感じている。そして、ひとたび「眠れない」と気に病んでしまうと、「今日も眠れないのではないか」

という強迫観念が生じる。そして、ベッドに入ると緊張する「ベッド恐怖症」のようになって、本当に眠れなくなってしまうという。

「こうして起こる**不眠症状による日中の体調不良が、週に3日以上ある状態が3カ月以上続いた場合には、治療が必要な慢性不眠症と診断される**というのが、現在最もよく使われている基準です」

つまり**不眠症は、個々が感じている『苦痛の度合い』で診断される**ものである。発症の原因はストレスや病気などさまざまだが、いったん発症すると、**不眠恐怖から慢性化するという心理的プロセスをもつ睡眠障害**といえるのだ。比較的、神経質な人に起こりやすく、うつ病との関連性が高いのも、そのためなのである。

不眠症を招きやすい性格や感じ方を、不眠症予防のためといって自分で変えることは、なかなかできない。だが、「睡眠不足に関しては、心がけ次第で対策の余地がある」という。ここから、三島氏に睡眠不足を予防するための極意を紹介して頂こう。

睡眠不足予防

極意1 1日を「0時」から数えよう

——「1日のはじまりは睡眠から」と考えて、最優先で寝る時間を確保する

❖「睡眠」から1日を設計する

「睡眠不足に関しては、まず、そこには『中長期の病気リスクが潜んでいる』ということをしっかり認識し、もっと真剣に睡眠時間を確保する工夫をしてほしいですね。それには『**1日を0時から数える**』『**短時間で熟睡しようとしない**』**という心がけや対処法が必要**です」

すでに見てきたように、睡眠中には、脳や体のさまざまな調整作業が行われる。睡眠不足によって脳の調整作業が損なわれれば、認知症など脳の病気のリスクが高まる。また**睡眠不足によってインスリンが十分に効果を発揮できないと、高血糖になる時間帯が増え、糖尿病になるリスクが高まる。**一事が万事で、睡眠不足は病気の温

床になるのである。

「睡眠不足によって、今日、明日に健康が損なわれると言われたら、予防するために、誰もが毎日たっぷり睡眠をとろうと思うでしょう。しかし中長期のリスクとなると、とたんにおろそかになりがちです。

睡眠不足にも、日中に眠くなってパフォーマンスが落ちることや、居眠り運転など、短期的なリスクはあります。でも、コーヒーを飲んだり、ミントガムを噛んだりすれば眠気を払うことができ、こうしたリスクは避けられてしまう。

そして週末に寝だめをして、翌週からまた睡眠不足で、眠気を払う毎日に逆戻り……これが間違いのもとなのです。**その場しのぎで眠気を払っても、中長期のリスクにつながる体内調整の乱れが生じているという、睡眠不足の根本的な問題は解決されません。**

特に忙しいビジネスパーソンにいえることだと思いますが、皆さん、十分に働いて遊んで、その余った時間に眠るという感覚ではありませんか？　しかし、睡眠不足に潜む病気リスクを考えれば、生活はまず日中の疲れを回復するための休養、つまり睡眠ありき、睡眠中心で組み立ててほしいくらいです」

そこで三島氏がすすめる一つ目の方法が「1日を0時から数える」という心がけをもつことだ。

通常、私たちは「朝、起きた時間」から1日を数える。つまり1日は覚醒にはじまり、睡眠に終わると、当たり前のように考えている。

しかし、そのように考えていると「起きてから、あれをして、これをして……」など仕事と余暇の優先順位が高くなり、反比例的に、睡眠の優先順位が最後になってしまう。その発想を逆転させて、**睡眠に一番の重きを置くために「1日を、睡眠からはじまるようにして組み立てよう」**というわけである。

「私にとっては、睡眠時間は固定のものです。1日24時間から、まず睡眠時間、そして仕事の時間、通勤時間と引いていって、余った時間を余暇として過ごせばいい。とはいえ、働き盛りであり、遊び盛りでもあるビジネスパーソンには、難しいかもしれませんが……」

私自身を省みても確かに、睡眠時間の優先順位はついつい下がってしまいがちである。しかし、今や私たちは、睡眠不足が脳と体の病気リスクを高めるということを知ってしまった。**現時点では睡眠不足でも何とかなるかもしれないが、そんな状態を続ければ、認知症や糖尿病の長期的リスクが上昇**していることを肝に銘じたい。

「『寝る時間がない』と言いながら、実際には睡眠を後回しにして無駄なことをしている場合も多いはず。そこは自己責任で生活を見直し、**6〜7時間を目安に、十分な睡眠時間を確保**してほしいと思います」

中長期のリスクにまでは、なかなか頭が回らないものだが、将来の健康のために、「1日はまず睡眠からはじまる」という事実を、くれぐれも心にとめておこう。

極意2 「短時間睡眠」は避ける
――人間には「浅い眠り」も「深い眠り」も重要

◆過去50年間成功例がない「短時間睡眠法」――浅い眠りにも意味がある

なお、世の中には、1日の睡眠時間3〜4時間という、いわゆる「ショートスリーパー」もごく稀に存在する。また、睡眠は最初の90分が特に重要で、90分ワンセットで考えることが大切であると主張する人もいる。とはいえ仮に睡眠3〜4時間という生活を続ければ、大半のケースで脳と体の病気リスクは確実に高まるという。

「**『短時間睡眠法』は、要するに、短時間で深く眠ればいいという考え方です。しかしこれには過去50年間、世界中の研究者がトライして、実は一つとして成功例がありません。**世間では声高に短時間睡眠法を提唱している人もいますが、科学的根拠に乏しいため、それを提唱する医者はメディアでは大騒ぎしても、学会では一言も発言しない。それが実情です」

とはいえ睡眠には、深い眠りと浅い眠りがあり、眠っている間、交互に繰り返している。こう聞くと、どうしても深い眠りのほうが重要に思えてしまう。だから「短時間で深く眠ればいい」という短時間睡眠法の論理は、納得できる面もあるように思われる。

しかし、それが大きな勘違いだと三島氏は指摘する。

「単純に説明すると、**体を休ませる眠りと、脳を休ませる眠りは違う**と考えていいでしょう。**動物の眠りが浅いのは、人間ほど大脳が発達していないから**です。人間は大脳が劇的に発達したために、もともと浅い眠りだけだったところに、大脳をしっかり休ませるための睡眠も必要になりました。つまり**深い眠りは、脳の発達に応じて、後からつけ足された機能**なのです」

深い眠りと浅い眠りには、それぞれ違った役割がある。そのどちらが欠けても、心身の健康は保たれない。「短時間で深く眠ればいい」という考え方は、間違いなのである。

それでも、かかってしまったら？――治療法最前線
専門医がすすめる「不眠症」の治療のポイント

❖薬の副作用よりも医師の過剰処方に注意？

病院で「眠れない」というと、睡眠薬を処方されることが多い。かつては、「脳の活動を強制的に落とせば眠れる」という考え方で強い睡眠薬が使われていたが、副作用が明らかになったことから、現在は、安全性が高まった代わりに効果がマイルドな薬に置き換えられているという。

薬の服用で特に注意したいことは、**医師によっては睡眠薬の過剰処方になる**ことが

ある点だ。安全性が高くなったとはいえ、服用量が増えると副作用のリスクも高まる。

すでに触れたように、不眠症は、個々の感じ方によるところが大きい。

そのため、**睡眠薬を飲んだだけで「これで眠れる」と安心し、なかばプラシーボ効果のようにして眠れるようになるケースも多い一方で、不安が強いために「やっぱり眠れない」と医師に訴えてくる方も見られる**という。しかし前述のように、この「眠れない」という方の中に、睡眠状態誤認である場合が非常に多く含まれているのである。

睡眠状態誤認があると、睡眠薬を増量しても効果の上積みはほとんど期待できない。何せ、脳波上はすでに寝ているからである。そのため医師が「では、もう少し量を増やしてみましょう」という判断を下すと、量、期間共に「薬の飲みすぎ」になってしまうのだ。

医師には、「眠れない」と感じている患者の苦痛を受けとめながらも、その言葉に振り回されないことが求められるのだと三島氏は語る。

❖不安をとり除き入眠へとうながす認知行動療法

近年、薬物療法と同等か、あるいはそれ以上の効果があるとして主流になりつつあるのが認知行動療法だという。

これは、**睡眠に対する患者の不安や過剰な期待をカウンセリングでとり除きつつ、かえって不眠症を悪化させている誤った睡眠習慣を改善することで、徐々に眠れるようにしていく治療法**だ。

「眠れないときに無理やり寝ようとする、ベッドにしがみつくのが問題です」と三島氏は強調する。

たとえば、不眠症患者の多くは、「今晩も眠れないのでは」という不安を抱えながら、ベッドに向かうと交感神経の緊張などで覚醒度が高まり、余計に眠れなくなってしまう。現に、眠ろうと身構えないソファや電車内などではすぐに眠ってしまう患者も多いという。

そのため、認知行動療法では、これ以上起きていられないほど眠気を感じるまでは、ベッドに横たわらないように指導するという。これが睡眠不足の人への指導とまったく異なる点なのである。

すでに医師向けのガイドラインでは、薬物療法で効果が出にくい患者に対しては、認知行動療法を行ってみるように推奨されている。ただし現在、日本では認知行動療法ができる施設が少ない上に、保険適用外となっている。教育、制度共に拡充が求められる分野だと三島氏は語る。

中長期的な睡眠不足は生活習慣病リスクを上げることを心にとめ、**1日を0時から数えて睡眠時間の確保を優先させる習慣**をもつことからはじめよう。

そして不眠症では、**仮に病院で受診された際には、薬の過剰処方を行う医師にくれぐれも注意**しよう。ちなみに私の友人の中に精神ストレスと不眠症で悩み、精神科やクリニックに通ったが効果がなかったのに、ヨガ教室ですっかり治った人もいる。安眠への道筋もたくさんあることを知っておこう。

三島氏が言うように、体を休める眠りと脳を休める眠りは違う。**動物と違い人間だけが大脳を大きく発達させただけに、その眠り方にも人間らしい工夫が必要**なのだ。

column

最初の90分だけではなく、全体の睡眠が大切

先にご登場頂いた櫻井氏は「世の中で一般的に効果があるといわれている快眠グッズはいわゆる『プラシーボ効果』があるにすぎない、と指摘されていたが、その他で、我々が「正しい」と信じているが、実際はそれほど効果のない、「残念な睡眠習慣」とはどのようなものだろうか。

「たとえば、『眠って一番はじめのレム睡眠とノンレム睡眠のサイクルが一番重要で、これをいかにゴールデンタイムにするかが重要』という説も世間では唱えられていますが、間違いです。正しくは、**最初だけではなく、睡眠全体としてレム睡眠とノンレム睡眠の双方がバランスよくとれていることが重要**です。

たとえば、多忙な日々を送っているビジネスパーソンですと、平日はいつも睡眠時間が4～5時間で、慢性化した睡眠不足を、週末の寝だめで解消している方がいらっしゃいます。

ノンレム睡眠の中でも、深い眠りの状態である徐波睡眠の割合は通常2割程度で

すが、そういった方の脳内では、**徐波睡眠の割合が5割以上になることもあります。睡眠時間が短くなっても、減るのは比較的浅いノンレム睡眠で、徐波睡眠は保たれるか、むしろやや増えるので比率が高くなるのです。結果的に『深い眠り』の比率は高くなりますが、では日中のパフォーマンスが高いか、というと、そうでもない**のです」

「深い眠り」を十分にとれている、といいことのように聞こえるが、むしろ徐波睡眠の比率が高すぎるのは睡眠不足の証拠である。単に「深い眠り」の割合が多くても、「質の高い眠り」にはならないのである。

中長期的な睡眠不足は生活習慣病リスクを上げることを心にとめ、できる限り睡眠時間を確保してレム睡眠・ノンレム睡眠の双方をバランスよくとるようにしていこう。

さて、457ページにおよぶ本書、『最強の健康法　ベスト・パフォーマンス編』をこれまでお読み頂き、ありがとうございました。

是非ともここで共に学んだ睡眠の極意を実践し、よくお休みになってください。

健康キーワード

【睡眠不足】眠れるが、睡眠のために確保できる時間が不足している症状。

【不眠症】本人が「寝つきが悪く苦しい」と感じているかどうかが診断基準となる主観的な症状。寝つきが悪い『入眠障害』、夜中に目が覚める『途中覚醒』、早朝に目覚めて二度寝ができない『早朝覚醒』の三つがある。

【睡眠状態誤認】不眠症の患者にみられる、実際に寝つきにかかった時間と、自分が感じている睡眠時間に2〜3時間程度の乖離がある症状。

【徐波睡眠】ノンレム睡眠の中でも、特に深い睡眠状態。

【認知行動療法】睡眠に対する患者の不安や過剰な期待をカウンセリングでとり除きつつ、かえって不眠症を悪化させている誤った睡眠習慣を改善することで、徐々に眠れるようにしていく治療法。

ハイライト

- **慢性的な睡眠不足は、認知症や糖尿病につながる。**
- **人間の深い眠り（脳を休める眠り）は、もともと浅い眠り（体を休める眠り）だけだったところに、大脳をしっかり休ませるための睡眠も必要となったため、進化の**

過程で後からつけ足された機能である。「深い眠り」「浅い眠り」それぞれが別の役割をもち、どちらが欠けても健康は保たれない。

- 『睡眠障害』は非常に多様で、主要なものだけでも約80種類存在する。
- 『睡眠不足』と『不眠症』は別物。前者は、睡眠のために確保できる時間が足りていないという問題であり、後者は寝つきが悪い『入眠障害』、夜中に目が覚める『途中覚醒』、早朝に目覚めて二度寝ができない『早朝覚醒』の三つの症状がある。
- 不眠症状による日中の体調不良が、週に3日以上ある状態が3カ月以上続いた場合には、治療が必要な慢性不眠症と診断される。
- 「深い眠り」だけを十分にとっても、「質の高い眠り」にはならない。レム睡眠・ノンレム睡眠を、睡眠時間全体の中でバランスよくとれていることが重要である。

最強の「睡眠不足・不眠症予防」アクションプラン

①自分の不眠状態を確認する行為である、「羊を数える」のはやめよう

②1日を「0時」から数えて、睡眠時間の確保を優先しよう

③不眠症は主観的な要素が強い。「睡眠状態誤認」に気をつけよう

④「短時間睡眠」は科学的根拠がない。「浅い眠り」と、「深い眠り」を共に十分とろう

おわりに
毎日の簡単な習慣が、老いと病をよせつけない、一生モノの習慣に

――最強の健康習慣は、誰でもすぐできて、お金がかからない

『最強の健康法』は『ベスト・パフォーマンス編』と、後編にあたる『病気にならない最先端科学編』の2冊セットで制作された、「健康の教科書」の決定版である。

2年間数多くの名医・健康の専門家を取材し、本書への採用を決定した50人もの方とそれぞれのトピックを共同で作成する中で、本書の原稿は、2冊で実に1000ページ級の分量になってしまった。

それを日本を代表する世界レベルの中川恵一先生と堀江重郎先生にダブルチェック・トリプルチェックをして頂く中で、「毎日の健康習慣」と、「病気にならない最先

端科学」の2冊に分けて制作してきた。この2冊は言いかえるなら、前編である本書が朝から晩までの最強の健康法、そして後編の『最強の健康法 病気にならない最先端科学編』が、これから100歳までの、最強のコンディション作りの1冊だ。

本書『最強の健康法 ベスト・パフォーマンス編』で私たちが共に学んだことを、おさらいしてみよう。

1 朝起きて、朝ご飯を食べ（小林弘幸氏）
2 腸の機能を高める食事習慣をつけ、細胞の酸化を防ぎ（佐野こころ氏）
3 食物はサプリではなく極力自然からとり（板倉弘重氏）
4 ダイエットを正しいやり方で行い（Testosterone氏）
5 食べ方に気をつけて「動く」パフォーマンスを高め（石川三知氏）
6 きちんと正しく歯を磨き（相馬理人氏）
7 タバコの煙を遠ざけ（阿部眞弓氏）
8 目を適度に休めて眼精疲労に気をつけながら（猪俣武範氏）
9 十分に歩いて免疫力と生産性を高め（長尾和宏氏）

⑩座るときは姿勢を正して疲れにくくし（石川善樹氏）
⑪高めの目標を設定してモチベーションを高め（茂木健一郎氏）
⑫集中力を高めるべく前頭葉に正しく栄養を補給し（メンタリストDaiGo氏）
⑬マインドフルネスで副交感神経を優位にし（荻野淳也氏）
⑭怒りの感情を適切にコントロールし（安藤俊介氏）
⑮うつ病にならないよう心を整え（和田秀樹氏）
⑯栄養面からもうつ病に対処し（溝口徹氏）
⑰「職場の健康問題」を理解し（大室正志氏）
⑱疲れをとるため、自律神経を司る細胞を休め（梶本修身氏）
⑲ボディワークで神経の疲れをとり（藤本靖氏）
⑳お風呂ではぬるま湯で体をこすりすぎず、皮膚を守りつつ（常深祐一郎氏）
㉑質の高い睡眠でシナプスの整理・削除・強化を行い（櫻井武氏）
㉒不眠症を遠ざけ脳が休息できるようきちんと眠り（三島和夫氏）
これら、朝起きて寝るまでの医療・健康知識の正確さを
㉓東京大学医学部附属病院放射線科准教授の中川恵一氏と
㉔順天堂大学教授の堀江重郎氏に

ダブルチェック、トリプルチェックを受けて本当に信頼できる、科学的根拠に基づく健康習慣を、ここで共に学んできた。

それぞれのトピックが、それだけで1冊の本になるような内容の濃さと分量であった。そこから**最も優先順位の高いキーポイントを厳選し、すべて健康キーワード・ハイライト・アクションプランという構造で要約**されているように、まとめ上げた。

❖最強の健康法は、誰にでも簡単にできてお金がかからない

なお、最後のアクションプランだけでもチェックリストとして見直すと、結局のところ真の健康習慣というのは、誰でもできて、お金がかからないものばかりであったことに、お気づき頂けたのではなかろうか。

これほど幅広いトピックに関し、数多くの専門家の結論をまとめると誰一人として高額な「サプリ」の摂取や特殊な「健康器具」に頼っている人はいなかったのである。

別に私はサプリや健康器具メーカーと争うわけではない。ただし**それらに頼る前に、お金をかけずに簡単にできる、トップレベルの医師と健康専門家が実践する「パフォーマンスを引き出す健康習慣」が、これほどたくさんある**のだ。

共に学んできた数多くの「アクションプラン」の中から、ご自身に合ったものを一つでもとり入れて頂ければ、本書の目的は達成されたといえるだろう。健康習慣というのは今後、何十年にもわたって継続されるものであり、健康習慣を一つとり入れるだけでも、その人生に対する累積効果は計り知れず大きなものとなるのだからだ。

私自身、数多くの著名な名医や専門家の方々と直接話を聞くという極めて「贅沢な保険の授業」を受ける中で、いくつもの行動変化が起こった。毎朝新鮮な野菜ジュースを必ず作って飲むようになったし、中でもブロッコリーの一人あたりでの消費量は、世界一なのでは、というくらい食べている。毎朝、1時間歩くようにもなったし、外で出くわすタバコの煙からは全速力で逃走するようにもなった。

相変わらずお風呂だけは熱い湯で長々と浸かっているが、本書はあくまで「ご自身の判断で、ご自身が続けられるものを選んでください」という1冊なので、すべてできないからといって自分を責める必要などまったくない。

むしろ、**これほど多くの「誰でもできる基本的な健康習慣」の意味合いを深く理解し、少しでもとり入れるようになったご自身を、祝福して頂きたい**と思う。

本書『最強の健康法 ベスト・パフォーマンス編』を終える前に、本書の趣旨に賛同し、本書に参画してくださったさまざまな分野の先生方に心より感謝申し上げたい。特にセカンドオピニオンをご担当くださった中川恵一先生、サードオピニオンをご担当くださった堀江重郎先生のお二人には、格別の感謝を捧げたい。

そして紙面とテーマの選定上、本書に組み入れることができなかったが、我々のインタビューに応じ執筆して頂いた数々の医師・専門家の先生方に、心より感謝を申し上げたい。加えて、本書を医師の立場で精読してくれた、母校洛星中学・高校出身の医師の友人たち、中でも本書執筆開始段階よりさまざまな助言を提供してくれた、内科医の舟木準氏に心より感謝申し上げたい。

最後に、本書を作成する中で多大な支援を頂いたＳＢクリエイティブの皆様、吉尾太一編集長、そして本書を担当してくださった、小倉碧氏に心より感謝を捧げたい。

このみどりさん、それにしてもよく働く人で、仕事が早く、おまけに感激屋さんである。

2年の月日を経て本書を作り終えた3月末日のミーティング中に、「みどりさん、本当にありがとう。最初は本当にこの編集担当者で大丈夫かな、と不安だったけど、今では同じ本を作るなら、みどりさんにお願いしたいと思っています」と、感謝の気持ちを伝えたら、突然彼女の目から涙があふれだして、感激して泣き続けているのだ。

はたからみたら、悪いオジサンが若い娘を泣かして……みたいなシーンになっていて困惑したのだが、それほど一生懸命に全力で打ち込んでくれた小倉碧氏の尽力がなければ、決して完成することはなかった。

みどりさん、本当にありがとう。次回作も是非、よろしくね。

また末筆ながら、私が執筆する書籍を常に手にとってくださり、私の公式サイトwww.moogwi.com、ご自身のFacebookや、Instagramなどで私を応援してくださる方々一人ひとりに、感謝の気持ちを捧げたい。それらがどれほど私の大きな励みになり、執筆時に皆さんのことを想像しながら、私のベスト・パフォーマンスを目指す原動力になっていることか。

本書に満足してくださった方は是非、『病気にならない最先端科学編』へ、ちょっと物足りなかった方は、6秒待って怒りをこらえ、10段階評価で1くらいの怒りだと思いなおして頂き、「まあ、もう一度チャンスをやるか」ということで、やはり『病気にならない最先端科学編』に読み進めていただければ幸いである。

末筆ながら、本書が「健康を大切にしてほしい、ご自身にとって大切な家族・友人・同僚」にプレゼントとして贈られるようになれば、著者として望外の喜びだ。もしあなたが本書を誰かから贈られてご覧になっていたら、その方はあなたの健康を願ってくれている、という温かいメッセージが込められているのである。

本書でご紹介させて頂いた「誰でもお金をかけずにできる、科学的根拠に基づく健康習慣のベストプラクティスが、人生100年時代の新常識になることを願いつつ。

21世紀前半　とある週末の日曜日

（何十年たっても愛読される本になることを願って、日付はこう書きました）

ムーギー・キム

ムーギー・キム Moogwi Kim
慶應義塾大学総合政策学部卒業。INSEADにてMBA（経営学修士）取得。大学卒業後、外資系金融機関の投資銀行部門、外資系コンサルティングファーム、外資系資産運用会社での投資アナリストを歴任した後、香港に移り、アジア一帯のプライベートエクイティファンド投資に従事。フランス、シンガポール、中国での留学を経て、大手バイアウトファンドに勤務。現在はシンガポールを拠点に、医療・ヘルスケア分野を含めた、多様なベンチャー企業の投資・支援を行う。世界中のビジネスパーソンの健康法を調査する中、２年の歳月をかけて50名を超える日本を代表する名医・健康専門家のオールスターチームを結成し、「誰でも簡単に深く理解できる１冊」をコンセプトに、各専門家の知見を三重に確認して、本書でまとめ上げた。日本で最も影響力のあるベストセラー・ビジネス作家としても知られ、著書『世界中のエリートの働き方を１冊にまとめてみた』『最強の働き方』(ともに東洋経済新報社)、『一流の育て方』(ダイヤモンド社)はすべてベストセラーとなり、6カ国語で展開、50万部を突破している。2018年の近著に『最強の生産性革命』（竹中平蔵氏との共著、PHP研究所）『最強のディズニーレッスン―世界中のグローバルエリートがディズニーで学んだ50箇条の魔法の仕事術』（三五館シンシャ）がある。

【公式HP】www.moogwi.com
【Facebook】https://www.facebook.com/francehongkongsingapore

最強《さいきょう》の健康法《けんこうほう》 ベスト・パフォーマンス編《へん》
世界《せかい》レベルの名医《めいい》の「本音《ほんね》」を全部《ぜんぶ》まとめてみた

2018年4月30日　初版第1刷発行

著　者　　ムーギー・キム

発行者　　小川 淳
発行所　　SBクリエイティブ株式会社
〒106-0032　東京都港区六本木2-4-5
電話　03-5549-1201（営業部）

装　丁　　井上新八
本文デザイン　荒井雅美（トモエキコウ）
DTP　　荒木香樹
イラスト　遠田郁夫、株式会社レバーン
編集協力　福島結実子
編集担当　小倉 碧
印刷・製本　株式会社シナノパブリッシングプレス

ISBN 978-4-7973-8979-1